出版说明

明太祖朱元璋，从一个当过游方和尚、出身贫寒的农民，最终成为一代王朝的开国皇帝，他既是专制君主，又是改革领袖，这多重身份集于一身，自然有其独特的人格魅力。在漫长的中国帝制历史当中，他史无前例地废除了丞相一职，将权力高度集中于皇帝一人手中。他所建立的明朝，有一套完整的、盘根错节的政权体系，以及一系列行之有效的典章制度。

本书以分析明太祖朱元璋的专制政权为例，剖析中国皇权专制政权的体制构成及其根源。它以政治哲学为理论框架，贯穿古今中西的哲学政治论点，进行比较分析，对中国政治哲学中儒家和法家两大流派关于权力概念和权力维护的观点加以比较研究。作者以群体群居及社会的形成为起点，比较了中西方社会的结构与其政权体制的构成，及其哲学根源的共异点。

由于这是一本法国当代汉学家的法文著作，引进此书主要是为研究之用，其中的学术观点我们未必全部认同，需要仔细地加以甄别。他山之石，可以攻玉；知己知彼，百战不殆。相信读者诸君能够去其糟粕，取其精华。欢迎各位学者、方家给予批评和指正。

朱元璋的政权及统治哲学

专制与合法性

POUVOIR ET PHILOSOPHIE CHEZ ZHU YUANZHANG
DESPOTISME ET LÉGITIMITÉ

［法］马骊 著

莫旭强 译

胥弋 校

吉林出版集团股份有限公司

目 录

序 言 001

第一部分 哲学与政权、哲学与僭政 001

    引 言 003

        法家思想体系 004

        儒家思想体系 006

    第一章 **权力的基础与合法性** 009

        政权溯源 009

        制度的建立 014

        权力的约束及合法性 020

        儒家和法家对合法性的看法 028

        合法性代表群体的重要作用 036

        服从的机制 040

    第二章 **绝对权力及其局限性、法家和儒家的应用** 049

        绝对权力的不同视角 050

        绝对权力的局限性 061

        法家的专制主义学说 065

        儒家的专制:"仁"与绝对秩序 073

第二部分 朱元璋大明政权的建立 083

    第三章 **元朝政权的丧失** 085

        元末农民起义 086

　　　　　从游方和尚到开国皇帝　089
　　　　　元朝政权合法性危机及政权的丧失　092
　　第四章　**朱元璋削平群雄**　100
　　　　　朱元璋的起义政权及组织机构　103
　　　　　朱元璋起义政权的合法性　111
　　　　　朱元璋眼中的天命说　114
　　　　　其他起义政权的目标及合法性　118

第三部分　朱元璋的政权合法性及运行机制　127

　　引　言　129
　　第五章　**大明王朝的政权机构**　131
　　　　　政权目标、"宪法"及公文　131
　　　　　政府机构与各项改革　138
　　　　　司法体系与经济措施　142
　　第六章　**政权合法性以及儒家的影响**　149
　　　　　朱元璋的政权合法性与天命观　149
　　　　　儒家正统的意识形态　157
　　　　　士大夫：政权合法性代表群体　163
　　第七章　**个体服从与社会秩序的维护**　168
　　　　　礼制规范与道德改造　168
　　　　　严刑峻法下的服从　177

第四部分　全面监控：绝对权力及其局限性　187

　　第八章　**朱元璋的专制政权**　189
　　　　　抗衡势力的缺失　189
　　　　　意识形态的控制　195
　　　　　绝对秩序的固化与分隔　197

　　　　社会的窥探与监督　201
　　　　权力的垄断　209
　第九章　大清洗、帝王之怒及专制的局限性　212
　　　　大清洗　212
　　　　帝王之怒　220
　　　　暴怒及其政治后果　224
　　　　朱元璋专制政权的局限性　230

结　语　237

　　　　明君还是暴君？　237
　　　　法家和儒家的影响　239
　　　　大清洗及绝对权力的局限性　241

参考文献　245

序　言

　　公元1328年9月，朱元璋出生于濠州钟离（今安徽凤阳）；1398年，卒于南京。他创建了大明王朝（1368—1644），是中国历史上两位农民出身的开国皇帝之一，另一位是西汉（公元前202—公元8）王朝的缔造者刘邦。朱元璋的庙号为"明太祖"，他在位三十余年（1368—1398），牢牢地把持着政权直到生命的最后一刻。继承其帝位的是他的孙子朱允炆，年号建文（1399—1402），但即位四年后，被他的叔叔燕王朱棣（朱元璋四子）篡位，改年号为永乐（1403—1424）。朱棣作风强硬，有其父之风范，在位二十余年。

　　朱元璋是中国历史上最伟大、最专制的帝王之一。在漫长的中国帝制时代，他史无前例地废除了丞相职位，将权力集中到皇帝手中。他在政治上实行高压政策，但并不只是依靠高压手段维持统治，他所创立的明朝，有一套完整、复杂的政权体系，以及行之有效的典章制度。大明王朝从公元1368年开始，延续了276年，直到1644年才被推翻。朱元璋建立的明朝，虽然被大清王朝（1644—1912）取代，但他亲手建立的制度及推行的改革措施，并没有因为改朝换代而彻底湮灭，其中大部分仍然为清朝所沿用。

　　朱元璋出身于平民，当过游方和尚，他从社会的最底层一步步向上爬，最终到达帝王的宝座。这种经历给他蒙上了一层神秘的面纱。最初他目不识丁，寺庙中的和尚为他启蒙。后来，他当上了义军首领，前来投奔的文人很多，他受到他们的言传身教，文化水平有所提高，历史知识也掌握得更加牢固。他说，读史能使人温故知新，因此，他对历史十分痴迷。他通过读史，形成一套自己的处事原则，并且经常思考将来要给后人留下什么。一个当过和尚，出身贫寒的农民，最终成为一代王朝的开国皇帝，又成为专制君主，同时也是改革领袖，这多重身份集于一身，自然有其独特的人格魅力。研究这样一位传奇人物，就更是理所当然了。他亲手制定一系列的典章制度，避免重蹈前人的覆辙。仅凭这一点，他的名字就可以无可争辩地载入史册。

　　本书采用跨学科的研究方法，涉及到史学、哲学和政治学领域，更准确地说，涉及到政治哲学，通过借用政治哲学中的政权理论，对中国政治哲学中两大派别（儒家和法家）关于权力概念和权力维护的观点加以比较。我们力图准确地勾勒出中国帝制时代的权力概念，特别是绝对权力的概念。我们所运用的史料，是学术界公认的关于朱元璋及其政治制度的权威资料，并用专制政权的理论加以分析。这种研究方法，可以让我们更深刻地认识到朱元璋所建立的专制政权的本质，了解其运行机制，更进一步发现究竟是何种思想影响了这位开国皇帝。通过对朱元璋专制统治的研究，我们还力图梳理他看似充满矛盾的种种行为，为大家提供一种符合逻辑的全新解读，并藉此尽可能准确地勾勒出其行为特征。否则，这些行为就会显得随心所欲，并且前后矛盾。我们所引用的资料，主要是原始史料，如《明实录》、《明史》等[1]，同时，也参考了后来出版的关于明史研究的文献资料。

　　关于朱元璋和明朝的史料，可谓汗牛充栋。首先是《明实录》[2]，这是一部关于明朝历史的鸿篇巨制，主要记载了皇帝的言行事迹、政治决策，以及对皇朝造成影响的重大事件，另外，还有明朝重要人物的生平记述。明朝的每位皇帝在《明实录》中均有记载，唯独缺少第二位，即明惠帝朱允炆。《明实录》的各个章节，通常是在某位皇帝驾崩后，由其后继者下令组织一批文人，根据皇朝大事实录、档案材料、文献资料的

---

[1] 本书并非旨在更深入地挖掘和考证关于朱元璋的史料，而是要对其政权组织及运行机制进行解读。
[2] 本书参考《明实录（附校勘记及附录）》（据1962年刊本缩印），由黄彰健等校勘，台北中研院历史语言研究所出版，1984年再版（以下简称《明实录》）。

按语以及官方发布的文告进行编撰的。因此,《明实录》是一部概要性的综合历史文献,所记录的都是重大事件。尽管如此,这部历史文献的篇幅仍然多达一千万字[1]。《明太祖实录》是《明实录》中的一部分[2],主要论述朱元璋的统治,先后修订过三次。《明实录》是所有明史研究者主要参考的基本文献,其内容具有一定的真实性,里面的史料被普遍认为是真实的,每个历史事件的顺序尤为精确。但在《明实录》中,特别是《明太祖实录》中,也包含一些对历史的歪曲和遗漏,这些歪曲和遗漏,主要是出于政治原因。例如,明朝第二位皇帝的统治被一笔勾销,而篡位者(朱元璋的四子,后来的永乐帝)的行为也被描述成具有合法性。另外,《明实录》还列举了一些无关紧要的事件,但既没有加以说明,也看不出它们之间有何种联系[3]。

另一部重要的史料是《明史》[4]。这是官方撰写的正史,其编撰过程十分曲折:共有三百多个文人参与编写,先后经过三次校订。今天我们见到的最终版本,由清朝张廷玉等一批文人共同编撰,共计332卷,于1739年定稿,在大清王朝建立95年后,才正式刊行。《明史》的撰写以《明实录》为依据,参考诸家记载,特别是万斯同的《明史稿》。从1352年朱元璋参加元末义军开始,一直写到1644年明朝灭亡,内容涉及长达293年的历史。《明史》具有较高的史料价值,是一部明代编年史,分专题加以叙述。与《明实录》相比,它的写作风格更加简明扼要,所涉及的题材也更为广泛。当然,《明史》也有缺憾。作为清朝宫廷主持编写的

---

1 武汉大学学者谢贵安认为,《明实录》超过一千六百万字。参见:谢贵安,《明实录研究》,台北:文津出版社,1995年。
2 《明太祖实录》,见《明实录》第一册,共257卷。
3 关于《明实录》的详细讨论,可参见:吴晗,《记明实录》,载于《读史札记》,北京:三联书店,1961年,第156-234页;Wolfgang FRANKE, " Historical Writing During the Ming ", in *Cambridge History of China*, Vol. 7, *The Ming Dynasty, 1368-1644*, Part I, F. W. MOTE 和 D. TWITCHETT 主编,剑桥大学出版社,1988年,第746-752页;谢贵安,《明实录研究》,台北:文津出版社,1995年。
4 张廷玉等编,《明史》,北京:中华书局,1974年,28册,332卷,共8642页。

明朝历史，出于政治原因，书中难免有一些歪曲和纰漏[1]。例如，它从明朝的版图上抹去了建州。还有在介绍边疆的民族争端时，它明显地倾向于满族（大清王朝的创建者）。此外，作者使用的语气俨然以正统史学自居，有一些明显带有儒家道德观念的内容。《明史》可分为四个部分：第一部分是编年史[2]，对明朝各位皇帝治下的事件进行概括性的描述；第二部分是史论，介绍关于大明王朝及其政权的各种论述；第三部分是图表，对各种官名及职位加以说明；第四部分是一些重要人物的生平概述。

还有一部重要的史书《国榷》[3]，共计108卷，这是清初史学家谈迁[4]（1594—1658）的个人著述。这是一部编年史，记载了从1326年到1645年间的历史，其中有四卷是人物传记和地理介绍。《国榷》的第一批手稿完成于1626年，最后一批手稿则完成于1653年。这部史书可被视为《明实录》的校正稿。由于作者采取中立立场，因此这本书也可作为《明史》的补遗。《国榷》的作者所依据的史料主要来自于《明实录》、明朝官府的官方文告以及其他的原始资料。

最后，我们要提及的是谷应泰撰写的《明史纪事本末》[5]，共计80卷，出版于1658年。该书以纪传体叙述明代历史，作者使用的材料有些已经失传。该书资料翔实可靠，成书早于《明史》数十年，完全是由作者独自一人完成的。

明太祖朱元璋以及他所建立的大明王朝，很早就被中国学术界关注，

---

[1] 南开大学南炳文教授指出，《明史》某些地方仍有不少纰漏，南炳文先生主持了《明史》点校本的修订工作。
[2] "编年史"中关于明太祖章节的英文翻译，参见：*Basic Annals of Ming T'ai-Tsu*一书，由 Romeyn TAYLOR 译，San Francisco, Chinese Material and Research Aids Service Center出版，1975年。
[3] 谈迁，《国榷》，台北：中华书局，第二版，1988年，共6册。
[4] 谈迁，原名为谈以训，因仰慕历史上两位著名史学家司马谈和司马迁而改名为谈迁。
[5] 谷应泰，《明史纪事本末》，载于《景印文渊阁四库全书》，史部，纪事本末类，台北：商务印书馆，1986年，第364册，第117-1044页。还有不少研究明史的一手资料，如：《罪惟录》等等，不逐一列举。

已经有大量著作问世。近几十年来，西方学术界也陆续出版了不少关于明史的研究著作。因此，中外学者的研究成果，也可作为我们研究的参考资料。例如：夏燮（1800—1875）于1873年刊印的《明通鉴》[1]，就是其中之一。这部十九世纪出版的力作，共计有100卷，其中90卷是叙述明史的。这部编年史详细介绍了明代的政治史。它查阅方便，具有重要的史料价值。中国现代学者孟森，也撰写了一本明代史，重点从明朝的制度和政治层面进行分析[2]。在涉及朱元璋的章节里，作者提出对朱元璋的评价应一分为二：既要看到他建设性的一面，也要看到他恐怖统治的一面。

吴晗是中国现代最重要的研究朱元璋的学者之一。他发表了大量文章，从各个方面对朱元璋的政权体系进行分析。他还撰写了一本朱元璋的传记，是明史界重要的参考资料之一[3]。在吴晗的著述中，对作为起义军首领的朱元璋的行为，表示同情和理解，对后来朱元璋的专制政权及其恐怖统治和杀戮行为，则大加鞭挞、强烈谴责，认为那时他已经背叛了自己的阶级。

丁易的著述也值得参考，他在《明代特务政治》一书中，探讨了明代的特务系统与政权之间的联系[4]。他认为，朱元璋废除了丞相职位，使特务组织得以发展。特务势力膨胀，无处不在，构成了明初专制统治的重要特征。作者进而分析了特务组织对明初皇帝的统治所造成的不利后果。

近几十年来，西方一些学者，特别是美国学者致力于元末明初历史

---

1 夏燮，《明通鉴》，中华书局，1959年，4册，共3799页。
2 孟森，《明代史》，台北：中华书局，1957年，共392页。
3 关于朱元璋的传记与研究，可参见：李华、杨钊等编，《吴晗文集》，北京出版社，1988年，第2卷，572页。该书有两个版本，第一个以《朱元璋传》为名出版于1949年，第1-247页；第二个同名出版于1965年，第248-562页。吴晗关于朱元璋研究的文章，分别收入不同的专著中：《吴晗文集》，1988年，第1卷，599页；《吴晗史学论著选集》，北京：人民出版社，1986年，第2卷，678页；《读史札记》，北京：三联书店，1961年，358页。也可参见：陈梧桐，《朱元璋研究》，天津人民出版社，1993年，341页。
4 丁易，《明代特务政治》，北京：群众出版社，1983年，563页。

的研究[1]，其中有成就的不乏其人，如牟复礼（Frederick Mote）、贺凯（Charles Hucker）、戴乐（Romeyn Taylor）、戴德（Edward Dreyer）、窦德士（John Dardess）、范德（Edward Farmer）等。

牟复礼在一篇具有里程碑意义的文章中，详细考察了朱元璋的专制体制，认为他是中国历史上最残暴的帝王[2]。文章的新颖之处，在于说明朱元璋的恐怖政治体制是机缘巧合的产物，与他的个性有关，而朱元璋本人达到权力之巅，在很大程度上纯属偶然。他极力驳斥魏特夫（Karl Wittfogel）的论点[3]，魏特夫认为，"东方"的或者"水利"的专制体制，是社会经济体制的产物，在中国历史上是不可避免的。牟复礼不同意这种观点，他反对魏氏"绝对恐怖"和"绝对权力"的说法，提出绝对权力也有它的局限性，即便是像明太祖这样的强势人物，也概莫能外[4]。

贺凯对明初的中国以及明朝制度的演变过程加以研究，发表了一系列的文章和专著[5]。他从历史的角度，对元末小明王政权的结构以及后来大明王朝的制度和政权结构进行了详细分析。

戴乐也发表了一系列研究朱元璋的文章，他考察的主要是大明政

---

[1] 法国学术界，除了本书作者的著述，以及根据吴晗的《朱元璋传》改编的法译本（Wu Han, *L'empereur des Ming*, trad. par Nadine PERRONT, Editions Philippe Picquier, 1996，238pp.）外，似乎未有其他的明史研究著作出版，特别是关于朱元璋及其统治的著述。

[2] Frederick MOTE, "The growth of Chinese despotism, a critique of Wittfogel's theory of oriental despotism as applied to China", *Oriens Extremus*, 8, 1961, p. 1-41.

[3] Karl WITTFOGEL, *Oriental Despotism. A Comparative Study of Total Power*, Yale University Press, 1957.

[4] 关于朱元璋绝对权力局限性的研究，可参见本书作者的文章：Li Ma, "Legitimacy as a limit of absolute power: the case of Zhu Yuanzhang", *Journal of Asian History*, vol. 39, No.1, 2005, p. 1-22。

[5] Charles HUCKER, "Government Organization of the Ming Dynasty", *Harvard Journal of Asian Studies*, 1958, 21; *The Traditional Chinese State in Ming Times (1368-1644)*, The Tucson, University of Arizona Press, 1961, 85pp; *The Censorial System of Ming China*, Stanford, Stanford University Press, 1966, 406 pp; *The Ming Dynasty: its Origins and Evolving Institutions*, in Ann Arbor, *Michigan Papers in Chinese Studies*, No.34, 1978, 105pp.

权的社会基础[1]。他首先研究了明朝开国功臣的社会出身[2]。他指出，元末爆发的一场社会革命，使一批近乎文盲的士兵成为叱咤风云的军事首领。正是这场革命，标志着明朝的建立。他尤其重视朱元璋身边的两位重要谋士对未来的皇帝所产生的影响，这两位谋士是刘基和李善长。

戴德撰写了一部专著，论述明初（1355—1435）的中国历史[3]。该书中有一半篇幅是写开国皇帝朱元璋的，其论述方法基本上限于对史实的描述。戴德尤其擅长对战争的研究，他对朱元璋的历次攻防战役描述得淋漓尽致[4]。

窦德士的研究，一开始兴趣点在朱元璋如何夺取政权上[5]。后来，他在一本著作中，对朱元璋时代的儒士阶层及其政治影响进行了分析[6]，证实了该阶层对政权的运作及其合法性所起的重要作用。他对来自浙东地区的四位谋士进行专门的研究，并提出了他的论点：朱元璋的专制统治，大部分出自这四位谋士建议的严刑峻法和改革措施。窦德士认为，尽管这几位谋士是儒士阶层中的佼佼者，但他们的理论并非特别正统的儒家学说，这一点，从后来学者的批评中可以证明。

---

[1] Romeyn TAYLOR, "Social Origins of the Ming Dynasty (1351-1360)", *Monumenta Serica*, 22, 1963, p. 1-78; "Li Shanchang", *Dictionary of Ming Biography*, Edited by L. C. GOODRICH and FANG Chao-ying, New York, Columbia University Press, p. 850-854, 1976a; " Ming Taizu's story of a dream", *Monumenta Serica*, 32, 1976b, p. 1-20; "Ming T'ai-tsu and the Nobility of Merit", *Ming Studies*, 3, 1977, p. 31-49; "An imperial endorsement of syncretism, Ming Taizu's essay on the three teachings: translation and commentary ", *Ming Studies*, 16, 1983, p. 31-38.
[2] Romeyn TAYLOR, 1963.
[3] Edward DREYER, *Early Ming China, a political history (1355-1435)*, Stanford, Stanford University Press, 1982, 315pp.
[4] Edward DREYER, " Military origins of Ming China", *Cambridge History of China*, Vol. 7, Part I, p. 58-106.
[5] John DARDESS, "The Transformation of a Messianic Revolt and the Founding of the Ming Dynasty ", *Journal of Asian Studies*, 29, 1970, p. 539-558.
[6] John DARDESS, *Confucianism and Aotocracy: Professional Elites in the Founding of the Ming Dynasty*, Los Angeles, University of California Press, 1983, 351pp.

范德发表了两本著作[1]和多篇文章[2]，研究了由朱元璋建立的社会立法。他阐述了明太祖如何设法通过新制度改造社会，如何通过立法去规范所有人（包括皇族成员、官员和老百姓）的行为准则。他详细考察了朱元璋统治时期所颁布的法律法规，借以研究当时所建立的新的社会秩序[3]。

应该如何解读朱元璋这位历史人物？解读的方式可能会有多种，因为这位明朝的缔造者是一个非常复杂的人，对于他的人生轨迹以及他所实行的统治，不可能只有一种看法。关于这一点，谢和耐（Jacques Gernet）表述得非常清楚：

> 明朝缔造者的功业对于他身后两个半世纪的历史起了决定性作用，直到明末，他仍被视为英雄并受到尊敬，这是有其原因的。的确，洪武皇帝调动了集体的巨大力量，以恢复国家的物质繁荣，使其重新振兴并名扬四海。他推动了中国政治的发展，直到十五世纪中叶，其成果仍然发挥作用。总之，他建立了新帝国的基本制度。这位开国皇帝，当然也是一些政治弊端的始作俑者，使明代的中国受到损害。在他统治期间形成的怀疑氛围从未消失过：中央政权与官吏之间的猜疑与不睦日益加深。[4]

1　Edward FARMER, *Early Ming Government: the Evolution of Dual Capitals*, Harvard East Asian Monograph, No.66, Cambridge, Harvard University Press, 1976, 271pp; *Zhu Yuanzhang and Early Ming Legislation: The Recordering of Chinese Society Following the Era of Mongol Rule*, Leiden, E. J. Brill, 1995, 259pp.

2　Edward FARMER, "The Prescriptive State: Social Legislation in the Early Ming Dynasty ", *Proceedings of 2nd International Conference on Sinology*, 1988, p. 161-187;" Social Regulations of the First Ming Emperor, orthodoxy as a function of authority ", in *Orthodoxy in Late Imperial China*, Edited by Kwang-ching LIU, Berkeley, University of California Press, 1990, p. 103-125;"The Great Ming Commandment (Ta Ming): An Inquiry into Early-Ming Social Legislation ", *Asia Major*, 6, 1993b, p. 181-199.

3　Edward FARMER, *Zhu Yuanzhang and Early Ming Legislation: The Recordering of Chinese Society Following the Era of Mongol Rule*, Leiden, E. J. Brill,1995.

4　Jacques GERNET, *Le Monde chinois*, p. 345.

其他的学者也发表了自己的看法，但并不十分客观。比如，在牟复礼的笔下，朱元璋的专制政权具有残忍邪恶的特征，他把朱元璋当成疯子，称其为绝对的独裁者，是中国历史上最残酷、最无情的暴君。无独有偶，窦德士也把朱元璋的统治描绘成残酷的专制政权，是运用某种错误理论所导致的可怕后果[1]。

此外，另一批学者则从积极的方面入手，去解读朱元璋这个人物。比如，学者邓嗣禹提出，应该强调明太祖在制度建设方面的作用。他指出，明初的军事制度可以供养大量的军人，而百姓的赋税又不会太重。他认为，这种制度带来一百多年的和平与繁荣，这是了不起的成就。他还注意到，朱元璋专制政权的受害者，主要是官僚以及贵族中的不良分子。他认为，明太祖对百姓是仁慈的，他把民众的利益当作目标，要求他的政府和官员牢记在心。邓嗣禹最后还指出，朱元璋实施的水利灌溉工程，以及明初实行的人口普查所带来的巨大利益，一方面提高了农作物的产量，另一方面使赋税制度合理化。总之，邓嗣禹对朱元璋颂扬备至，称其为天赋奇才[2]。陈伦绪（Albert Chan）也持同样的观点，他认为朱元璋是明朝皇帝中唯一一位堪称"天才领袖"的[3]。

对朱元璋不同评价的反差，让我们思考一个问题：朱元璋是疯子还是天才？他是智者还是愚人？对朱元璋人格及其统治的解读之难，清代史学家赵翼曾经概括如下：

> 盖明祖一人，圣贤、豪杰、盗贼之性，实兼而有之者也。[4]

这种判断的困难，让许多学者断言，朱元璋的人格和他的政治行为

---

[1] John DARDESS, *Confucianism and Autocracy*, p. 181; p. 253.
[2] Teng Ssu-yu (邓嗣禹), "Ming T'ai-tsu's destructive and constructive work", *Chinese History*, Chinese Culture Series, Vol. II, Taiwan, China Academy, 1978, p. 297-310.
[3] Albert CHAN, *The Glory and Fall of the Ming Dynasty*, University of Oklahoma Press, 1982, p. 375-376.
[4] 赵翼，《廿二史札记》，北京：中华书局，1963年，下册，卷三十六，第769页。

是矛盾的。不过，这种解读十分牵强，难以服众，因为这不算是一种解读。朱元璋历经艰辛，最终夺取天下，他称帝之后，能够维持政权，坐稳江山。他做皇帝直到去世，所建立的王朝延续了将近三个世纪。如果这位开国皇帝处事全无章法，只是靠碰运气，或者自相矛盾，当然不会取得这样的成就。事实上，学者们所提出的矛盾，也许只能反映出他们理解的局限性。一旦我们对明太祖所推行的专制政权有更多的认识，就会通过不同的角度，更进一步认清矛盾的实质。

本书试图对明太祖所建立的政权进行全新的解读。我们将会运用权力学说，借助历史资料，对朱元璋的专制政权重新进行梳理。这种研究方法以政治哲学，特别是绝对权力的理论为依据，使我们能够超越事实的描述，去研究决定行为的思想或原则。

本书将会用四个部分来讨论上述问题。

第一部分，在政治哲学的框架下讨论权力问题。首先，我们回顾政权构成的主要方式；然后，我们介绍政权产生的必要条件，以及民众的认可对政权运作的决定性作用，也就是政权的合法性问题；最后，我们分析所谓的绝对权力及其局限性，特别揭示出追求权力的合法性，必然会使绝对权力产生局限性。在整个研究过程中，我们将考察作为中国哲学两大派别的法家和儒家所倡导的统治术的主要特征，把它们提出的绝对权力的组织和运作特点描述出来。

第二部分，主要论述1351年至1368年间，朱元璋夺取政权的过程。首先对当时的历史进行一番概述，并且分析元朝丧失政权的原因；然后，我们分析为何朱元璋能够夺取政权，而其他义军则相继失败。我们将会看到朱元璋的目标明确，并且注重依靠民众的支持，而这正是其竞争对手所欠缺的。

第三部分，研究朱元璋皇权的合法性及其运作的问题。考察皇权以及政府的组织，然后介绍合法性在朱元璋政权中的重要地位，以及儒家思想对其产生的影响。

第四部分，分析朱元璋政权的专制特征，以及为实现对社会的全面监控所制定的政策。我们将会看到，朱元璋政权具有的所有专制特征，它不容许任何抗衡势力存在，力图建立一种等级森严的社会秩序。之后，我们将反思朱元璋统治末期的大清洗，并且分析他为此所进行的辩解。我们还会讨论"帝王之怒"所造成的政治后果。最后，我们将揭示出朱元璋政权的局限性。

第一部分

哲学与政权、哲学与僭政

一般来说,是由历史本身对政客或暴君的行为做出"评判"(成功与失败)的,这些行为的实施(有意识或无意识)是根据哲学家的思想,由知识分子根据实际需要改动过的。

——亚历山大·科耶夫《僭政与智慧》[1]

---

[1] Alexandre KOJEVE, *Tyrannie et sagesse*, trad. par André ENEGREN, in Léo STRAUSS, *De la tyrannie, suivi de Correspondance avec Alexandre Kojeève (1932-1965)*, nouvelle édition, Paris, Gallimard, 1997, p.199.

引 言

对于一位领袖来说，要保持权力并不简单。假如他随意行事，也许很快就会被一场政变或民众造反所推翻。要保持权力，最好搞清楚，权力是如何构成的？它有哪些原则？有哪些因素是不可忽视的？权力各方面之间有什么关联？因此，权力及其运行机制要通过哲学才能搞清楚，也就是说，在哲学的范围内，才能理解权力的原则及目的。不经过哲学的思考，对权力的理解必然会片面。

令人难以置信的是，哲学家们经常痴迷于专制和僭政[1]。为什么会这样？这是因为，政治哲学在付诸"政治实践"之前，只是一种理论上的构想。比如，政治权力的目标，经常是建立某种社会秩序。一个哲学理论家，对他所追求的社会秩序以及为此所需要的手段，应该有某种想法。但实际上，很少会完全按照理论构想的去运行。哲学家-谋士或者哲学家-领袖，都不愿改变自己的理论，而是试图强迫社会现实（以及民众）沿着理论构想的道路走。由于对纯粹理想化的焦虑，他试图改变现实，将其带入他的思想体系或者他试图捍卫的哲学理论的框架中。对此，科耶夫（Kojève）提出一种类似的解释，他认为，一位谋士-哲学家，如果想要迅速获得成功，"更应该为暴君指引道路，而不是为民主

---

[1] Christian DELACAMPAGNE, *Le philosophe et le tyran*, Paris, PUF, 2000. 这本专著几乎通篇都在探讨哲学与僭政的关系。

领袖出谋划策"[1]。

为了更好地阐释政治权力的理论，我们要说明其原理，追根溯源，即其自然状态。然后，我们将逐渐地重构各种元素，说明它们之间的链条和各自的关联。尽管组成这个整体的不同元素，来自于不同时代、不同文明的哲学家，结果得出来的理论，也许可以被视为通用的，重置于各种类型的持久而高效的政治权力中，不管它们属于哪个时代或何种文明：所有集体的工程都要求一个共同目标，只有通过建立政权，才能运转起来。之后，根据所采用的思想体系，政权的合法性以及强制的作用，宪法（有形或无形的）及制度会采取不同的形式和结构。在同样的背景下，我们还会考察限制权力的因素，以及权力实施过程中武力的作用。这有助于我们描绘出绝对权力的主要特性及其运作特点。我们可以考察中国传统政治哲学的两大派别（儒家和法家）所提出的政治原理。这种研究方法的益处，可以让我们以全新的方式去解读这两大派别所倡导的政治制度的运作，让人清楚地看到它们的基本推测，认清它们的弱点和最有成效的方面。因为，只有厘清这两大派别的政权概念，才能更好地分析中国皇权专制体系，特别是朱元璋专制政权的极权化运作方式。

法家思想体系

法家[2]是春秋战国时期"诸子百家"之一，兴起于战国时期（前

---

[1] Alexandre KOJEVE, *Tyrannie et sagesse*, 由André ENEGREN翻译成法文，收入Léo STRAUSS主编的*De la tyrannie*, 该文后附*Correspondance avec Alexandre Kojève*, 第2版，Paris, Gallimard, 1997, p. 184.

[2] 某些作者避免使用 légiste（法学家）一词来翻译"法家"，可参见：Arthur WALEY, *Trois courants de la pensée chinoise antique*, 由G. DENIKER译成法文，Paris, Payot, 1949, p. 5, 他提议用 réalistes（现实主义者）一词；另外，François JULLIEN（弗朗索瓦·于连）在他的著作 *Traité de l'efficacité* (Paris, Grasset,1996, p. 40) 中，提议用 théoriciens du despotisme（专制主义理论家）一词。

475—前221），其源头可以追溯到春秋时期（前770—前476），先驱人物是管仲和子产。春秋、战国时期的诸子百家，司马迁特别提到其中的六家，即儒家、阴阳家、墨家、法家、名家和道家。法家主要指战国时期的一批思想家，在他们的政治学说中，非常重视"法"的作用。史学家班固（32—92）重点列出了十位法家代表人物，但在不同作者的笔下，这个数字会有所不同。一般认为，法家的思想家主要有八位：管子、李悝、吴起、商鞅、慎到、申不害、韩非和李斯。而这八位当中，又以商鞅[1]和韩非[2]为最重要的代表人物。韩非是法家的集大成者，尤其是他把推崇"法"的商鞅、推崇"术"（帝王术）[3]的申不害，以及推崇"势"的慎到三人的理论融为一体。对于"势"，韩非专门辟出一章进行论述。在"难势"篇中，韩非认为"势"这个字可延伸出无数种意义[4]。"势"的概念，麦穆伦（Ian McMorran）也做过一番探讨，提出"势"的主要意义是"权力"和"形势"[5]。韩非从"势"、"法"、"术"出发，创立了一个结构严密的理论体系，因此，他一个人，经常被认为可以代表全部的

---

[1] 公孙鞅（商鞅），《商君书》，载《诸子集成》，上海：国学整理社编，1935年，第五册，共计43页（以下简称《商君书》）。还可参见：《商子译注》，山东大学商子译注编写组，济南：齐鲁书社，1982年。商鞅的著述由Jean LEVI译成法文，书名为：*Le livre du prince Shang*, Paris, Flammarion, 1981。

[2] 《韩非子校注》（以下简称《韩非子》），由汤敬昭、李仕安编注，江苏人民出版社，1982年，共计780页。韩非的著述，也有了法文版本，由Jean LEVI 翻译，书名为：*Han-Fei-tse ou le Tao du Prince*, Paris, Seuil, 1999。

[3] 把"术"译为"帝王术"始自Xu Zhenzhou（许振洲），参见其著作：*L'art de la politique chez les légistes chinois*, Paris, Economica, 1995, 324pp.

[4] 《韩非子·难势第四十》，第570-578页。

[5] Ian MCMORRAN, *The passionate realist, an introduction to the life and political thought of Wang Fuzhi (1619-1692)*, Hong Kong, Sunshine Book Company, 1992, p. 101. "势"被不同作者翻译成不同词语。Léon VANDERMEERSCH译成：position（位置，地位），prééminence（优势，主导地位）（参见：Léon VANDERMEERSCH, *La formation du légisme*, Paris, Publ. EFEO, 1965, p. 259 et p. 175）。但别的一些译者如Xu Zhenzhou（参见其书：p. 211）或Fu Zhengyuan／傅正元（参见其书：*China's legalists; the earliest totalitarians and their art of ruling*, London, M. E. Sharpe, 1996, p. 35）即译成"权力"。Anne CHENG（程艾兰）译成：position de force（主导地位）*Histoire de la pensée chinoise*, Paris, Seuil, 1997, p. 229。François JULLIEN却认为应该是：propension（倾向），*La Propension des choses. Pour une histoire de l'efficacité en Chine*, Paris, Seuil, 1992。

法家。

　　几个法家学说的创立者,都曾出任过战国时期某个诸侯国的谋士、大臣,甚至做过宰相。所以,他们的哲学思想早已付诸实践。秦始皇就是听从了法家的主张,才相继征服其他六国,于公元前221年统一中国。这一事件,是运用法家学说取得的最大成就之一。然而,秦朝仅仅维持了十五年。这个短命王朝的兴衰,似乎证明了一点:法家的政治主张对夺取政权行之有效,但对于维持政权却显得捉襟见肘,力不从心。从西汉开始,儒家的地位便开始提升。不过,大多数史学家都认为,法家的思想仍然继续影响着中国的政治。但这种影响是秘而不宣的,"法家"从来不会被统治者挂在嘴上,因为几乎历朝历代的皇帝,名义上都以儒家学说作为正统思想,而儒士们一向指责法家是异端邪说。

　　研究法家的政治学说,重点是研究政治权力的地位。这种概念,是法家学说的核心。有些学者[1]甚至宣称,权力(势)的概念统一了法家,为其提供一套结构严密的体系。

儒家思想体系

　　我们在考察法家的同时,也考察儒家的政治体系。春秋末期,孔子(前551—前479)创立了儒家学说。跟法家的主张相反,儒家主张治国要依靠仁、德、礼、义。根据他们的学说,国家要运转得好,统治者必须道德高尚。礼的作用是维护社会秩序。在创始人孔子之后,儒家的主要思想家还有战国时期的孟子(前372—前289)、战国末期的荀子(前

---

[1] Xu Zhenzhou(许振洲),1995, 324pp. 还可参见:Fu Zhengyuan(傅正元),1996; Xu Zhenzhou在其专著里指出(见第207页),韩非思想的核心"既不是法,也不是帝王术,而只是权力,即政权,尤其是君主的绝对权力。此论点建立在对韩非整个理论体系全面考察的基础上,因为韩非所有思想的起点和目标都可归结为加强君主的绝对权力。由此,我们可得出结论:权力的概念是韩非思想的主题和根基"。

325—前238)、西汉时期的董仲舒(前179—前104)和南宋时期的朱熹(1130—1200)。孟子提出人性本善的观点,主张治国要用仁与德。他的哲学思想具有理想主义和人文主义倾向。荀子以主张"人性本恶"出名,这与孟子所主张的"人性本善"正好相反。荀子认为,礼之建立,目的就是纠正人性之恶,礼是社会秩序的基础,与国家的命运息息相关。董仲舒是跟孔子和孟子一脉相承的传统儒家,他提倡以史治国。儒家思想在中国意识形态方面的统治地位,一直延续了两千年,这正是董仲舒努力的结果。为了从制度上确保儒家思想的统治地位,董仲舒从文人中选拔官员。这些受过儒家教育的官员运用历史知识,向统治者提出建议和批评。

朱熹是新儒学(理学或道学)的创始人之一。新儒学代表着儒家思想发展历程的一个新的阶段。新儒学的理论基础可以追溯到孔子和孟子的思想,尤其是后者。但它同时也吸收了佛学和道家的部分思想。到公元11世纪下半叶,新儒学得到较大的发展,其推动者首先是程颢、程颐两兄弟。哥哥程颢(1032—1085)是"心学"的创立者,他创立的学说由陆九渊(1139—1193)继承和完成;弟弟程颐(1033—1107)则是"理学"学派的先驱。

朱熹是新儒学思想的集大成者,但他主要继承的是程颐的学说。他的基本思想是要弘扬理学,"理"是宇宙万物分类的原理,存在于万物中,是万物之理。他还提倡灭人欲。在政治哲学方面,他继承孔子和孟子的仁政主张,还融入了法治的元素。他生前并没有得到官方的承认,在他死前五年,即公元1195年,他被南宋朝廷视为异端,说他是邪说的传播者。只是在他死后,他的学说才逐渐受到官方的重视。公元1238年,南宋朝廷宣布朱熹的"道学"为国家的正统,但当时朝廷的这个决定却仍受到士大夫阶层的质疑[1]。直到南宋之后的元朝,朱熹的学派才声名鹊起,朱熹的哲学思想由他的弟子代代相传,逐渐传播到全国

---

[1] James T. LIU(刘子健),"How did a Neo-Confucian School become the State Orthodoxy?", *Philosophy East and West*, 23, 1973, p. 483-505.

各地，成为一统天下的意识形态[1]。后来的明清时期，新儒学一直保持着主导地位。

虽然在政治和哲学思想方面，儒家各学派之间存在不少差异，但它们却有着共同的基本特征：首先，它们都以六经为基本经典[2]；其次，它们都鼓吹"仁"和"义"，将其视为行为准则，主张施仁政，辅之以礼；最后，它们都竭力维护社会等级制度，主张上、下级之间的关系应该保持礼仪。

我们看到，法家和儒家各自的政治体系，从一开始对权力的合法性下定义时，便形成对立的态势。后来，儒家出于理想主义，极力反对采用高压手段实施统治，而法家则非常重视高压手段的作用。两种派别之所以势不两立，其根源即在于此。最后，我们将会看到法家的专制主义与儒家的专制主义之间的区别：儒家通过教育来实施统治，而法家则使用严刑峻法，通过使用帝王之术，去操纵官员实施统治。

1　LEE Cheuk Yin (李焯然), "Trends of Neo-Confucian Thought in the Early and Mid Ming periods", *Xuecong, Journal of the Department of Chinese Studies at the National University of Singapore*, 2, 1990, p. 326.
2　六经为：《诗》、《书》、《礼》、《乐》、《易》、《春秋》。

第一章　权力的基础与合法性

政权溯源[1]

人们普遍认为，自然状态下的社会是无组织、无秩序的：每个成员都根据自己的利益行事，一旦多个成员之间意见或目标不一致，就会产生冲突，这是经常发生的事。因此，中国早期的法家，包括管子和商鞅，根据他们自己的见解，指出人类社会中权力是如何产生的。按照他们的描述，远古时期没有君臣之别，夫妇结合，人们如野兽般杂居，弱肉强食，老幼孤寡等均不能各得其所。人类初期社会呈现出强者统治下的无政府状态：

> 古者未有君臣上下之别，未有夫妇妃匹之合，兽处群居，以力相征。于是智者诈愚，强者凌弱，老幼孤独不得其所。[2]

---

[1] 并不存在一种介绍和诠释权力的唯一方法；此外，权力可视为"多维概念"（Jacqueline RUSS, *Les théories du pouvoir*, Paris, Librairie Générale Française, 1994, p. 7），属多个领域的研究范围。本章中我们选择多种方法中的一种，选择这种方法的依据是，希望能跟后面对朱元璋所建立起的政权分析前后连贯。

[2] 《管子·卷十一·君臣第三十一》，载《诸子荟要》，台北：广文书局，1965年，第213页（以下简称《管子》）。

在这种状态下，不同的个人利益之间，必然会有冲突，发生冲突后，假如没有一个公平的解决办法，人类社会就会出现混乱：

> 天地设而民生之。当此之时也，民知其母而不知其父，其道亲亲而爱私。亲亲则别，爱私则险。民众，而以别、险为务，则民乱。当此时也，民务胜而力征。务胜则争，力征则讼，讼而无正，则莫得其性也。[1]

荀子的观点与此相同。他提出人性本恶，认为人生来就会追求利益和感官的满足。这种"性恶"，如果任其发展，就会产生残杀陷害，而忠诚守信就会消失：

> 人之性恶，其善者伪也。今人之性，生而有好利焉，顺是，故争夺生而辞让亡焉；生而有疾恶焉，顺是，故残贼生而忠信亡焉。[2]

正如托马斯·霍布斯（Thomas Hobbes）所说的[3]，人与人之间就像狼一样。人类早期社会的这种无政府状态，通常被列为反面典型，是不可仿效的：在这样的环境下，人类不可能取得任何进步，也不可能有什么共同的事业。人们要摆脱这种状态，应该建立集体，商讨彼此攸关的共同利益，制定出集体的目标。这种构想的模型，可以在十六世纪哲学家黄宗羲的学说里找到。黄宗羲认为，起初，每个人都为自己活着，所做的一切，都是为了自己的利益；后来出现了一个人，建议大家寻求共同的

---

1 《商君书·开塞第七》，第15页。
2 荀况，《荀子·性恶第二十三》，载《百子全书·儒家类》，据湖北崇文书局本校勘，长沙：岳麓书社，1994年，第二版，第一册，第212页（以下简称《荀子》）；法译文：Ivan KAMENAROVIC, *Xun Zi*, Paris, Les Editions du Cerf, 1987, p. 271。
3 托马斯·霍布斯（Thomas Hobbes, 1588—1679），英国政治家、哲学家。Thomas HOBBES, *Léviathan*, trad. par François TRICAUD, Paris, Sirey, 1651.

利益[1]。

　　追寻共同利益,确实是摆脱无政府状态的途径。当人们组织起来,相互信任,同心协力地去实施一项他们视为"共同利益"或"共同福祉"的行动时,实际上已经进入构建国家政权的重要阶段。

　　选择共同利益,是国家形成的第一阶段。一旦确立共同利益,原来的集体就变成社会,正如亚里士多德在他的《政治学》一书开头所说的那样:

> 我们看到,所有城邦都是某种共同体,所有共同体都是为了某种善而建立的(因为人的一切行为都是为了他们所认为的善),很显然,由于所有的共同体旨在追求某种善,因而,所有共同体中最崇高、最权威并且包含了其他一切共同体的共同体,所追求的一定是至善。这种共同体就是所谓的城邦或政治共同体。[2]

　　当人们对这种共同福祉的追求形式转化成某些规则或规范时,这些规则和规范就形成一种政体[3]。于是,能够让社会运转的机制,便被人们称为政权。因此,政权不是一个实体,而是一种可以让一个集体实现某种共同目标的机制。政权使一个集体的生命得以维持,没有政权,这个集体的存在就会受到严重的威胁。集体的共同利益,可以通过某种意识形态来界定,这里所说的意识形态,就是人们对客观世界全面而系统的表述。那么,组织一个社会的目的,就是把这种乌托邦理想付诸实践。有些学者甚至认为,民众的目标其实并不相同,他们对自己追求

1　黄宗羲,《原君》,见《明夷待访录》,台北:世界书局,1961年,第1-2页。
2　ARISTOTE, *Politique*, trad. par Jean Aubonnet, Gallimard, 1991, p. 7;译文参见:亚里士多德,《政治学》,颜一、秦典华译,北京:中国人民大学出版社,2003年,第1页。
3　Georges BURDEAU认为,一个集体的结构一旦为追求某个目标而固化,这个集体便受到规范的制约,政体正是这些规范的外在形式。参见:Georges BURDEAU, *Traité de Science politique*, Vol. IV, *Le Statut du pouvoir dans l'Etat*, Paris, Librairie Générale de Droit et de Juisprudence, 1983, p. 12。

什么未必十分清楚,因此,如果要制定一个共同目标,需要借助于某种神话,让事情变得简单,而且更具有号召力:

> 因此,必须让你的思想通俗化,让它为所有人,尤其为大众所理解,因为大众没有能力对你的思想进行分析,通常连理解它都十分困难。要汲取你思想中的精华,用几句响亮而形象的语言表达出来。要做到这一点,首先要在形式上下功夫,要对你的思想做概括说明,这番概括既要通俗易懂,又要有充分的代表性。这样一个任务,并不容易完成,特别是由于大众不是一致的。列宁为了让数百万俄罗斯农民和士兵投奔他,只用了两个词来描述他的计划:和平与土地。不过,大众内部通常拥有相互矛盾的需求和利益,能够把他们连接在一起的,只有对实现某个目标的欲望。比如说,法国大革命时期,每个国民都期待变化,但每个人心目中的变化都不一样。这时候,就需要提出一些相对笼统、宽泛的口号,描绘出一些美好而神奇的远景,比如自由、平等、主权等,使大多数人满意。[1]

与此相反,共同目标也许是非常实际的,尽可能远离所有的意识形态,举例来说,这个目标可以保证人们最基本的生活需求(食物、住处)。

这个共同目标,是建立一个社会的出发点,也正是这个共同目标,需要一个政权去组织社会。中国哲学的各种流派,一致认为这个共同目标就是"道",井然有序的社会:

---

[1] Jacques DRIENCOURT, *La propagande, nouvelle force politique*, Paris, Armand Colin, 1950, p. 108.

谁能出不由户？何莫由斯道也？[1]

孔子这里所说的，是建立一个遵循万物发展规律的社会，一个井然有序的社会。汪德迈（Léon Vandermeersch）在关于中国法家研究的著述中，也有类似的说法：

> 当人们知道万物变化的方向，并且顺应它时，历史就会有序地发展；而当人们无视万物变化的方向，别出心裁地企图另辟蹊径时，历史其实仍然朝着既定的方向发展，只不过人类是处于逆流中，这就是所谓的"混乱"。认识"道"，掌握"道"，就是要弄明白万物变化的方向，知道宇宙往何处去，特别是人类无意识地被引向何处；就是要选定这条"道"，这种"方法"，作为行动，特别是统治的准则；因此，就是通过"德"回归本真，成为至上。[2]

不同流派所追寻的目标是一致的，其分歧在于采取什么手段：

> 区别（不同派别之间）在于选择什么手段去实现有序的社会。我们总强调它们之间的不同，这很容易使我们忘记它们之间的共同点。在某种程度上，把它们视为绝对对立的两方，是对中国思维方式的忽视。不应该因为法家为了找到政权的具体运作方式，而对经验主义有种偏好，就忽视他们其实全都在

---

1 《论语·雍也第六》，(6.17)，载《诸子集成》，国学整理社编，上海：世界书局，第一册，1935年；法译文：Jean-Baptiste KAO, *La philosophie sociale et politique du confucianisme*, Paris, Editions Franciscaines, 1938, p. 79.
2 Léon VANDERMEERSCH, *La formation du légisme*, p. 272.

寻求"道"。[1]

秩序与繁荣，这些共同的价值观无疑构成中国哲学的基础。例如：孔子认为，"有博施于民而能济众"者，已经超乎仁，而"必也圣乎"[2]。

法家也同样追求繁荣与安定。然而，在不同的学派看来，这种秩序具有不同的特征。法家认为，秩序的特征主要是社会稳定，经济繁荣。儒家则认为，秩序体现在按照等级分配财物，反过来也证明社会等级合乎情理。另外，各种学派对于准许社会组织存在的政权，其看法也大相径庭。

制度的建立

在寻求共同利益之前，政权的首要目标是能够生存下去，因而制度得以延续。事实上，外部世界的某些变化有可能威胁到社会的安全，或引发社会的内部危机。这时，政权应该有能力行动，以应对这些危机，确保社会继续存在。有组织、有成效、能够成功的行动，要求国家政权制定出法律、典章、制度，建立相关的机构，保证社会正常运行，并且与外部世界同步发展。所有的典章制度，对社会成员的行为加以规范，要求他们严格遵守。一种典章制度，相对应的社会为了调整自身而寻求建立某种秩序。正如乔治·布尔多（Georges Burdeau）所说的，这是社会针对自身的一次演讲[3]。这些典章制度的核心内容应该相对固定，以保

---

[1] Xu Zhenzhou, *L'art de la politique chez les légistes chinois*, p. 223-224. Léon VANDERMEERSCH, *La formation du légisme*, p. 211; 后者写道："归根结底，我们看到法家的政治目标跟儒家是相同的，但法家赋予其政治目标以不同的意义，而且构建这些目标的理性基础完全不同。"

[2] 《论语·雍也第六》，(6.30)；法译文：Pierre RYCKMANS, *Les Entretiens de Confucius*, Paris, Gallimard, 1987。

[3] Geroges BURDEAU, *Traité de Science Politique*, Vol. IV, p. 19.

证社会的正常运作：不能总是对所有的规定进行修改。

一个集体、一片疆域、一个制度化的政权组成的整体，就是一个国家。政权的特点，是设法保证对国家的垄断：一个社会不可能同时有两个政权。另外，要防止有可能危害国家安全的内部危机的产生。没有政权，社会就会分崩离析。"一个团体能够组成国家，就有能力当家作主"[1]。因此，对于一个社会来说，政权至关重要，没有了政权，社会就不复存在。政权决定社会的生死存亡。

任何国家都是用一部宪法来定义的。所谓的宪法，实际上就是一系列的规则和目标，以明确的法律条文或不成文的社会习俗的形式，为社会成员所接受。

> 所有的宪法，其实就是对相同的问题所做出的不同回答。这些问题包括：君主是什么？统治者是什么？对他们的活动要制定怎样的目标？他们可以拥有何种行使权力的方式？[2]

当宪法以明确的条文形式表达时，通常包含一套集体的共同目标。因此，违反宪法是一件严重的事情，等于丧失了合法性。[3]

通过制定典章制度来控制社会，是法家学说的主要内容之一。除了宪法，法治国家的方方面面都要通过法律、法令来规范。这些法律法令向全民颁布，所使用的语言足够简单，以便让全体百姓认识和理解。法家的思想家认为，选择好的典章、法令、法规，是构建他们想象中的理想社会的必要条件。韩非将法律视为治理国家之工具。他认为，通过法律典章，才能纠正君臣的过失；惩罚官吏的邪恶腐败；抑止人们欺诈淫乱、怠惰之性。他认为法律能够统一民众的行为规范；刑罚能够威慑民

---

[1] Eric WEIL, *Philosophie politique*, Paris, Vrin, 1984, p. 131.
[2] Georges BURDEAU, *Traité de Science Politique*, Vol. IV, p. 10.
[3] 参见本书后面关于"合法性"的讨论。

众守纪；法治能够有效地处理纠纷，避免社会混乱：

> 法之所加，智者弗能辞，勇者弗敢争。刑过不避大臣，赏善不遗匹夫。故矫上之失，诘下之邪，治乱决缪，绌羡齐非，一民之轨，莫如法。属官威民，退淫殆，止诈伪，莫如刑。[1]

法律以典章的形式颁布，在民众中广为传播。法律一视同仁，其针对的对象不分社会等级。也就是说，不管是贵族还是普通民众，都要遵守同一法律。商鞅这样写道：

> 所谓壹刑者，刑无等级，自卿相、将军以至大夫、庶人，有不从王令、犯国禁、乱上制者，罪死不赦。有功于前，有败于后，不为损刑。有善于前，有过于后，不为亏法。忠臣孝子有过，必以其数断。[2]

典章必须受到严格遵守。罪惩既不回避权贵，也不遗漏百姓；刑罚的轻重根据罪过大小来定，不分社会等级。凡触犯国家禁令者，破坏君主制定的法律者，一律判处死刑，决不赦免。

韩非还有这样的论述，只有刑罚严厉，一视同仁，大臣们才不敢倚仗权势轻视地位低下的人；君主才会受到尊重而不受损害：

> 刑重，则不敢以贵易贱；法审，则上尊而不侵。[3]

---

[1] 《韩非子·有度第六》，第50-51页。
[2] 《商君书·赏刑第十七》，第29页；法译文：Jean LEVI, « Des peines et des récompenses », *Le livre du prince Shang*, p. 139。
[3] 《韩非子·有度第六》，第51页；法译文：Léon VANDERMEERSCH, *La formation du légisme*, p. 193。

与法家形成鲜明对比的是，儒家根本不相信成文之法的效力。儒家建立的制度是礼。关于礼，可参见高思谦（Jean-Baptiste Kao）的定义：礼是"人类生活的一整套社会准则或义务"[1]。礼的作用是规范社会。儒家的思想家认为，礼治是维护社会秩序的关键所在。的确，在孔子看来，人的行为准则全在于礼，自律才是最重要的，能抑制自己的言行而使之合乎礼，就是仁人：

> 克己复礼为仁。一日克己复礼，天下归仁焉。为仁由己，而由人乎哉？[2]

孔子所说的礼，都刻在文武官员手持的"笏"（狭长木板或竹板条）上，制订者可追溯到周文王和周武王。实际生活中的礼，就是指周朝的礼制：

> 周监于二代，郁郁乎文哉！吾从周。[3]

荀子对礼仪和制度更为重视，他认为，人生来就有争夺的欲望，任其膨胀会导致社会混乱，用礼仪制度可以确定人的名分，纠正人恶的本性，对维护社会特别重要：

> 礼起于何也？曰：人生而有欲；欲而不得，则不能无求；求而无度量分界，则不能不争；争则乱，乱则穷。先王恶其乱也，

---

[1] Jean-Baptiste KAO, *La philosophie sociale et politique du confucianisme*, p. 98-99. 作者对"礼"还有更详细的定义（见该书第98页）：礼包括"宗教礼仪、诚实规矩、举止得体、行为得当、彬彬有礼、合乎文明和社会规范、遵守社会秩序、合乎道德规范、承担社会义务、遵守社会习俗和礼仪，总之，包括古代智者所制定的为人处世的所有规定"。

[2] 《论语·颜渊第十二》，(12.1)；法译文: Pierre RYCKMANS。

[3] 《论语·八佾第三》，(3.14)；法译文: Anne CHENG, *Entretiens de Confucius*, Paris, Seuil, 1981, p. 41。

> 故制礼义以分之，以养人之欲、给人之求。[1]

在荀子看来，礼和社会秩序两者紧密相连。礼的制定，是为了调节人的欲望，避免祸乱产生，几乎可以说，礼相当于具有制度性质的法律，能够用它治理国家。荀子说过：

> 礼者，人道之极也。[2]

荀子断言，遵从礼的国家才能治理得好并且安定，反之就会混乱乃至灭亡。礼的作用是小人不可估量的：

> 天下从之者治，不从者乱；从之者安，不从者危；从之者存，不从者亡。小人不能测也。[3]

荀子还提倡以法治国，但他不相信仅凭法律的直接作用，就能维护社会秩序。他认为除了法和礼之外，还需要一位品德高尚的君王：

> 故法而不议，则法之所不至者必废……故法而议，职而通，无隐谋，无遗善，而百事无过，非君子莫能……其有法者以法行，无法者以类举，听之尽也。偏党而无经，听之辟也。故有良法而乱者，有之矣；有君子而乱者，自古及今，未尝闻也。[4]

下面这段话，出自法国汉学家乐维（Jean Levi）：

> 礼是领袖或圣人所拥有的调节能力和典范，可用来构建社

---

1 《荀子·礼论第十九》，第196页。
2 《荀子·礼论第十九》，第197页。
3 《荀子·礼论第十九》，第197页。
4 《荀子·王制第九》，第153页。

会和自然秩序。这是因为，所有制度的完美性和权威性，在于它们符合自然法则。自然法则转化为社会活动的必由之路，就是礼，它是宇宙规律的完美翻版。[1]

儒家的礼和法家的法，虽然看似不同，但归根结底，不正是同一概念吗？人们免不了会这样想，因为无论是礼还是法，其目标都是相同的，那就是规范人的行为，从而建立社会秩序。不过，虽然它们的目标相同，但不能忘记它们之间的重要差别。

按照《礼记》的观点，礼是针对贵族的，而刑罚是针对平民的：

> 礼不下庶人，刑不上大夫。[2]

在这一点上，法家的新颖之处，在于提出法律要一视同仁。然而，我们不应该忘记，在孔子的学说里，也理想化地提出，要让包括平民在内的所有人都自觉地服从礼制。其方法是，用道德来诱导他们，用礼教来规范他们，民众才会有廉耻，人心才会顺从：

> 道之以德，齐之以礼，有耻且格。[3]

礼和法最根本的区别，可能体现在它们的清单上。首先，礼规定了"人际关系中应该恪守不渝的形式"[4]。礼应该描绘未来远景，而法则关注惩罚过错[5]；其二，礼带有鲜明的道德色彩，相对而言，法家的法趋

---

[1] Jean LEVI, *Les fonctionnaires divins; politique, despotisme et mystique en Chine ancienne*, Paris, Seuil, 1989, p. 147.
[2] 《礼记·曲礼上》，法译文：Léon VANDERMEERSCH, *La formation du légisme*, p. 192.
[3] 《论语·为政第二》，(2.3)。
[4] Léon VANDERMEERSCH, *La formation du légisme*, p. 209.
[5] 参见：CHÜ T'ung-tsu（瞿同祖），*Law and Society in Traditional China*, Paris, Mouton, 1961。该书对此有一番讨论，尤其可见：第6章,"The Confucian School and the legal School", p. 226-279.

向于就事论事；其三，礼关注于私人事务与行为，如：服丧期间要遵守什么规矩，子女应如何尽孝等，而法主要关注公众事务。

两者之间最重要的区别，也许是治理方式。按照礼的治理方式，在特定的情况下，统治者指出民众应该做什么。礼制的倡导者提出一份清单，把许可的行为列举出来。与此相反，法家的法律，规定民众不能做什么，如果违反，应受到何种惩罚。可以说，法家提出的，是要禁止的行为的清单。可见，法家的治理方式更加开放，给民众提供了更多的自由，因为人的行为、举止以及所处的境况，可能是无限的，人要想得到更多的自由，最好要有一份清单，知道哪些事是不能做的，而不是知道哪些事是可以做的。

权力的约束及合法性

当国家人口众多时，或者经过一次世代更替之后，经常会出现这种情况，国家政权不能被社会全体成员所接受：一些人想通过改变理想（社会结构）或者结构和制度来改变社会；另一些人则想夺取政权，以改变同一结构内部的政策。政权内部的反对势力，是一种几乎无法避免的既成事实，他们会与那些想要重新提出质疑的人角逐。

另外，即使将社会力量召集起来的因素被确定为集体利益或共同理想，也不能使所有社会因素结成联盟，事实上，相距甚远。通常，一个社会的集体利益或共同理想，在社会内部获得认同；而更为常见的，是在这个社会内部少数积极分子中达成共识。这就意味着，社会中的大多数人——不包括少数积极分子这些人——并不一定认同这些共同利益。对于社会的总体目标和集体追求的"善"，大多数人表现出一种漠不关心的态度。在日常生活中，他们更多地根据自己的个人利益行事，甚至当个人利益与社会的集体利益发生冲突时，仍然如此。在这种情况下，国家权力应该迫使他们敬畏，因此动用各种手段，使每个人屈从于它的权力。

一段关于权力的经典论述明确表示，偶尔的暴力，对社会普遍追求的"善"来说，是一种必需的"恶"。法家的思想家韩非曾这样说过：

> 夫严刑重罚者，民之所恶也，而国之所以治也；哀怜百姓轻刑罚者，民之所喜，而国之所以危也。圣人为法国者，必逆于世，而顺于道德。知之者，同于义而异于俗；弗知之者，异于义而同于俗。[1]

他认为迎合民众的喜好，出于对百姓的怜悯而减轻刑罚，是导致国家灭亡的原因。在此，我们可以重温一下马克斯·韦伯（Max Weber）著名的定义：

> 在一定疆域之内，（国家）宣布了对正当使用暴力的垄断权。[2]

这种暴力可以采取多种形式，比如说，使用武力或者强制手段。不论何种形式，无非是以惩罚相威胁，强迫民众服从。命令通过惩罚手段下达，对下达的命令执行得越不力，惩罚就越严厉。

这种使用武力来强化权力，以及随之而来的各种命令，一旦普遍化，所获得的结果只能是屈服顺从。在这种情况下，政权被承认了，但这种被迫的承认是不稳固的：一个国家的政权，担负着组织社会的任务，如果只是使用这种控制手段，只能促使内部反对势力的增长，甚至引起造反，即使不至于颠覆政权，也会削弱它。哲学家亚历山大·科耶夫也曾提到这个问题。在谈及只是依靠恐怖手段来维持权力运转的政府时，他指出：

---

1 《韩非子·奸劫弑臣第十四》，p.133-134。
2 Max WEBER, *Le savant et le politique*, 1919, trad. par Julien FREUND, Paris, Plon, 1959, p.119.

> 与一种流传甚广的偏见相反，我认为这种局面是绝对不可行的。纯粹的恐怖手段，意味着只使用武力，说到底，就是只使用身体的力量。要知道，只是依靠体力，一个男人可以制服几个孩子、老人和妇女，最多能制服两三个成年男子，但他的主宰地位，即使在一个只有几个身强力壮的男子的群体中，也不会维持多久。确切地说，"专制"只有在一个隔绝的家庭中才可能实现，一个国家的首脑，除了武力以外，往往依靠其他的手段。[1]

意大利史学家居格列莫·费雷罗（Guglielmo Ferrero）也说过类似的话：

> 然而，使用武力所导致的，往往既有服从，也有反抗。压迫越大，越难预料可能发生的后果……[2]

董仲舒认为，秦朝自建立之后，只维持了十五年就灭亡，其原因是采用了法家所主张的严刑峻法，导致受压迫的农民起来反抗，最终推翻了秦朝的统治。儒家认为，要使民众顺从，最好的办法是劝导。道德教化，可以说服每个人顺从。道德教化的内容，是让每个人明白，个人利益要遵循道德，服从集体利益（在他们看来，集体利益是建立一个和谐稳定的社会）。主张劝导，意味着应该尽可能避免使用武力。

在其他学者的著作中，也有同样的论述：

> 同时，我们应该承认，动用武力有可能导致政权的丧失。……以惩罚作为威胁手段，通常会导致被威胁者的价值观

---

[1] Alexandre KOJEVE, *Tyrannie et sagesse*, p.160.
[2] Guglielmo FERRERO, *Pouvoir, les génies invisibles de la cité*, Paris, Librairie Générale Française, 1988, p. 47.

发生彻底转变，从而削弱了原有的权力关系。有个例子可以说明这个问题：二战期间，德国的纳粹分子试图通过处决人质来平息被占领区民众的反抗情绪，但他们的企图完全落空。与他们的愿望正相反，惩罚手段只能引起更加顽强的抵抗。[1]

上面论述强调的重点：一个政权要想真正获得民众顺从，必须放弃粗暴的武力，通过其他的方式，因为在屈从的情况下，民众承认的只是政权的强权，而不是政权的合法性。孔子对服从和赞同做过如下的比较：

> 道之以政，齐之以刑，民免而无耻；道之以德，齐之以礼，有耻且格。[2]

孔子认为用行政手段诱导及惩罚民众，只能暂时避免犯罪，他们却没有羞耻之心。反过来，用道德及礼教来劝导民众，他们就会有羞耻之心，人心便会顺从。

后来，法国思想家卢梭也说过：

> 即使是最强势的人，也决不会强大到永远做主人，除非他把自己的强势转化为权利，将服从转化为义务。[3]

当权力被国民或社会成员认为是合法的时候，它的根基就更加牢固。有些学者更喜欢使用"权威"一词。我们再看看亚历山大·科耶夫的

---

[1] Peter BACHRACH et Morton BARATZ, "Decisions and Nondecisions : an analytical Framework", in *Political Power : A Reader in Theory and Research*, edited by R. BELL, translated by S. MARNAT, New York, The Free Press, 1969, p.103-104.

[2] 《论语·为政第二》。

[3] Jean-Jacques ROUSSEAU, *Du contrat social*, livre I, ch.III, réed. Paris, Gallimard, 1964; 译文参考：〔法〕卢梭，《社会契约论》，何兆武译，商务印书馆，2010年，第9页。

论述：

> 让某个人"承认"，而不引起他的恐惧（说到底，是对暴力之死的恐惧），也不引起他的爱戴，那就意味着在这个人眼中有"权威"。在某人眼中得到权威，就是让他"承认"这种权威。要知道，一个人的权威（说到底，就是他杰出的人格价值，而不一定是他的"优势"）得到另一个人的"承认"，体现在当他的建议或命令为后者采纳或执行时，而并非这些行为，因后者不得已而为之（或体力处于下风，或出于恐惧，或因为某种"狂热"而不由自主），而是由于后者本能地认为这样做是值得的；之所以这样做，并非因为看到这样的行为本身具有价值，只是因为这些建议或命令是由"某人"提出或发出的（如同神谕），确切地说，是因为承认那个提出建议或发出命令的人的"权威"。[1]

权威性和合法性，其实是同一概念，因为人们通常认为，一种合法的权力具有权威性。合法性是权力的一个核心理念，它代表了社会成员的感受度。合法性也许可以定义为民众对一个统治权力的认可[2]。因此，它需要获得国民的认同：

> 一个合法的政府，是一个摆脱恐惧的政权，因为它懂得把权力建立在获得民众主动或被动赞同的基础上，并且减少武力的使用比率。[3]

一个具有合法性的政权，并不一定完全放弃武力的使用，但武力已不再是使人服从的主要手段。

---

[1] Alexandre KOJEVE, *Tyrannie et sagesse*, p. 159.
[2] Jean-Marc COICAUD, *Légitimité et politique*, Paris, PUF, 1997, p. 13.
[3] Guglielmo FERRERO, *Pouvoir*, p. 42.

实际上，合法性与社会的"共同利益"密切相关：

> 权力的合法性，是就权利概念而言的。因此，就权利概念而言，合法的统治者是为社会的共同利益服务的。[1]

合法性是社会成员判断和感觉的问题。让-马克·夸克（Jean-Marc Coicaud）将这种判断划分为三个步骤。他指出，首先，国家及其机构的确立，应该以社会的基本原则和价值观（即共同利益）为准绳；其次，其执政成果，即政治现实，必须以上述的价值观衡量；最后，每个成员在不同社会的社会文化环境里，根据自己的标准，对这种衡量进行评估，做出自己的判断[2]。由此，每个人做出决定，是否给予政权"个人赋予的合法性"，以及是否同意服从。另外，经过集体评估来决定，是否给予政权"集体赋予的合法性"。卢梭将其称为"社会契约"。这是一种默认的契约，根据这一契约，只要政权遵守某些规则，社会成员就保证服从这个政权。一旦政权不遵守这些规则，契约就取消，政权就不再具有合法性，社会成员也就没有理由继续自觉地服从它。出现这种情况，政权就会动用武力，迫使民众服从。

然而，也有这样一种可能，在某些特定的情况下，政权会背离社会共同利益，但仍被视为合法政权。政权背离社会共同利益，如果民众知情，就不会给予这个政权合法性，并且会拒绝服从它。因此，关键是蒙蔽民众，通过宣传让民众相信政权关心他们的疾苦，了解他们的期盼。如果有一种反对势力存在，骗局便会被揭穿，宣传就不再起作用。可见，在绝对权力的背景下，由于不存在任何抗衡势力，愚弄民众的做法才有可能畅通无阻。这个问题，稍后在论述绝对权力时，我们将会做进一步的探讨。

我们前面讨论了政权合法性的重要性，但尚未涉及合法性的根源，

---

1 Geroges BURDEAU, *Traité de Science Politique*, Vol. IV, p. 138.
2 Jean-Marc COICAUD, *Légitimité et politique*, p. 52-56.

以及合法性的各种形式。首先，社会的基本原则和价值观一旦被社会成员接纳，就不会引起争议，便不容置疑，因而具有"神圣性"。这种神圣性伴随着人们对自然规律的某种看法，一种世界观，也就是一种思想体系，一种对这个世界的简单而又自圆其说的表述。根据这种思想体系，人们提出了建设一个理想社会的长远目标[1]。在这种背景下，一个具有合法性的政权，就被认为是一个力求建设理想社会的政权。因此，一旦政权符合为社会所接受的"自然规律"，它就具有合法性。

> 要让他们（民众）相信，政权强行推出一些典章制度，归根结底，是要实现其天性中最深切的愿望，并且遵循宇宙的基本秩序。[2]

在这种情况下，思想体系或神圣性可以从自然规律中得到合理的解释，它们只不过是自然规律的具体诠释。然后，根据社会成员所接纳的社会基本原则和价值观，也即根据由此产生的思想体系和神圣性，政权的合法性可以引入不同的形式。

继亚里士多德之后，孟德斯鸠以及后来的卢梭，根据合法性的原则，都对政治体制进行过分类。这种做法，后来为马克斯·韦伯所继承。韦伯提出了合法性的三种来源。第一种来源，是"远古即被神圣化的习俗，以及扎根于人们身上循规蹈矩的习惯"所具有的权威性。这种合法性属于墨守成规的类型，扎根于传统。这样的社会，目标很明确，就是着眼未来，仿效古人（因为没人知道，是否存在其他的比他们的传统更为优越的价值观）。按照前面所讲述的，神圣性在这里体现为祖先流传下来的传统。历史的秩序由神圣的社会等级制度决定，所以，社会等级制度应该一成不变地代代相传。通过民族主义运动获得的政权的

---

[1] 这有点像 Jacques DRIENCOURT 所提出的神话般的共同目标。参见：Jacques DRIENCOURT, *La propagande, nouvelle force politique*, Paris, Armand Colin, 1950, 285pp。

[2] P. BERGER, *La religion dans la conscience moderne. Essai d'analyse culturelle*, 1967, trad.par M. J. FEISTHAVER, Paris, Le Centurion, 1971, p. 66.

合法性，也许可以归入这种类型的合法性当中，比如：通过反对外族统治获得的政权。

韦伯提出的合法性的第二种来源，是杰出人物身上所具有的超凡魅力。这种杰出人物，可能是巫师、先知、宗教领袖，也可能是军事首领或民选的统治者，接受了所谓"上天的恩赐"。这种领袖人物的合法性，属于个人魅力所产生的神圣性范畴。他的身份，似乎使他自然地成为领导人。如前所述，人们可以对这种类型的合法性提出质疑，因为个人的权威并不能够取代社会的价值观。的确，超凡人物其个人取得合法性并不意味着他可以凌驾于社会价值观和社会目标之上。一旦他做出的决定完全违背了社会目标，就会引起波动，政权就岌岌可危。

韦伯提出的合法性的第三种来源，是制度的产物，"依靠的是对法律条款之有效性和客观性'功能'的信任；而这些法律，是以理性方式建立的规则为基础的"[1]。如果这些法律条款被大家认为是符合社会目标的，那么，大家就会以此为据制定规则，选出国家的领袖和政府，这个政权就是合法的。

其他学者也提出过类似的，但不尽相同的分类。比如：居格列莫·费雷罗根据合法性原理[2]研究过政权的性质，提出了四种起源：选举起源、世袭起源、贵族–王权起源和民主起源。无论是哪一种起源，政权都会制定相应的规则来分配和行使权力。必须在严格遵守的条件下，政权才具有合法性[3]。

请注意，通常在制度的运行与权力合法性之间有一种关联因素。如果国家的制度无法运行，可以有两种解释：第一种，权力虽然具有合法性，但结构松散，组织混乱；第二种，权力不具有合法性。两种情况都有可能存在，因此，如果制度无法运行，不能对政权的合法性下定论。相反，如果制度可以运行，就能够推断政权是有合法性的。这样的推断

1　Max WEBER, *Le savant et le politique*, p.103-104.
2　Gugliemo FERRERO, *Pouvoir*.
3　比如：我们经常看到失去合法性的政权，为了政权的传承而设计更具有合法性的规则。通过不合法手段获得政权的统治者，在执政时往往会束手束脚。

不会太离谱,因为如果制度无法运行,民众就会通过消极或积极的方法对抗政权。即使是消极的对抗,也很容易破坏制度。制度的运行需要权力的合法性。因此,制度能否运行,主要是判断权力合法性的一个充分依据,而不是必要标准,因为具有合法性而组织混乱的体制,是有可能存在的。

儒家和法家对合法性的看法[1]

孔子认为,民众的信任对统治者来说是至关重要的。子贡在问及如何治理国家时,孔子回答说:

> 足食,足兵,民信之矣。

在这三点之中,他认为最重要的是民信:"民无信不立。"[2]

孔子表述得很清楚,权力的合法性是十分必要的。这种合法性来自于统治阶级的道德。如果国君和大臣的行为适当,就能获得民众的信任,他们的政权也就具有合法性:

> 其身正,不令而行;其身不正,虽令不从。[3]

当孔子被问及怎样做才能获得民众支持时,他回答说:

---

1 MA Li（马骊）,"A comparison of the legitimacy of power between Confucianist and Legalist philosophies", *Asian Philosophy*, 2000, 10, p.49-59.
2 《论语·颜渊第十二》,（12.7）。
3 《论语·子路第十三》,（13.6）。

举直错诸枉，则民服；举枉错诸直，则民不服。[1]

由此可见，在孔子看来，权力合法性形成的机制很简单：要统治一个国家，必须获得民众对政权的信任，要获得民众的信任，统治者的行为必须符合道德规范。

荀子也曾说过：

故天子唯其人。天下者，至重也，非至强莫之能任；至大也，非至辨莫之能分；至众也，非至明莫之能和。此三至者，非圣人莫之能尽，故非圣人莫之能王。[2]

荀子认为，天子必须是拥有三个之"最"的圣人：最强有力、最明辨是非、最英明的人；这样才能称王于天下。

因此，儒家认为权力的合法性来自于统治者拥有的品德。这应当归入韦伯所提出的"超凡魅力"型概念[3]，正如程艾兰（Anne Cheng）所指出的那样：

统治术并不是一项需要专门知识的政治技术，而只是涉及到天生或者后天培养的个人的超凡魅力。[4]

孟子的论述更为详尽。他将政权划分为两种类型：霸政和仁政。霸政就是通过武力和强制手段施行的统治，仁政则是通过施行德政来获得民众认同的方式：

---

1 《论语·为政第二》，（2.19）。
2 《荀子·正论第十八》，第104页。
3 "超凡魅力"的合法性后来得到重新诠释，拥有超凡魅力者被认为是上天所选，本书后面还会讨论这个问题。
4 Anne CHENG, *Histoire de la pensée chinoise*, p. 77.

> 桀纣之失天下也，失其民也；失其民者，失其心也。得天下有道：得其民，斯得天下矣；得其民有道：得其心，斯得民矣；得其心有道：所欲与之聚之，所恶勿施，尔也。民之归仁也，犹水之就下、兽之走圹也。[1]

孟子认为，桀和纣之所以失去天下，是因为他们施行暴政而失去百姓的支持。从这段话中可以看出，孟子非常明确地强调一点：如果政权缺乏合法性，只是靠使用武力，就会变得十分脆弱。

在儒家的思想家看来，权力合法性的来源，除了超凡魅力和德政，还有上天赋予的"天命"。天命通常被诠释为赋予统治者一种自然具有的合法性，因为是天命，任何一种政体均可成为具有神圣权利的君主政体[2]。但是，这种天命并不随便给予他人，它只赋予符合某些标准的统治者：

> 天命有德。[3]
> 惟天无亲，克敬惟亲。民罔常怀，怀于有仁。[4]

所以，想获得天命，必须要有德行，一旦失去了民众的信任，就会失去天命。这种演绎推理，孟子表达得非常清楚：

> 万章曰："尧以天下与舜，有诸？"
> 孟子曰："否；天子不能以天下与人。"

---

[1] 《孟子·卷七·离娄章句上》，见《孟子十四卷》，（汉）赵岐注，上海，商务印书馆影印宋刊本，1936年，第58页。
[2] 如果比较法家和儒家关于权力合法性的观点，还可参见：Léon VANDERMEERSCH, La Formation du légisme, p. 174-175。
[3] 《尚书注疏卷第四·皋陶谟第四》，见《十三经注疏·尚书正义》，李学勤主编，北京大学出版社，1999年，第108页。
[4] 《尚书注疏卷第八·太甲下第七》，同上书，第213页。

"然则舜有天下也，孰与之？"

曰："天与之。"

"天与之者，谆谆然命之乎？"

曰："否；天不言，以行与事示之而已矣。"[1]

孟子认为，"天命"不是随便授予的，必须用行动与成就来获得。从上述对话，可以看出孟子的逻辑推理：如果统治者没有德行，民众就不会接受他，他就缺乏合法性，因而失去天命，推翻他便是正当的。西汉哲学家董仲舒也有同样的分析：

且天之生民，非为王也；而天立王，以为民也。故其德足以安乐民者，天予之，其恶足以贼害民者，天夺之。[2]

董仲舒的这段话，是孔子思想的延伸。它的意思是，一个糟糕的国君没有得到民众的支持，因此有失去政权的危险，但没有明确表示，民众的造反是否合理。所以，要想获得天命并且保留民众的支持，统治者必须是有德行的。由此可见，儒家的"天命"是与民众的支持相关联的，这就是我们所说的合法性。

儒家认为，国君要获得合法性，必须遵循礼制（遵循礼制是有德行的人的特征之一）。而这些礼制源于古代传统习俗，这种权力的合法性，让我们联想到马克斯·韦伯所说的传统型权威。

前面所说的，是儒家关于权力合法性的论述。对于法家来说，他们认为，为了避免原始社会的无政府状态，必须建立一个国家政权。首先，统治者应该是一位智者，可以将民众团结起来，能够为百姓做好

---

[1] 《孟子·卷九·万章章句上》，见《孟子十四卷》，第76页。另可参见：Anne CHENG, *Histoire de la pensée chinoise*, p. 154-155.

[2] 董仲舒，《春秋繁露·卷七·尧舜不擅移，汤武不专杀第二十五》，北京：中华书局，1975年，第273页。

事，为民众去除弊害，纠正他们的德行：

> 智者诈愚，强者凌弱，老幼孤独不得其所。故智者假众力以禁强虐，而暴人止。为民兴利除害，正民之德，而民师之。[1]

这样的国君可以改变民众的境遇，自然被选为他们的领导者：

> 上古之世，民众少而禽兽众，民众不胜禽兽虫蛇。有圣人作，构木为巢以避群害，而民悦之，使王天下，号曰有巢氏。民食果蓏蚌蛤，腥臊恶臭而伤害腹胃，民多疾病。有圣人作，钻燧取火以化腥臊，而民说之，使王天下，号之曰燧人氏。[2]

于是，民众接受了能够改善他们日常生活的政权。民众给予它合法性。政权可以放弃无政府的状态，并且建立一种社会秩序，同时带来一种人与人之间的等级制度，从高到低，渐次而下，处于最高层的是为民众生活带来改善的领袖，而处于最下层的是完全利己主义的臣民。这种权力的合法性显示出功能性：它能够在社会中建立秩序，并且维持领导人的合法性。领导人

> 只有证明其才能，才能保持皇位，并且维持其合法性。民众因此才会尊敬他，心甘情愿地服从他。[3]

此外，法家特别强调这一点：君主的合法性并非神授的，而是人为建设的结果：

---

[1] 《管子·卷十一·君臣下第三十一》，第213页。
[2] 《韩非子·五蠹第四十九》，第661页。
[3] Xu Zhenzhou（许振洲），*L'art de la politique chez les légistes chinois*, p. 223.

> 夫"势"者，名一而变无数者也。势必于自然，则无为言于势矣。吾所为言势者，言人之所设也。[1]

法家的代表人物慎到指出，国君应该为国家服务，而不是反其道而行之：

> 立天子以为天下，非立天下以为天子也；立国君以为国，非立国以为君也；立官长以为官，非立官以为长也。[2]

因此，法家认为，领导者应该证明他的统治才能：他的角色以及他的合法性，体现在管理好国家事务，并且为国家带来繁荣。

我们可以看到法家和儒家对合法性看法的相同点和不同点。两者都认为，权力的合法性主要来自于统治者的超凡魅力。不同的是，儒家认为，这种超凡魅力是以道德为基础的，而法家则认为，统治者的成果才是超凡魅力的基础。在法家的框架中，领导人的超凡魅力，还与一种政绩的合法性相关，其政绩必须足以使百姓忘记他强迫的一面。而在儒家的框架中，民众的支持是与君主的德行相关的。这种道德可以使国家得到妥善治理。当领导者没有德行时，国家就会管理混乱，糟糕的政绩将会使政权陷入危机。

*

这里，我们涉及到一个对朱元璋研究具有重要性的方面：夺取政权。如果掌权者不是通过制度（通过继承或宪法规定的其他一切途径）

---

1 《韩非子·难势第四十》，第574页。
2 《慎子·威德》，载《景印文渊阁四库全书》，杂家类，子部，台北：商务印书馆，1986年，第848册，第193页。

获得政权的,那就意味着,他是通过推翻拥有制度合法性的人得到地位的。他所赢得的胜利,只是因为军事才能,或者还掺杂着其他因素?中国古代的思想家很少对夺取政权感兴趣:管子和孟子涉及到这个问题,他们强调,在夺取政权的过程中,合法性是十分重要的。

最初,管子简要地提出了这个问题,他非常重视民众的支持:

夫争天下者,必先争人。明大数者得人,审小计者失人。[1]

后来,孟子也阐述过这个问题,他探究的方式更加详尽。他也认为,夺取政权必须依靠民众的支持。按照他的观点,不能只是依靠武力夺取政权,这只能在小范围内发挥作用:

不仁而得国者,有之矣;不仁而得天下者,未之有也。[2]

相反,一位将军征服一个国家,他应该向民众宣传,并且做出解释,他对他们不会有任何危害:

王曰:"无畏!宁尔也,非敌百姓也。"若崩厥角稽首。[3]

然后,他得到民众的信任,才能成为皇帝[4]。这样,即使刚开始面积很小,也能够建立帝国,就像孟子讲述的寓言一样。比如:商汤征讨,四周的百姓都希望他来,就像久旱之后盼望甘霖一样:

臣闻七十里为政于天下者,汤是也。……《书》曰:"汤一

---

[1] 《管子·卷九·霸言第二十三》,见《管子》,第179页。
[2] 《孟子·卷十四·尽心章句下》,见《孟子十四卷》,第117页。
[3] 《孟子·卷十四·尽心章句下》,见《孟子十四卷》,第115页。
[4] "是故得乎丘民而为天子",引自《孟子·卷十四·尽心章句下》,见《孟子十四卷》,第117页。

征，自葛始。"天下信之，东面而征，西夷怨；南面而征，北狄怨，曰："奚为后我？"民望之，若大旱之望云霓也。归市者不止，耕者不变，诛其君而吊其民，若时雨降。民大悦。[1]

按照孟子的观点，通过仁慈来寻求政权的合法性，那么，即使是小国国君，也能够夺取天下。依靠武力来迫使民众顺从，民众不会心甘情愿：

以德行仁者王，王不待大——汤以七十里，文王以百里，以力服人者，非心服也，力不赡也；以德服人者，中心悦而诚服也。[2]

孟子认为，想获得民众的支持，最有效的方式，先要赢得前朝文人的支持，这会对别人起到示范作用，并且带来传统秩序的合法性。孟子在寓言中说，天下最有声望的老人，都归顺西伯了，于是大家随之而去：

伯夷辟纣，居北海之滨，闻文王作，兴曰："盍归乎来！吾闻西伯善养老者。"太公辟纣，居东海之滨，闻文王作，兴曰："盍归乎来！吾闻西伯善养老者。"二老者，天下之大老也，而归之，是天下之父归之也。天下之父归之，其子焉往？诸侯有行文王之政者，七年之内，必为政于天下矣。[3]

这段论述还表明，夺取最高政权，并非人人可为，起码是个封建领主。但是，在他们当中，如果获得百姓的支持，人人都有望成为帝王，而无须有皇家血统。另外，他在解释为什么孔子没有夺取政权时，还指出

---

1 《孟子·卷二·梁惠王章句下》，见《孟子十四卷》，第18页。
2 《孟子·卷三·公孙丑章句上》，见《孟子十四卷》，第26-27页。
3 《孟子·卷七·离娄章句上》，见《孟子十四卷》，第59页。

另一个条件：

> 匹夫而有天下者，德必若舜禹，而又有天子荐之者，故仲尼不有天下。[1]

最终，孟子关于夺取政权的学说，可以这样概括：要获得民众的信任。

合法性代表群体的重要作用

正如我们前面所看到的，关于政权是否具有合法性的评判，并不一定是由全体社会成员做出的：某些社会阶层，如农民和大多数"平民"，通常对于这种运作，既无准备，也无兴趣。确定一个政权是否具有合法性的集体评判，主要是由民众当中一个特殊群体完成的，按照正常的推理，该群体构成一个可称之为"舆论引导者"的角色，他们的意见被民众听取和接受，并且最终形成一种观点。这个群体对政权有极大的影响力，以至于他们对政权合法性的判断，成为整个社会对政权的判断。这个可以决定普遍民意的"积极的少数派"，它做出的判断十分重要，必须获得它的支持，政权才具有合法性。因此，它的社会地位往往是享有特权的[2]。

> 每个社会中，都有一些群体，他们被认为享有特权，可以根据社会成员的共同目标和价值观，对统治者的合法性进行确认。在此，应该研究一下，他们是如何被赋予这些权利的。作为

---
1 《孟子·卷九·万章章句上》，见《孟子十四卷》，第77页。
2 Samuel EISENSTADT, "The study of oriental despotisms as systems of total power", *Journal of Asian Studies*, 1958, 17, 3, p. 445.

政权合法性的代表,他们有一种倾向:看到任何与对现政权服从的态度和行为不相容的言论,就会批评甚至禁止。他们保留着对世界的解释权,因此,"博学"的语言,令他们与众不同。[1]

因此,政权合法性代表群体具有非常特殊的地位。但他们在思想倾向上并没有很大的自由。因为,正如前面强调指出的,他们必须符合社会的目标和价值观。

我们无须强调一个事实,政权合法性代表和统治阶级很难将一种社会生活和政权的描述强加给民众,假如这种描述与人们接受的观念,历史塑造的、公共文化传播的观念相脱节,并与整个社会中广泛传播的思想大相径庭的话。[2]

所以,我们可以将政权合法性代表群体的属性和特点概括如下:它涉及到一个社会阶层,评估政权是否符合整个社会的基本目标,并做出判断。政权要获得合法性,就必须得到这个阶层的支持。在这种情况下,这个阶层是政权的传声筒,它就在民众旁边,其作用是劝说他们服从。

哪种合法性代表群体符合儒家的思想呢?孔子认为,民众的理解力是有限的。只能让他们按照我们所说的去做,不能让他们知道为什么:

民可使由之,不可使知之。[3]

孟子也表达过同样的观点:

---

[1] Jacques LAGROYE, *La légitimation*, édité par Jean LECA et Madeleine CRAWITZ, *Traité de science politique*, Vol. I, Paris, PUF, 1985, p. 410.
[2] 同上。
[3] 《论语·泰伯第八》,(8.9)。

> 行之而不著焉，习矣而不察焉，终身由之而不知其道者，众也。[1]

他认为，平庸的人一辈子随波逐流，不知去向何方。唯有文人能够通晓天下；他们组成了政权合法性代表群体。秦朝的短暂统治，是以法家思想为主导的。到了汉朝，儒生获得了重要的地位。当时的哲学家董仲舒，是使儒家学说成为统治思想的倡导者和理论家。他建议从文人当中选拔官员。官员不应该追求钱财，而应该在各方面都大公无私。董仲舒建立了选拔官员的考试制度，主张将儒家经典著作作为考试的内容，促成了"一个以宣扬正统学说为己任的官员阶层的形成"[2]。也正是在董仲舒的时代，"以史治国"的观念开始形成。在这种背景下，"学识渊博"的文人具有批评和弹劾的特权。鉴于当时的政治和社会形势，他们查阅各种史料，找出相似的背景，提倡以史为鉴。这样做，可以区别当时何为民意，何为天意。通过这种鉴定，当他们认为国君违反天意时，就会提出谏言。

这个专业群体，是唯一有资格教导统治者和官员如何成为有仁、德者的，根据儒家体系，仁与德是获得民众支持，并取得合法性的必要条件。评判一个统治者是否具有合法性，也就是说，他是否公正、仁慈，这个群体也是必不可少的。天命是否赋予一个统治者，是由这些文人决定的。在这种情况下，他们成为统治者与民众之间的传声筒：负责向民众解释，统治者是有德行的。这个群体因此享有很大的特权，拥有很高的地位和势力，享受各种优越的待遇，这是他们在合法性问题上支持统治者所获得的回报。自汉代以来，儒家学说成为官方的正统思想，这足以说明为什么儒生获得那么高的地位。

在法家的思想体系中，合法性代表群体与儒家的有所不同。事实

---

[1] 《孟子·十三·尽心章句上》，见《孟子十四卷》，第106页。
[2] Marcel GRANET, *La pensée chinoise,* nouvelle édition, Paris, Albin Michel, 1988, p. 467.

上，在法家看来，政权要想获得合法性，组成这个群体的成员是必不可少的。根据法家思想，正是因为有这些人，法律才能实施。只有依法治国，国家才能有效地运转，这就说明政权具有合法性。法家思想体系中的政权合法性代表群体，也是由文人组成的，但这些读书人也是官员。跟儒生不同，不需要他们了解政权的原理并向民众解释，只需要他们循规蹈矩地维持政权的运作，服从命令。我们还可以看到，在法家的体系中，官员与国君之间建立了相互猜疑、互惠互利的关系。

> 臣尽死力以与君市，君垂爵禄以与臣市。君臣之际，非父子之亲也，计数之所出也。[1]

另外，正如我们稍后将要详细论述的，在法家思想的政治主张中，有一种"帝王术"。这是一种帝王控制官员的方法，运用这种方法，可以让官员无条件地服从命令。在政权体系中，官员的作用是特别重要的。这就很容易解释，控制政权合法性代表群体是必要的，鉴于它在政权中有举足轻重的地位，必须将其掌握在手中。

在此，需要强调指出，儒家和法家关于政权合法性代表群体的观点是有区别的。虽然，两者都认为该群体应该由文官组成，但在法家看来，只需要这些文官有效地服从和执行命令，无需他们弄明白为什么。而儒家则认为，他们要弄明白，并且要对民众解释清楚。

通过合法性代表群体的斡旋，政权被赋予了集体的合法性，政权的统治便不容置疑。有了合法性的政权，人们心甘情愿地服从，它就变得具有权威性[2]。对于政权来说，这是一种近乎理想的状态，是所有政权都渴望得到的。

---

1 《韩非子·难一第三十六》，第503页。
2 François BOURRICAUD, *Esquisse d'une théorie de l'autorité,* Paris, Plon, 1969, p. 10.

服从的机制

到目前为止，我们基本上是从权力持有者的角度去探讨权力的合法性。在这里，我们将试图厘清为什么国民、社会成员的个体会服从政权的指示和命令。要知道，即使一个政权被认为具有合法性，但政权的合法性无法直接解释国民的服从机制。国民也许赞同统治者制订的长远目标（共同目标），但未必赞同为了实现这些目标所选择的途径。事实上，政权合法性经常是一种对抗造反的保障，但并不一定硬要解释服从。政权合法性实际上是一种集体的观念，而服从则是一种个体的行为。

16世纪法国作家拉博埃西（La Boétie）曾经提出过关于服从的根源问题：

> 关于这一点，我不明白，为何那么多人、村镇、城市、国家，有时候竟然能够忍受一个暴君，就这么一个人，他所拥有的权力，不过是他们给予他的……[1]

20世纪法国哲学家贝特朗·德·茹弗内尔（Bertrand de Jouvenel）也提出同样的问题：

> 在任何时代和任何地方，我们都可以看到国民服从的问题。来自政权的命令，获得社团成员的服从……一切取决于服从。明白了服从的原因，也就理解了政权的本质。[2]

当国民出于这样或那样的理由，决定不再服从政权的命令时，政权就立刻不存在了。

---

[1] La BOETIE, *Discours de la servitude volontaire*, 1574, réed. Flammarion, 1983, p. 132.
[2] Bertrand de JOUVENEL, *Du pouvoir, Histoire naturelle de sa croissance*, Genève, Les Editions du Cheval Ailé, 1947, p. 32.

最强大的政权也会在几个小时内崩溃；它的臂膀——警察和法院——将会在顷刻间瘫痪，假如全体国民联合起来同时拒绝服从的话。世界存在于一种有限的秩序中，每个国家成功地使民众服从，因为全体拒绝服从的行动，是不可能发生的。[1]

当然也有例外，这种全体拒绝事实上是有可能的，例如：发生重大危机，爆发革命或大罢工的时候。领导者很清楚，没有民众的服从，政权将不复存在。残酷的现实使他们意识到，政权的状态实际上是伪装的：他们发布了命令，但却没有人服从[2]。通常状况下，这种情形几乎不会出现，服从的情形比反叛的更为普遍。我们再引用贝特朗·德·茹弗内尔说的话：

> 只要一声令下，全体民众就会离开田野、车间、办公室，到军营里集合……我们呼之即来，挥之即去。不管是税务员、宪兵，还是军士，我们都会服从。[3]

这种服从建立在什么基础上？这种大多数时间很稳定，但有时很脆弱的局面，政权是如何去维持的？我们将通过不同学者的观点或者哲学体系，来探讨这个问题。

在法家看来，服从的原因在于害怕受到惩罚，于是，他们呼吁推行严刑峻法。设立刑法的目的，是为了通过强制手段，使民众服从统治。

---

[1] Guglielmo FERRERO, *Pouvoir*, p. 82.
[2] 有类似经历的当权者的见证，很有说服力：例如，1968年"五月风暴"时，法国政府总理办公厅主任爱德华·巴拉迪尔（Edouard Balladur）说，造成法国政府瘫痪的冲击更多的来自政权内部，而不是来自学生罢课和工人罢工。政府向高级官员发出命令，但这些官员不服从，他们出于恐惧，携带家眷躲起来了。有一段时间，总理的任何命令都如同石沉大海，完全不起作用。
[3] Bertrand de JOUVENEL, *Du pouvoir, Histoire naturelle de sa croissance*, p. 34.

正如韩非所说的：

> 不忍诛罚，则暴乱者不止。国有无功得赏者，则民不外务当敌斩首，内不急力田疾作。……夫严刑者，民之所畏也；重罚者，民之所恶也。故圣人陈其所畏以禁其邪，设其所恶以防其奸，是以国安而暴乱不起。吾以是明仁义爱惠之不足用，而严刑重罚之可以治国也。[1]

他认为，不忍心施行刑罚，制造暴乱的人就不能被制止；严刑峻法是民众惧怕的，因此可以制止他们的邪恶，防止他们的奸诈。他说，对于治理国家来说，仅靠仁爱是不够的，而严刑峻法才行得通。

法家认为，法律应严苛到几乎从不去实施的程度，也就是说，国民一想到假如违法要接受惩罚，就会胆战心惊。

乐维发现，法家还主张操控国民[2]：他们认为，人的行为受到利益的驱动，因此，统治者可以巧妙地运用奖励和惩罚的手段，让民众按照他们的要求行事，统治者不需要动用武力，而只是以武力相威胁。

韩非指出，要治理好天下，必须依靠人的情感。人有好恶之情，因此可以运用奖惩手段：

> 凡治天下，必因人情。人情者，有好恶，故赏罚可用。[3]

这里，我们必须指出，运用强制手段与合法性之间的关系是隔绝的：在法家看来，一个政权即使动用武力或者以武力威胁，也具有合法性。如果武力使用得过多，民众对政权的认同就会降低；如果武力使用得当，民众会继续认同政权，承认它的合法性。在实际运作中，似乎忍

---

1 《韩非子·奸劫弑臣第十四》，第136页。
2 Jean LEVI, *Les fonctionnaires divins*, p. 89-200.
3 《韩非子·八经第四十八》，第644页。

耐的限度是非常高的：因为经验表明（这是令人遗憾的），如果一个政权对百姓实施的暴力过多，就会失去其合法性。如果一个政权没有合法性，那么它总是要动用武力，这样才能使民众服从。

儒家的思想家全都认为，治国的根本是仁与德。如果皇帝和他的大臣们能表现出来，各级官员就会效仿，最后民众也会这样做：道德是上行下效的。孔子的论述充分说明了这一点：

> 子欲善而民善矣。君子之德风，小人之德草。草上之风，必偃。[1]

> 政者，正也。子帅以正，孰敢不正？[2]

这里论述了两个方面：一方面，统治者要以身作则，用自己的行为影响民众；另一方面，意思是说，问题的责任应归结到统治者身上，因为如果统治者是糟糕的，民众也不会好。涉及到服从的问题，这一点尤为突出：这取决于统治者的素质。

皇帝和大臣们也肩负着教育民众的责任。儒家认为，以德、礼治国，同时教化民众，民众就会明辨是非，做坏事时就会感到羞耻。民众就会竭力服从统治。

> 临之以庄，则敬；孝慈，则忠；举善而教不能，则劝。[3]

所以，当孔子的弟子问他如何对待民众时，他主张经济繁荣之后，应该实施教育[4]。孟子也有类似的说法：

---

[1] 《论语·颜渊篇第十二》，(12.19)。
[2] 《论语·颜渊篇第十二》，(12.17)。
[3] 《论语·为政篇第二》，(2.20)。
[4] 《论语·子路篇第十三》：冉有曰："既庶矣，又何加焉？"曰："富之。"曰："既富矣，又何加焉？"曰："教之。"（13.9）

> 善政不如善教之得民也。善政，民畏之；善教，民爱之。善政得民财，善教得民心。[1]

因此，民众的服从主要是通过教育获得的。在儒家的思想中，教育的地位举足轻重。他们认为，教育是培养德行的最有效的办法。通过教育，民众可以明辨是非；他们会遵循礼制，不做违反社会秩序的事。但是，这种相信人性本善的观点是不切实际的；它对人性本善的机制没有提供任何解释，认为当统治者显示出德行，并指出正确的道路时，服从就会自然地产生。

荀子的观点则比较现实。荀子也很重视对民众的教育，但他的理论是建立在人性本恶的基础上的：

> 然则从人之性，顺人之情，必出于争夺，合于犯分乱理，而归于暴。故必将有师法之化、礼义之道，然后出于辞让，合于文理，而归于治。[2]

他认为，如果顺从人的本性，任其发展，就会出现相互争执、破坏等级、违反礼制的行为，最终导致混乱。因此，必须通过教化、礼仪的引导，人们才会遵守礼法，社会才会趋于安定。对于那些不遵守礼法、教育无效的人，对于那些散布异端邪说、作恶多端、四处流窜、不安分守己的人，荀子主张实施刑罚。而朝廷处理政务的方式应该是：对那些有好建议的人，要以礼相待；对那些不怀好意的人，要刑罚处置：

> 故奸言、奸说、奸事、奸能、遁逃反侧之民，职而教之，须而待之；勉之以庆赏，惩之以刑罚；安职则畜，不安职则弃……

---

[1] 《孟子·卷十三·尽心章句上》，见《孟子十四卷》，第107-108页。
[2] 《荀子·性恶第二十三》，第212页。

> 听政之大分：以善至者，待之以礼；以不善至者，待之以刑。[1]

所以，在荀子看来，要获得民众的服从，必须因人而异，用两种不同的方法：一种倾向于道德教化，另一种依靠奖励和惩罚。因此，这种主张介于法家和儒家之间。

新儒学的主张，也选择了非常实用主义的方式，他们不只是通过德治和礼教来获得民众的服从。朱熹认为，君主之德固然是获得服从的方法之一，但对于那些不愿意服从的人，必须依靠刑罚的力量。因此，他的理论可归结为"杀一儆百"[2]。

关于服从机制的根源，西方许多著名哲学家有各种论述。黑格尔认为，奴隶之所以服从奴隶主，是因为他们害怕被杀死。尼采则认为，服从是我们内心深处一种天生的需求：

> 我们每个人内心深处都有天生的对服从的需求，就像一种规范的明确的意识："你去做这个，无须辩论；你不要做那个，无须辩论。"[3]

康德认为，国民害怕获得自由，由于他们懒惰和麻木，更喜欢服从的安逸：

> 未成年时多舒服啊！如果有一本书，可以让我长知识，有一位导师，可以帮我明事理，有一位医生，可以为我定食谱，等等。我真的不需要操心，只要能付得起账单就行了。这种伤脑筋的

---

1 《荀子·王制第九》，第152页。
2 朱熹，《朱子语类》（三），《景印文渊阁四库全书》，子部，儒家类，黎靖德主编，台北：商务印书馆，1986年，第702册，第266页。
3 Frederick NIETZSCHE, *Par-delà le bien et le mal*, 1886, trad. par G. BIANQUIS, Paris, Obier, 1963, p. 201.

事情，别人都会承担的。[1]

一般来说，我们可以将这两种观点结合起来，在某种特定情况下，为了某种前途和目标，一个人所做出的选择是趋利避害的。也就是说，如果要在死亡和一种比死亡更少痛苦的服从行为之间做出选择，他会选择后者。同样，这种出于慵懒所做出的选择，其实是比较了自由所导致的不确定和忧虑与服从所带来的舒适之后，所做出的选择。确实，当人们不知道如何抉择，当各种选项均指向未知时，要做出一个选择是痛苦的。

我们还可以指出，不管是什么制度，只身一人起来造反，会有很大的危险。造反应该是集体行为，这样才有机会推翻现有的政权[2]。正如我们前面所指出的，全体拒绝服从是很少见的。在组成强大的团体，准备集体拒绝服从之前，潜在的反叛者被迫服从，并且在等待时机。

*

我们再回来，谈谈合法性与服从之间的关系。需要特别指出的是，个体的服从是受到一种集体观念影响的。在判断是否具有合法性的状况下，服从的理由，并不是合法性本身，而是人们设想的不服从所导致的后果。在服从的国民当中，不服从的只是少数，之所以服从，是因为他们认为服从是正常的行为。因此，使一个国民服从的确切理由，是他认为其他的人将会服从。一种合法性，无论是出于个人魅力，还是制度使然，或是历史因素，都是通过这种非常复杂的机制，产生一种集体的服从。从本质上说，如果国民是自由的，那么任何人都不会服从。服从

1　Emmanuel KANT, *Qu'est-ce que les Lumières*（何谓启蒙）? in *Philosophie de l'histoire*, Aubier, 1947, p. 83.
2　为了提出一种新的政权结构以取代旧的，并且切实可行，还需要理论的建构。

总是源于一种身体的或心理的强制。

在这种背景下，在被评判为合法的政权和不合法的政权之间，有一种本质的区别。我们可以看到，在这两种背景下，个体的服从是由一种恐惧决定的。即使是世界上最有合法性的政权，也会使用恐吓来获得民众的服从。如果不服从，情况会怎样呢？一种情况：不服从者会遭到社会的唾弃，因为他做了一件被他人认为不正确的事。所以，不服从者的自由，是与集体道德相抵触的。因此，服从无意识地被集体道德所接受。拒绝服从便是"不正当"的行为。国民服从统治，并不只是因为赞同，而是因为个人问题应该服从于集体利益。共同利益归属于社会道德。面对共同利益，个人必须做出牺牲。如果不这样做，就会受到周围的负面评价。赋予了这种特殊的道德，人们同时面临国家的限制和周围社会环境的压力，除了服从别无选择。政权使其目标为集体道德所接受，因此拥有了合法性，也就是说，不需要使用武力，就能够获得服从。此外，我们还观察到合法性代表群体，通常就是集体道德的提供者：从儒生的例子可以看出。法家的思想有所不同，法家没有促使民众服从的集体道德，简单地说，它根本没有集体道德。事实上，我们可以看到，服从只是源于对惩罚的恐惧。在不服从的状况下，法家主张惩罚，不仅要惩罚有罪的人，还要惩罚其周围的人。为了获得服从，通过这种方式，也有一种社会压力。

还有第二种情况，结果正好相反。社会压力是不存在的，或者更加糟糕，这种压力促使人们走向政权的对立面，将反抗者视为民众的英雄。在这种情况下，没有任何集体道德迫使人们服从。国民的服从主要是由于害怕惩罚，而不是因为社会压力指出服从是共同利益所必需的。这里所说的共同利益是不确定的，或者说，是与政权相对立的。也就是说，民众的道德要求他们拒绝服从。结果不一定马上导致混乱，更确切地说，是一种可称为"不合法"的状况，肯定会出现被动的反抗，也可能出现主动的造反。这种反抗会迅速蔓延，因为每个人都知道，如果他拒绝服从，不会遭到别人唾弃，他不是独自一人。在这种情况下，叛乱一触即发，并且会迅速蔓延。

*

  当集体道德建立得很稳固时，就很少引起质疑，政权便会长久而轻易地获得合法性。这种状况不利于寻求对政权的控制，并且检验其合法性。这样政权常常会偏离方向。一个政权如果不接受来自民众的任何压力，没有任何集体质疑的声音，不断地要求它证明其合法性，就可能偏离原来的道路，不是向有利于共同利益的方向前进，而只是追求有利于统治者的目标。要想继续维持其合法性，就要依靠宣传，或者逐渐忘记寻求民众的支持，更多地采用强迫而非劝导手段。这种专制和独裁的政权，就会面临危险。我们在下一章中会进一步分析。

第二章 绝对权力及其局限性、法家和儒家的应用

事实上，政权的合法性从未获得过全体社会成员的承认，不可避免地会有一些人，他们并不认可政权的合法性，只是在武力之下才会服从。一个政权，即使具有合法性，也难以避免偶尔会动用武力。如果政权把使用武力作为唯一的运作方式，当武力是它经常采用的方式时，这个政权就可以被称为高压政权。因此，一个只依靠高压的政权是不合法的[1]。这时，政权的目标不再是社会的共同利益，而只是统治阶级的利益，两者之间有天壤之别。我们前面已经看到，由于政权缺乏合法性，就会被认为是难以维持的：它建立在高压之上，依靠军事力量来维持；它似乎从诞生之日起，就被宣判死刑，通常这种政权维持不了多久。

在这里，我们要考察的是一种与其十分相似的类型：合法的绝对权力。它与政权的大家族保持一致，由一个人或一个小集团控制，使社会的抗衡势力不能真正起作用。这种政权，具有高压政权的某些特征，但它有可能是合法的。这种政权强加在社会其他成员之上，他们几乎无法发出自己的声音。接下来，我们将要考察这个政权的某些方面，它的运作及其成效，等等。为了更好地理解法家和儒家所倡导的政权机构，我们将会利用对比的研究方式。这样可以更加深入地分析朱元璋建立的政权。

---

[1] 在法家看来，使用武力是为了使民众服从，但政权总是能够保持其合法性，这种合法性建立在社会繁荣的基础上。在具有合法性的背景下，民众对政权表示赞同，他们的服从是发自内心的，武力并不经常被政权采用。

绝对权力的不同视角

一种被全体成员接受的，或者被大多数成员接受的绝对权力的类型，是不存在的。尽管如此，人们还是普遍承认，绝对权力是政权的一种类型，这其中包括僭主政权和专制政权。关于这两种政权，则众说纷纭，定义不同。柏拉图和亚里士多德在著作中，更多地使用僭政，而不是专制。亚里士多德认为，君主制是为了君主政权的利益，当它偏离正轨，变成一种僭政时，确切地说，它是为了君主的利益[1]。柏拉图则认为，僭主是一个人，奴役着全体民众[2]。霍布斯认为，僭政和君主制的区别只是在形式上，僭政是一种降格的君主制[3]。卢梭指出了僭主（暴君）和专制主的区别：僭主尚且遵守法律，而专制主则凌驾于法律之上：

> 为了给不同的事物冠以不同的名称，我要把王权的篡夺者称为暴君（僭主），而把君主权力的篡夺者称为专制主。暴君是一个违反法律、干预政权，又根据法律实行统治的人；专制主是一个凌驾于法律之上的人。因此，暴君可以不是专制主，但专制主则永远都是暴君。[4]

中国古代的思想家认为，传统上将政权划分为两种类型：王政和霸政。王政，是一种温和的君主制，由集体做出政治决策；而霸政，其特征是君主拥有绝对权力。比较现代化的政权，如1368年朱元璋建立的大明政权，中国的历史学家通常称之为中央集权或专制政权。对于这种类型的政权，西方启蒙思想家们有不同的看法。孟德斯鸠认为，亚

---

1 ARISTOTE, *Politique*, livre III, VII.4-5.
2 PLATON, *La République*, VIII. 564a-569c.
3 HOBBES, Thomas, *Le citoyen, ou les fondements de la politique*, Paris, Flammarion, 1982, VII.3.
4 Jean-Jacques ROUSSEAU, *Du contrat social*, livre III, ch. X, p. 245; 译文参考：《社会契约论》，〔法〕卢梭著，何兆武译，商务印书馆，2010年，第111-112页。

洲的专制政权，代表了一种新型的政体[1]：关键是在专制体制下，政权将高压手段推向极致，涉及到社会的各个方面，他称其为亚洲专制主义。这个术语后来又被卡尔·马克思，以及后来的历史学家魏特夫（Karl Wittfogel）采用，后者称其为东方专制主义[2]。孟德斯鸠认为，这种状况是由地理、气候环境造成的，它有助于由绝对权力支配的社会结构。关于这一点，我们稍后再做进一步的讨论。

此外，另一些西方启蒙思想家把中国的政体当作正面的榜样。比如，像伏尔泰这样的重农主义者认为，中国是"开明专制"的典范。事实上，这些学者将压迫国民的暴君与关注国民利益的开明专制主区别对待。开明专制的概念，通常指一种没有抗衡势力的绝对权力，专制主遵守法律，并通过实施各种改革为民众谋取利益。重农主义者认为，开明专制的概念是主要的（他们称其为"合法的专制"）。在他们看来，中国甚至树立了好政府的榜样[3]。同样，伏尔泰也把腓特烈二世当作开明的专制主，将他与中国的乾隆皇帝相提并论。伏尔泰认为：

> （乾隆皇帝）可以说是中华帝国最优秀的哲学家，最重要的传道者：他颁布的诏书充满了道德的教诲和训诫。[4]

正如法国汉学家艾田蒲（René Etiemble）指出的：

> 对中国友善的（启蒙）思想家有一个共同点，他们把中国的

---

1 孟德斯鸠写道："然而，亚洲专制政权的一致性，也就是说，所有采取高压统治的政权……"，参见：MONTESQUIEU, *Considérations sur les causes de la grandeur des Romains et leur décadence*, Paris, réed. Garnier-Flammarion, 1990, p. 83。
2 Karl WITTFOGEL, *Oriental Despotism, a Comparative Study of total Power*, Yale University Press, 1957.
3 值得一提的是，法国重农学派的代表人物弗朗斯瓦·魁奈（François QUESNAY）写过一本书，名为《中国的专制主义》（*Le despotisme de la Chine*, Paris,1767）。这本书后来再版，收入其文集：François QUESNAY, *Œuvres philosophiques*, Francfort, Scientia Verlag Aalen, 1965, p. 563-669。弗朗斯瓦·魁奈被其追随者誉为"欧洲的孔子"。
4 Voltaire, *Essai sur les moeurs*, Paris, Editions Sociales, 1975, 304pp.

皇帝描绘成开明的君主。[1]

然而，需要指出的是，这种对中国政体正面的看法并未得到所有启蒙思想家的赞同。持批评态度的人当中，最著名的是孟德斯鸠（上面已经提及）和卢梭。不过，正如艾田蒲所指出的，孟德斯鸠对中国的看法经常前后矛盾：

> 有时候，中国皇帝以暴君的面目出现，有时候，则以模范君主的形象出现。[2]

至于卢梭，他并不同意重农学派所使用的"合法专制"的术语：

> 无论如何，别再跟我说合法专制了，我不想去体会，甚至都不想听到；除了两个互相矛盾的词之外，我什么都看不到，它们拼凑到一起，对我来说毫无意义。[3]

不过，对于重农学派来说，合法专制就是指守法的专制。也就是说，包括君主在内的每个人，都要遵守法律。另外，他们认为，专制应该由舆论实施统治，也即要获得所有民众的一致支持。如果暴君实施的统治是不合法的，就有可能导致国民的反叛[4]。这一观点，通过以下的言论概括出来：

> 专制主为了他们的利益，可以为所欲为，他们的利益与他们所统治的国民的利益是联系在一起的。

---

1 ETIEMBLE, *L'Europe Chinoise*, Vol. II, Paris, Gallimard, 1989, p. 274.
2 ETIEMBLE, *L'Europe Chinoise*, Vol. II, Paris, Gallimard, 1989, p. 58.
3 ROUSSEAU, Lettre au marquis de Mirabeau, cité par ETIEMBLE, *L'Europe Chinoise*, Vol. II, 1989, p. 326.
4 G. WEULERSSE, *Les physiocrates*, Paris, Editions Gaston Doin, 1931, p. 198-199.

> 君主可以做任何事情，除了他不可能想到的。[1]

重农学派所说的合法专制，不是建立在强制基础上的蛮横的专制。事实上，它要建立在民众的支持这一牢固的基础上，并且有十分明确的底线。德·马尔绪（de Marsy）也感觉到，天命论对于一个好政府的重要性：

> 皇帝应当为国家的利益鞠躬尽瘁，在中国人的心目中，这是一种职责。在他们看来，上天赋予皇帝如此高的地位，并不是为了让他无所作为地享受各种福利，而是让他恪守与他的地位相应的职责，而首要的职责是关心民众的福祉。他们说，为什么他会在我们头上，难道不是让他成为我们的衣食父母吗？一个国君，如果想要有权威，就得在这一点上符合中国人的期待。如果国君的德行与此不相符，就会失去权威，受到鄙视。当民众不再尊重他们的君主，很快就会发展到想要摆脱服从的枷锁。中国历史上发生过成千上万次这样的革命，就是例证。[2]

这些引述提示我们，启蒙思想家中开明专制的拥护者，大多数是受到中国的启发。另外，我们看到，为民众谋取利益以及由此而导致的统治者行为的底线，是这些启蒙思想家政治理论中的两个主要特征，而这两大特征与儒家的天命论有密切的关联。

这些不同的观点，时有分歧，但在绝对权力的特征上又合为一体：他们一致认为，绝对权力是一个人或一个小集团的政权，将自己的意志强加给全体民众，并不存在集体的抗衡势力，也就是说，不存在一种拥

---

[1] G. WEULERSSE, *Les physiocrates*, Paris, Editions Gaston Doin, 1931, p. 198-199.
[2] François-Marie de Marsy, *Histoire moderne des Chinois, des Japonais, des Indiens, des Perses, des Turcs, des Russiens, etc.*, Paris, Saillant et Nyon., 1755, p. 196-210.

有独立权力并且能够监督专制政权的权威机构。没有抗衡势力，就不存在可以反抗政权的合法力量。任何抵抗都是不合法的。下面我们还将考察守法或不守法的现象，因为这些现象构成抗衡势力存在与否的特征。

但是，绝对权力不一定是不合法的。反过来思考，那就意味着只有民主政体才具有合法性，正如让-马克·夸克所指出的：

> 那种认为民众同意接受统治的现象，仅出现在民主政体下的论断，同样也受到质疑。并不只是在民主制度下，民众同意接受统治的行为起到关键作用，并且已经制度化，政权的行动才会受到严格的控制。……总之，民众同意接受统治的现象并非只出现在民主制度下。[1]

一个专制政体可能拥有一个合法的政权，只要它的首脑是一位"好"的专制主，自发地去谋求社会的共同利益[2]。关于专制政体的合法性问题，在哲学家列奥·施特劳斯和亚历山大·科耶夫之间曾经引发过一场论战[3]。列奥·施特劳斯首先确认专制政体是不合法的，它只建立在武力之上：

> 僭政是在君主政体的对立面上定义的。君主政体统治的对象，是那些同意遵守城邦法律的国民。而僭政统治的对象是拒绝接受统治的国民，他们拒绝遵守法律，而是遵从统治者的意愿。这种定义适用于一般的僭政，而不适用于最好的。根据西蒙尼德（Simonide）的建议，这种政体可称为改良的僭政，它统治的对象不再是拒绝接受统治的国民：而是建立在同意接受统治的基础上。但是，它仍然是一个"不合法"的政权，也就是说，

1　Jean-Marc COICAUD, *Légitimité et politique*, Paris, P.U.F., 1997, p. 99.
2　我们接下来将会看到，这正是专制者进行道德改良的目标，如同儒家所倡导的一样。
3　关于这场论战的介绍可参见：Léo STRAUSS et Alexandre Kojève, *De la tyrannie, suivi de Correspondance avec Alexandre Kojève*, Paris, Gallimard, 1954 (réed. 1997)。

它代表了一种绝对权力。[1]

因此，列奥·施特劳斯提出了合法性的缺失，但他对自己的观点做了修正，提出了"改良的专制政体"的概念。亚历山大·科耶夫注意到这一点，他指出：一个"不具有任何权威而只依靠恐怖实施统治"的僭主，是"绝对不可能"存在的。"事实上，一个政治领袖总是依靠他的权威，并且从中汲取力量。"[2]

*

另一方面，一个专制政权无须真正寻求其社会制度和目标所确定的"共同利益"，它通过欺骗和宣传手段愚弄民众，也可以获得其合法性。事实上，关键在于民众是否同意接受统治。欺骗手段往往比正常途径更为有效。

尽管如此，缺乏监督和抗衡势力，往往会使绝对权力表现得粗暴而又极端。它几乎不需要去维持其合法性，而是经常动用武力。在这样的体制下，国民往往对政权产生恐惧，尽可能避免与之接触。必须指出，这种绝对权力即使有可能维持其合法性，也会逐渐地演变成不合法的政权。事实上，一个统治者没有抗衡势力，其地位凌驾于法律之上，极有可能以身试法，为了追求个人利益，而将共同利益弃之不顾。不过，假如他能够操控民众，向他们隐瞒真相，也可以维持其合法性。反之，如果他不能操控民众，无法隐瞒真相，就会失去合法性。他的政权将会变得岌岌可危，如果还想继续保持权力，就得不断提高暴力等级，采取更多的压制手段。这种趋向不合法的演变并非不可避免，但它频繁地发

1　Léo STRAUSS et Alexandre Kojève, *De la tyrannie, suivi de Correspondance avec Alexandre Kojève*, Paris, Gallimard, 1954 (réed. 1997), p. 98.
2　Ibid., p.160.

生,说明人们经常把专制政体与使用强制手段,或者把专制政体和不合法混为一谈。

人们普遍认为,二十世纪某些高压政权发明了一种新型的专制,是过去从未有过的更为极端的新类型:极权政体。几位当代学者从不同的角度对这种政体的运作进行了详细的分析。这些学者包括:汉娜·阿伦特(Hannah Arendt)[1]、雷蒙·阿隆(Raymond Aron)[2]、卡尔·弗里德里希(Carl Friedrich)和兹比格涅夫·布热津斯基(Zbigniew Brzezinski)[3]。汉娜·阿伦特认为:

> 极权主义在本质上与我们所知道的其他形式的高压政治不同,诸如:专制、僭政或独裁[4]。凡是由极权主义者掌握政权的地方,便会产生全新的政治体制,它摧毁国家所有的社会、司法和政治传统。[5]

人们经常宣称,这种全面控制的形式在传统社会里不可能存在,因为它的运作需要现代通讯手段。但是,下面我们将会看到,它跟某些传统的社会组织有一些共同点。这使得我们将这种政权形式纳入我们的政权类型当中,可以将其称为"极权类型的政权"。

一般来说,这些政权采用一种纯粹意识形态的观念,并力求使这种观念与现实世界(包括最细微的方面)相互融合。它们试图直接将这

---

[1] Hannah ARENDT, *Le système totalitaire*, Paris, Seuil, 1951 (trad. par J.-L. BOURGET, R. DAVREU et P. LEVY).
[2] Raymond ARON, *Démocratie et totalitarisme*, Paris, Gallimard, 1965.
[3] Carl FRIEDRICH and Zbigniew BRZEZINSKI, *Totalitarian Dictatorship and Autocracy*, London, Praeger Publishers, 1969 (4e edition), 469pp.
[4] 雷蒙·阿隆的观点不像汉娜·阿伦特那么绝对,他说:"阿伦特女士将德国或俄国极权主义的独创性概括出来,也许有些夸大。" Raymond ARON, "L'essence du totalitarisme", *Critique*, 1954, 80, pp. 51-70 ; *Machiavel et les tyrannies modernes*, Paris, Editions de Fallois, p. 219.
[5] Hannah ARENDT, *Le système totalitaire*, 1951, p.203.

种意识形态的观念运用在人类身上，以便改造人类，使其与意识形态所阐释的自然界相吻合。这种意识形态的观念在纳粹体制下表现为"自然法则"，在苏联的体制下则表现为"历史法则"。汉娜·阿伦特认为，这是两种典型的极权体制。可以用下面的话加以概括：在这种体制下，只有一个真理，只有一种解释世界的方式，也就是由意识形态所提供的解释，它是不容质疑的，人人都要服从。

这种政权试图通过意识形态的垄断，对个人实施绝对的控制。意识形态的垄断是一个经过道德改造的政权，对现实世界的各个方面提供一种解释。这种体制重新掌握与政权组织相关的政治哲学依据，它涉及到由上而下强加的社会等级制，而不是通过自然调节，允许"自下而上"的发展[1]。

在这种制度下，所有的抗衡势力肯定都被排除在外。国家通过一种无处不在的官僚机构控制一切。这种极权体制力求做到全知全能，以便掌控社会的各个方面。在这种制度下：

> 意识形态通过一整套宣传和舆论机器将暴力掩饰起来，并且使其合法化。[2]

因此，意识形态的垄断试图通过"洗脑"，人为地制造出政权的合法性：要摒弃一切旧的价值观和基本目标，需要建立起新的以取而代之，通过包装和宣传，使民众"自愿"地服从于新的价值观和基本目标。总之，要强加一种新的社会道德。这种制度的理想目标，是建立一种对政权来说完全透明的社会，也就是说，它可以一目了然，而且能够控制社会的各个方面。

事实上，这种绝对控制是不可能的，因为道德是不能够强加的。民

---

[1] Georges BURDEAU, *Traité de Science politique*, Vol. V, *Les régimes politiques*, Paris, Librairie Générale de Droit et de Juisprudence, 1985, p. 475-482.

[2] Georges BURDEAU, *Traité de Science politique*, Vol. V, *Les régimes politiques*, 1985, p.475.

众的服从要么是自发的，源于社会道德，要么是被迫的，源于强制。两者难以并存。个人的服从如果出于恐惧，常常因为惧怕而变得麻木，是被动的。他们不会自发地去迎合新的意识形态。在这种情况下，政权只是在表面上具有合法性。地方官员欺上瞒下，腐化堕落。对统治者来说，这种社会不可能变得透明，实际上是一片黑暗。政权遂与社会现实相脱节，并逐渐分化瓦解。

*

我们上面所提及的亚洲专制主义，最初是由孟德斯鸠提出的，后来又被魏特夫采用。他沿袭孟德斯鸠的研究方法，探讨政权组织与地理或气候环境之间的关系。他认为，地理或气候环境有助于某些类型政权的产生。通过分析，他认定这些社会有一个基本特征：一种需要国家统筹的大型水利灌溉和治理洪水工程的农业经济社会，可以称为水利农业[1]。所以，魏特夫将这种社会称为水利社会，并且试图描绘出这种社会"农业官僚体制"的特征。他在著作中阐述了一种普遍原理，用来描述这种社会的组织形式，以及这种组织形式所导致的后果。我们下面讨论魏特夫提出的水利专制政权的某些主要特征，他认为一旦条件成熟，政权就可能应运而生。

魏特夫认为，当某些农民想组织起来兴修灌溉工程时，他们唯一成功的机会就是联合行动，并且听从一个有权威的领导人指挥。当它发展成一个大型的水利工程时（挖运河、改河道、筑堤坝，等等），这种合作需要分配、整合、协调、规划。由这种模式应运而生的政权是中央集权的；这种组织能力可以运用到其他领域：兴建大型防御工事，修筑公路，城市建设，建造庙宇和陵墓，等等。因此，中央集权国家拥有兴建大

---

[1] Karl WITTFOGEL, *Le despotisme oriental*, 1977, p. 13.

型工程所需要的大量劳动力,远远超过其他权力更加分散的国家。

水利农业国家还可以利用它的组织能力,来控制民众:首先它通过人口普查,然后通过官僚机构、交通运输系统以及建立情报机构,等等。这种能力还体现在军事方面:水利农业专制政权可以迅速征召大规模的军队。此外,这些国家的统治者十分重视军队的后勤与战略,使他们的军队更加令人畏惧。这些国家的税收政策很健全,他们的官僚机构和人口普查,使国家通过税收得到丰厚的收入。专制政府还可以利用危机爆发、大清洗或其他运动,偶尔没收权力集团成员的财产。这种时机由中央集权决定,因为它既是指控者,又是审判者,只要它认为合适,就可以进行政治清洗。

魏特夫在考察与继承有关的法律和习俗时,提出了财产分配的历史沿革问题。他明确表示,在水利专制政权中,死者的财产必须由其继承人共同继承。也就是说,不能由某个人单独继承其全部财产。经过几代人之后,这种规定可以使财产分散,防止私有财产过多地集中在个人手中,从而形成可以与国家相抗衡的能力。

当然,水利专制政权绝不容许任何抗衡势力的存在。例如,在宗教领域,按照魏特夫的说法,不容许不受国家约束的权力存在。国家的主要宗教团体,一定要在国家权力之下。说到底,水利农业政权的专制特征,源于国家内部权力的集中:军队属于官僚体制的一部分,而宗教团体也受到国家的约束。

我们已经看到,任何政权,无论专制与否,都有一部宪法和法律(不一定成文)。在极权体制下,统治者掌握着所有的权力:行政、制度、司法、军队和税收。极权体制被认为是可以经常修改法律和规则的政体。如果一条法律妨碍了行动,就可以更改。此外,没有抗衡势力,也就是说,没有一种拥有独立权力并且能够监督专制政权的权力机构。缺乏抗衡势力,就不存在可以抵制政权的合法手段。任何抵制都是非法的,任何失败的反叛者都是不合法的。任何造反行动只有获胜才能成为合法的,因为这时,由造反者自己定义新政权。魏特夫认为,由于缺乏监督，失控的政权有一种累积渐增的倾向，只要存在一种抗衡势力，这种情况就会得到遏制；反之，就会向相反的方面发展。

民众的服从通过教育得到鼓励：在要求民众服从权威的惩戒教育中，服从被描绘成一种重要的美德。这种体制在多个阶层都形成了孤立的状况：统治者不能相信任何人，因此只能是孤立隔绝的。如果他信任别人，就要承担被阴谋夺权的危险。官员也是孤立的，因为一旦犯错，就有可能殃及家人。普通百姓为人处事，必须特别谨慎，因为政府的决定和法规的变化讳莫如深，不可预测，一不小心，就会掉进无法预料的陷阱。由于政府的反应和决策不可预知，普通百姓尽可能避免与政府接触。

最终，东方水利专制政权通过绝对恐怖和惩罚的威胁来运作。这种政权对民众的疾苦漠不关心，并且要求他们绝对服从。通过暴力和暴力威胁，水利专制政权在行政、司法、税收等领域制造出恐怖的氛围，令人惶恐不安。

魏特夫的研究方法受到艾森思塔特（Samuel Eisenstadt）[1]和牟复礼[2]的强烈批评。在艾森思塔特的批评中，最值得关注的方面涉及到政权合法性代表群体。他反对魏特夫提出的专制统治的绝对性，强调某些群体的权力和重要性，比如贵族、官僚群体或者某些宗教团体。他强调政权的合法性以及合法性代表群体的重要作用，在他看来，要维持政权的稳定，民众的支持比纯粹的恐怖和暴力更为有效。

艾森思塔特批评的某些方面，与牟复礼的看法不谋而合。牟复礼认为，中国的历史复杂多变。他强调指出，对于中国历史不同朝代交替更迭的各种专制政权，不能一概而论。他认为，这些政权之间呈现出巨大的异质性，而魏特夫的模式却没有揭示出可以转化一个专制政体不同特征的变量。魏特夫的方法过于僵化，且过于笼统，无法解释不同的情况。

---

1 Samuel EISENSTADT, 1958, p. 435-446.
2 Frederick MOTE, 1961.

这些批评十分中肯，所以，我们不能直接运用魏特夫的研究方法，去研究朱元璋的专制政权。

尽管有不同的看法，但是魏特夫的研究仍包含了一些很有意思的观点。比如，他把水利工程的重要性作为研究的出发点，探讨水利工程与中央集权之间的联系。他似乎可以证明，兴建大型的水利工程，会导致权力的集中和强化。如果一个政权结构松散，就很难筹划这种大型的水利工程。反过来说，如果一个政权解决不了洪水、灌溉等问题，便无法防止饥荒，会变得十分脆弱。这种观点适用于研究朱元璋的个案。事实上，我们看到朱元璋十分重视水利工程。此外，正是由于一项大型水利工程的土方施工引发一场暴动，最终导致了元朝的灭亡，并且造就了明太祖朱元璋。

绝对权力的局限性

绝对权力有哪些局限性？正如魏特夫指出的，首先是自然法则的限制，它凌驾于人类社会的所有政权之上。专制主不管拥有多大的权力，也不能违反自然法则或生物规律。因此，如果他想让命令得以执行，在选择发号施令时，就会受到很多限制。此外，社会的某些价值观也会限制权力的滥用，如社会风俗习惯、宗教信仰等。不过，传统的价值观对极权体制完全不起作用，因为极权体制要打破旧的社会价值观，并且建立一套全新的价值观。事实上，任何政权都不能违反社会的基本价值观（不管是旧的价值观，还是由政权新建立的），否则的话，政权就会因为失去民众的信任而失去其合法性，陷入危险的境地。

这充分说明，对绝对权力最有效的限制，对于维护其合法性来说是必要的。在这方面，即使最专制的政权也不得不约束自己。如果忘记约束，或者对它估计不足，政权就会处于高压的状态下，长此以往，就会有丧失权力的危险。因此，绝对权力的约束可以归纳为以下几点：尊重社会习俗；尊重主要宗教及社会目标，保障民众最基本的生存需求。

因此，绝对权力为了彰显其合法性，肯定会自我限制[1]。正如我们所看到的，政权可以想方设法避开这些限制，通过粉饰表面、宣传或操控民众来施加影响，一方面让人相信他们的政府是仁慈的，一方面抛弃"共同利益"的目标牟取私利，以应对合法性的约束。魏特夫将其称为"君权神授的神话"[2]。雅克·德里昂古（Jacques Driencourt）也研究过宣传对于政权的作用以及它在政权中的地位[3]。他提出，宣传既可以避免为民众的利益做实事，又可以让他们相信，他们的需要立即就能得到满足。如果一个政权是依靠武力夺取的，那么，宣传就是一种黏合术，使民众依附在政权周围，同样可以获得合法性。最有效的宣传，需要一个拥有情报人员、顾问、密探、煽动者的组织。有效的宣传需要意识形态的统一，为其指明方向。不能让民众有被强迫的感觉，而是要向他们证明，各种典章制度可以使民众的幸福和社会的繁荣得到保障。为了获得民众发自内心的服从，需要将社会的共同目标加以神化。我们注意到，有效的宣传需要在专制政权的背景下显示出来。通过宣传可以获得民众的赞同，但又不得不给政权带来约束，这可以使政权维持其合法性。事实上，我们注意到，专制政权感觉到它的权力很受约束，因为专制政权是强制的，为了彰显其合法性，必须运用复杂的宣传机器。这时，政权只不过改变了限制的本质：原先的约束，是要付诸行动，必须有成效；现在转化成一种对言论的约束，是进行宣传所必需的。

在这种背景下，合法性代表群体的地位显得尤为重要。我们已经看到，这个群体所做出的评判，对让整个社会相信一个政权或统治者具有合法性，起着举足轻重的作用。政权为了维护其合法性，必须特别注意与该群体保持良好的关系。对于绝对权力来说，这个群体的存在显示出一种限制，可能有很强的约束力。艾森思塔特写道：

1　Samuel EISENSTADT, 1958, p. 441.
2　Karl WITTFOGEL, *Le despotisme oriental*, 1977, p. 167-168.
3　Jacques DRIENCOURT, *La propagande*, 1950.

今天，学术界似乎已经普遍认为，政治机构是社会结构的一个组成部分，其正常运作必须依靠其他机构的支持。要依靠它们获得各种物质资源，以维持其合法性，并得到各种活动的支持。这些不同的支持是必需的，因为任何社会的政治机构所紧密关联的，不仅是赤裸裸的权力运作，而且还有不同集体目标的设定。政治权力的掌控者应该运用各种方式，去证明这些目标与社会基本价值观一致。为了实现这些目标，政治机构应该动员并且保持社会的支持。通过这种动员，它必须重视至少一个社会活跃群体的利益。[1]

如果这个群体保持中立或批判的立场，比如说，揭露宣传的真相，那么它的存在就相当于一种合法性的抗衡势力。若情况相反，在现实当中，这个群体的中立立场维持不了多久，就会重新牵连到政府当中，比如，这个群体中最杰出的人士经常出任顾问或大臣。伴随着这种特权地位的交换，合法性代表群体就会给予政权合法性。

另一方面，魏特夫认为，对绝对权力最有效的限制来自于其他的等级：他提出了"行政效果递减法则"的概念[2]。根据这种法则，对社会的全面监控是有行政成本的。当建立这种控制体系所需的成本超出所达到的政治效果时，政权就没有理由实施。举例来说，派出监察员去监视每个公民所取得的效果，跟建立一支监察队伍所需的成本相比，是微乎其微的。这种限制说明，在成本和效果之间必须建立一种平衡，同时也表明，绝对的控制是不可能实现的。在实际操作中，一个人数不多的密探和警察的网络，足以维持对社会的监控。

关于这一点，在对朱元璋社会监控的分析中将会得到验证：里甲制度中的地方监督制度，相互监督与揭发（见本书第四部分第八章）。

魏特夫认为，即使在这种体制下，某些个人自由还是会存在的。也

---

[1] Samuel EISENSTADT, 1958, p.445.
[2] Karl WITTFOGEL, *Le despotisme oriental*, 1977, p.140-142.

许在某段时期，统治者会强征劳役。但不管怎样，为了获取更大的利益，在大部分时间里，统治者会让民众有活动的自由。同样，在意识形态方面，全面监控的成本太高，而且根本没有必要。政权可以保持对意识形态的控制，但无需去实施根本不可能实现的全面监控。

*

在中国帝制时代，有一种专门负责监督政权的官职：御史。这种官员的职能可分为三个方面：首先，监督政府的活动；其次，弹劾和惩罚官员的不法行为；最后，对政府和皇帝提出谏言[1]。所以，它的设立涉及到监督政府的活动，以保证它不偏离社会准则，也就是说，确保其不偏离政权的目标。如果御史机构运行良好，就会成为一种权力合法性的保障。

事实上，设立御史机构作为一种制度，并非源于儒家或法家的政治哲学。御史的功能可划分为两种：一种负责监督和弹劾，另一种负责谏言。谏言比较接近儒家的传统，而监督与弹劾和法家的学说类似[2]。只有到了元朝，这两种功能才合并到一起，由一个机构承担。由于御史机构不是由某个哲学派别提出的，后面关于儒家或法家权力局限性的论述中，我们将不再提及。

---

[1] 沈任远，《历代政治制度要略》，台北：洪范书店，1988，第127-174页。还可参见 Charles HUCKER 的专著，特别是其中第一章，里面不乏对御史作用的深入研究：Charles HUCKER, *The censorial system of Ming China*, Stanford, Stanford University Press, 1966, 406pp。
[2] Charles HUCKER 的论文 "Confucianism and the Chinese Censorial System" 中，对两者有详细的论述和比较。该文收入 A. F. WRIGHT 主编的 *Confucianism and Chinese Civilization*, Stanford, Stanford University Press, 1975 (第二版)。

法家的专制主义学说

我们已经注意到，法家的政治哲学与专制的绝对权力相对应。举例来说，如果一种政体中不存在抗衡势力，可以迫使君主去遵守法律，那么这种政体就是专制政体。尽管韩非明确表示，要让君主服从绝对的法律，也无法改变这一事实。在专制政体下，君主可以随心所欲地修改法律条文，甚至还可以践踏法律。他掌握了帝王术，便可以凌驾于法律之上。

我们前面已经提到，帝王术是一种隐秘的手段，它并不属于法律的范畴。它被公之于众是不可想象的，它只是帝王惯用的手段，能够使他了解情况，并且操控官员，以维持其政权。"术"的概念，似乎来自法家的思想家申不害，但他没有留下任何文字。而在法家集大成者韩非的著作中，关于"术"的思想得到补充和完善，并且形成体系：

> 法者，编著之图籍、设之于官府而布之于百姓者也。术者，藏之于胸中以偶众端而潜御群臣也。故法莫如显，而术不欲见。[1]

韩非认为，"法"要明文公布，而"术"则不能公开表露。因为，"术"是君主根据人的能力来授予相应的官职、按照名分责求实效、考核官吏的方法。这是君主掌握的生杀大权。而法制是惩罚违反禁令、奖赏恪守法令的民众的制度，必须明确地设立于官府，发布于民间。韩非指出，君主如果没有"术"，就会受到蒙蔽；臣民如果没有法，就会出现混乱。因此，"术"与"法"两者均不可或缺：

---

[1] 《韩非子·难三第三十八》，第554页。

> 术者，因任而授官、循名而责实、操杀生之柄、课群臣之能者也。此人主之所执也。法者，宪令著于官府、刑罚必于民心、赏存乎慎法而罚加乎奸令者也。此臣之所师也。君无术则弊于上，臣无法则乱于下，此不可一无。[1]

我们前面提到，统治者为了维护其政权，应想尽办法控制官员。他可以建立奖惩制度：无所作为的官员会受到惩戒，而政绩斐然者可以获得晋升。要做到奖惩得当，信息必须是原始的。统治者如果信息闭塞，就无法有效地掌控他的政府；他就会被架空，身处险境。统治者应该经常审查官员的言论，即使运用权谋，也要弄清楚他们的言行是否一致。通过这种方法，官员们在夸大其政绩、试图蒙骗君主时，就会有所顾忌。在法家看来，这种对社会和官员的监控，并不意味着君主事无巨细都要亲自过问。君主应该控制官员，再通过他们统治百姓。因此，最高明的君主应该是"无为而治"的。他应该对各种情况了如指掌，信息渠道繁多，并且根据需要做出决断。

> 所谓明者，无所不见，则群臣不敢为奸，百姓不敢为非。是以人主处匡床之上，听丝竹之声，而天下治。[2]

这种身处核心却无为而治的好处，在于尽量少向官员流露出自己的意图。一个奸臣知道了君主的意图，就可以将他玩弄于股掌之中。所以，君主要尽可能保守秘密，其意图和行动要保持神秘感，让周围的人无从知晓。这种无所作为便可将国家治理得有条不紊的君主（融合了道家和法家的理想），是一种理想的状态，只有君主将帝王术掌握得游刃有余时，才有可能实现。

---

[1] 《韩非子·定法第四十三》，第589页。
[2] 《商君书·画策第十八》，第32-33页。

法家专制主义的另一面，是利用农业和战争，将二者紧密结合起来，以此控制民众。大力支持农业生产，可以使民众疲于劳作，这样他们就无暇思考，也无暇学习：

> 入使民属于农，出使民壹于战。故圣人之治也，多禁以止能，任力而穷诈。两者偏用，则境内之民壹；民壹，则农；农则朴；朴则安居而恶出。故圣人之为国也，民资藏于地，而偏托危于外。资藏于地则朴，托危于外则惑。[1]

因此，按照商鞅的看法，用农业让民众退居家中，安稳地生活。在农耕之余，还要参与作战，这样可以避免民众有时间去思考。

> 夫开而不塞，则知长；长而不攻，则有奸。塞而不开，则民浑；浑而不用，则力多；力多而不攻，则有虱。故抟力以壹务也，杀力以攻敌也。[2]

为了让民众对农耕和战争这两项苦差事感兴趣，统治者会利用奖赏和惩罚的手段。法家主张，民众只能通过这两种途径，去升官和获得重要职位。在奖励他们的同时，必须对那些试图逃避农耕和战争的人进行严厉处罚。

> 民之外事莫难于战，故轻法不可以使之。……其赏少，则听者无利也；威薄，则犯者无害也。……赏多威严，民见战赏之多则忘死，见不战之辱则苦生。赏使之忘死，而威使之苦生，而淫

---

1 《商君书·算地第六》，第14页。
2 《商君书·壹言第八》，第18页。

道又塞，以此遇敌，是以百石之弩射瓢叶也，何不陷之有哉？[1]

战争是民众厌恶的东西，能够让民众喜欢打仗的君主，才能称王于天下。

> 凡战者，民之所恶也。能使民乐战者，王。强国之民，父遗其子，兄遗其弟，妻遗其夫，皆曰："不得，无返。"又曰："失法离令，若死我死，乡治之。行间无所逃，迁徙无所入。"[2]

*

一些学者提出，法家所倡导的政治制度与极权体制有相似之处，在其政治措施中，政权竭力使全社会的言行变得跟官方的意识形态相吻合。亚瑟·威利（Arthur Waley）在一部专著的前言里宣称，法家的思想"非常倾向于"现代极权主义[3]。顾立雅（H.G. Creel）也曾将他一部作品中的一章定名为"法家的极权主义"。汪德迈（Léon Vandermeersch）在其研究中国政治哲学的专著中，也多次将法家与极权体制相比较。最近，有不少著作重新提出这种相似性：如许振洲、傅正元等，他们著作的题目就已经表明，法家学说是历史上最早的极权政治哲学。程艾兰最近的一部著作中，有一节名为"韩非子的极权之道"。她认为："法家的主要思想，包括法、势、术，勾勒出纯粹的极权政治思想[4]。"我们下面对这个问题进行简要的分析。

法家专制主义的主要特征之一，是主张立法以建立一种绝对秩

---

[1] 《商君书·外内第二十二》，第37页。
[2] 《商君书·画策第十八》，第31页。
[3] 关于这个问题的详细资料，可参见本书末尾的参考文献。
[4] Anne CHENG, *Histoire de la pensée politique chinoise*, p. 232.

序。我们前面已经看到，法律对保障社会秩序发挥了什么样的制度作用。法家认为，要治理好国家，立法是首要任务。所立之法，主要是刑法，相对应的是一套奖励和惩罚制度，尤其是后者。而且，这种惩罚是非常严厉的：

> 以刑去刑，国治；以刑致刑，国乱。……刑生力，力生强，强生威，威生惠。惠生于力。[1]

商鞅认为，刑罚严厉，法律就会深入人心；每个家庭都应当检查法律在当地的执行：

> 断家王，断官强，断君弱。[2]
> 治国者贵下断。……家断则有余，故曰：日治者王。[3]

他指出，治理国家最重要的是在民众中做出裁决。如果事件在民众家中就能解决，官府的效率就会变得更高。能够当天处理完政务的国家，就可以称霸于天下。相反，如果只有国君才能做出裁决的国家，就会变得十分脆弱。

绝对秩序就这样以自然的方式确定下来，它是由国民自发建立起来的。正如我们前面所看到的，由于自己害怕惩罚，加上家庭的推动形成一种社会压力，迫使民众服从。

如同许振洲分析的那样，法家要建立一种意识形态的独裁[4]：其他的学说一律被禁止。

---

1 《商君书·去强第四》，第9页。
2 《商君书·说民第五》，第11-12页。
3 《商君书·说民第五》，同上页。
4 Xu Zhenzhou（许振洲），*L'art de la politique chez les légistes chinois*, p. 276；还可参见：Fu Zhengyuan（傅正元），*China's Legalists*, 1996, p. 118-123。

> 明君在上位，民毋敢立私议自贵者。[1]

管子认为，一国之君，如果不能统一民心……不能把官方的措施转化成民众的行为规范，那么，他的政权将不会安定，即使国家的土地幅员辽阔、人口众多：

> 故有国之君，苟不能同人心，一国威，齐士义，通上之治，以为下法，则虽有广地众民，犹不能以为安也。[2]

他认为，一旦和平的论调兴起，国家防御体系就会崩溃；博爱的思想兴起，士兵的斗志就会溃散；苟且贪生之说兴起，礼仪廉耻就顾不上了。传播非官方的思想，君主的命令就无法执行：

> 寝兵之说胜，则险阻不守；兼爱之说胜，则士卒不战。全生之说胜，则廉耻不立。私议自贵之说胜，则上令不行。[3]

由国家政权建立的强制机关，其目的在于强行建立一种社会机构。国家想要控制社会的各个方面。正如汪德迈所说的，"所谓的顺理成章，只是对国家而言"[4]。他还说：

> 法家首先考虑的是国家（利益）。如果国家利益跟民众利益相同，那是因为两者有一个结合点，但这不全面。如果国家利益偏离了民众利益，甚至发展到与之完全背离的程度，那么，法家

---

1 《管子·卷六·法法第十六》，引自《诸子荟要》，台北：广文书局，1965年，第114-115页。
2 《管子·卷五·法禁第十四》，第104页。
3 《管子·卷一·立政第四》，第36页。
4 Léon VANDERMEERSCH, *La formation du légisme*, 1965, p.194.

的极权政体就只能是造作的、松散的和脆弱的。[1]

帝王术，也可以被视为一种君主的全面控制社会的企图，已经非常接近极权。事实上，统治者试图通过一个复杂的组织，了解社会上发生的一切。君主要达到的理想状态，就是无为而治：这种全面控制的统治方法可能跟极权体制类似。

尽管有这些重要的共同点，法家的专制政权肯定没有现代极权体制那么严苛。后者试图通过建立新的道德体系，完全控制国民的思想。法家认为，只要他们遵守法律，在精神方面还是给他们保留一定的自由。专制政权，或者法家的部分极权体制，并未建立在一种强制的道德基础上。或者说，一种强制的道德体系的建立，是极权体制的基本特征。所以，我们认为，虽然两者之间有共同点，但人们还是夸大了法家的极权体制。此外，法家的政治体制还有许多局限性，我们下面将会讨论这一点。

首先，法家专制政权的局限性涉及到政权的合法性。我们已经指出，按照法家的学说，国君的合法性取决于其功能：统治者只要还有能力使国家正常运转，他就是合法的。这是一种源于才能和魅力的合法性，而不是源于出生或者传统的合法性。事实上，政权动用武力和实行高压政策，如果运转失灵，可能会迅速崩溃。因为一个使用武力的不合法的政权，已经被判处死缓。按照这种逻辑，国君应当考虑民众的利益，把国君的利益和民众的利益联系起来。因此，法家列举出一些维护政权的规则。比如：管子曾经提出，"故明主有六务，一曰节用"[2]。

在法家的体系中，帝王术应当秘密运作，民众不该意识到国君在违

---

1 Léon VANDERMEERSCH, *La formation du légisme*, 1965, p.227.
2 《管子·卷十七·七臣七主第五十二》，引自《诸子荟要》，台北：广文书局，1965年，第313-314页。

反法律。表面上，国君必须遵守法律：

> 能去私曲就公法者，民安而国治；能去私行行公法者，则兵强而敌弱。[1]
> 故先王贵之而传之。人主释法用私，则上下不别矣。[2]

法令一经颁布，国君就不能随意更改，否则，民众将无所适从，法令也会失效。

> 治大国而数变法，则民苦之。是以有道之君贵静，不重变法。[3]

因此，法令具有法家绝对权力的特性。但同时，它又为国君提供了一个固定的框架，令其不能公然地逃避。

法家专制政权的另一种局限性，来自国君与群臣的关系。国君应该控制政权合法性代表群体，为了不失去政权，他必须掌控着官员的一举一动，以防止有人背叛。

> 臣主之间，非兄弟之亲也。劫杀之功，制万乘而享大利，则群臣孰非阳虎也？事以微巧成，以疏拙败。群臣之未起难也，其备未具也。[4]

按照法家的观点，国君绝不能相信任何人。但不管怎样，国家的正常运转离不开大臣。他们应该是能够胜任的：

---

[1] 《韩非子·有度第六》，第44页。
[2] 《韩非子·有度第六》，第51页。
[3] 《韩非子·解老第二十》，第195页。
[4] 《韩非子·难四第三十九》，第561页。

> 凡明君之治也，任其力不任其德。是以不忧不劳而功可立也。度数已立，而法可修。[1]

因此，君臣之间的关系是相互需要的利益关系。为了维持政权，国君无法舍弃大臣。这样，后者就对绝对权力构成了强大的限制。

儒家的专制："仁"与绝对秩序

研究儒家的专制，也许是个悖论，因为孔子本人反对暴政。比如说，他认为如果一个政权缺乏仁爱，那它就是暴政（霸政）。在这里，首先需要明确一下：孔子关于暴政的定义，并非我们这里所说的专制政体。在孔子看来，一个"暴政"的政体，是不合法的，只能依靠武力获得民众服从；而我们这里所说的专制政体，指的是由一个人或一个小集团统治整个社会的政体。按照我们的定义，一个专制的政权，可能是合法的。

事实上，儒家的专制通常被视为仁慈的专制。因为孔子的基本政治目标，是民众的共同利益，他不想剥夺民众的自由：

> 三军可夺帅也，匹夫不可夺志也。[2]

至于孟子，则建议实行仁政，主张通过减轻赋税为民众谋取利益[3]，通过控制农业生产让百姓免受饥饿之苦[4]。他希望提高民众的生活水平，遏制战争。他还希望给天下的人带来快乐：

---

1 《商君书·错法第九》，第20页。
2 《论语·子罕篇第九》，(9.26)。
3 《孟子·卷六·滕文公章句下》，见《孟子十四卷》，第52页。
4 《孟子·卷一·梁惠王章句上》，见《孟子十四卷》，第5-6页。

乐民之乐者,民亦乐其乐;忧民之忧者,民亦忧其忧。乐以天下,忧以天下,然而不王者,未之有也。[1]

孟子跟孔子一样,坚决反对暴政:

由此观之,君不行仁政而富之,皆弃于孔子者也,况于为之强战?争地以战,杀人盈野;争城以战,杀人盈城,此所谓率土地而食人肉,罪不容于死。[2]

同样,孟子也坚决反对追求利益,当梁惠王问他如何才能获取利益时,他批评说:

王!何必曰利?亦有仁义而已矣。王曰:"何以利吾国?"大夫曰:"何以利吾家?"士庶人曰:"何以利吾身?"上下交征利而国危矣。[3]

孟子对使用武力十分憎恶,认为杀死暴君是正当的。值得一提的是,孟子的这些政治思想后来引起朱元璋的反感,以至于明朝初期,孟子的学说遭到查禁。战国时期,齐宣王曾经问过孟子:"臣弑其君,可乎?"孟子回答说:

贼仁者谓之"贼",贼义者谓之"残"。残贼之人谓之"一夫"。闻诛一夫纣矣,未闻弑君也。[4]

尽管如此,儒家所倡导的政治制度是由少数人对全体民众实行的

---

[1] 《孟子·卷二·梁惠王章句下》,见《孟子十四卷》,第14页。
[2] 《孟子·卷七·离娄章句上》,见《孟子十四卷》,第60页。
[3] 《孟子·卷一·梁惠王章句上》,见《孟子十四卷》,第4页。
[4] 《孟子·卷二·梁惠王章句下》,见《孟子十四卷》,第17页。

专制统治。只有少数几个人可以掌控政权,如果君王不仁,只能由有王室血统的大臣来推翻他,并且取而代之:

> 君有大过则谏;反覆之而不听,则易位。¹

相反地,其他的大臣面对同样的情况,别无选择,只能辞职:

> 君有过则谏;反覆之而不听,则去。²

孟子主张尽量拒绝使用武力和强制手段,而通过宣传获得民众的服从:通过教育和礼制进行说服。关于这一点,我们前面已经说过。这种政权即使是专制的,也具有合法性。专制政权,并不意味着国君无需循规蹈矩。相反地,即使是国君,也要遵守规则,也就是说,要遵循礼制。因此,国君不能凌驾于"法律"之上。在这种体制下,一切都已设定好,国君是有德行的、遵循礼制的,他可以将自己的意志强加给别人,不时地向国民发号施令;民众只有履行各项义务的权利。那么,怎样才能确保国君所追求的是共同利益呢?因此,必须假定他是个有德行的人。也许是基于这一点,儒家要求统治者进行道德改造。

在儒家的体系中,道德改造可能会过度蔓延,使政权带有极权色彩。事实上,孔子认为,治国就是纠正民众的言行[3]。孔子所倡导的政权基础,首先是"正名":

> 名不正,则言不顺;言不顺,则事不成;事不成,则礼乐不

---

1 《孟子·卷十·万章章句下》,见《孟子十四卷》,第87-88页。
2 同上。
3 关于儒家的治国理念,Jean-Baptiste KAO有非常透彻的分析,参见:Jean-Baptiste KAO, *La philosophie sociale et politique du confucianisme*, 1938, p. 129-141。

兴；礼乐不兴，则刑罚不中；刑罚不中，则民无所措手足。[1]

因此，孔子所说的"正名"，即遵从礼法，让名称符合实际，言语与行为一致。每个人都应当根据其社会地位，履行其应尽的义务。这样，他们的名分和行为就一致了。如果名分纠正了，社会秩序建立起来，民众就会改过自新。

儒家政权的目标，就是通过正名，使民众的行为符合儒家的理想。要达到这个目标，有好几种途径，我们前面已经分析过。比如：统治者应该是有德行的；人人都要遵循礼制[2]。这就意味着，只能接受对现实的某种解释，其他的都要拒绝。意识形态的专制起源于此。我们后面将讨论符合儒家政治理想的社会秩序中的专制和极权特征。

怎样才能尽量少去使用武力，促使民众服从统治呢？答案是通过教育：对于人口众多的卫国，孔子所提出的首要措施，是让它繁荣起来，之后施行教育[3]。这里提出的教育，是让人们遵从礼法，好像灌输思想一样。礼制是按照某种思想观念或某种世界观制定的，并要求所有社会成员严格执行的一套完整的行为准则。在这种情况下，礼制便成为一种意识形态专制的组成部分。按照儒家的说法，礼制实际上具有法律的性质，因此划定了一个非常有限的范围，其中指出哪些行为是被允许的，专制秩序就建立起来。孔子还特别强调，每个人的行为都要符合其社会等级。也就是说，人人都要安守本分，不得越界，就像这句话所说的："不在其位，不谋其政"[4]。

按照同样的逻辑去解释，君主的专制地位是合法的：他确实应该是仁慈的，但其政权不该被分割，只能由其一人主宰，否则就会发生动乱：

1　《论语·子路篇第十三》，（13.9）。
2　DING Wangdao（丁往道），*Understanding Confucius*, Beijing, Chinese Literature Press : Distributed by China International Book Trading Corp., Panda Books, 1997, p.131.
3　《论语·子路篇第十三》，（13.9）。
4　《论语·泰伯篇第八》，（8.14）。

> 天下有道,则礼乐征伐自天子出;天下无道,则礼乐征伐自诸侯出。自诸侯出,盖十世希不失矣;自大夫出,五世希不失矣;陪臣执国命,三世希不失矣。天下有道,则政不在大夫。天下有道,则庶人不议。[1]

孔子的专制主义是一种经过说服的专制:他想要给民众带来福祉,但民众没有选择的自由。儒家倡导的社会秩序,是一种绝对秩序,它给予一点点自由,是通过礼制获得的内在约束。礼制不只是包括特定社会阶层的行为规范,还包括一个社会阶层与其他社会阶层的相处方式,无论是上层还是下层。因此,礼制的目标是确保社会等级的稳固。这种分析是荀子引入的,他以维护社会秩序和由此产生的财富和权势分配的需要为由,说明了等级分配的理由:

> 分均则不偏,势齐则不壹,众齐则不使。有天有地而上下有差,明王始立而处国有制。夫两贵之不能相事,两贱之不能相使,是天数也。势位齐,而欲恶同,物不能澹,则必争;争则必乱,乱则穷矣。[2]

这种社会等级制度,并不是一种制度导致的结果,而是制度的基础,或者说是制度的目标,体现了儒家专制冷酷的一面。事实上,它寻求的是少数群体的利益,它属于社会等级的高层,而并非社会的共同利益。

运用儒家经典著作进行教育的道德改造,产生出对现实世界的单一解释。这种近乎教条主义的教育,很接近人们今天所说的"洗脑"。我们不得不认为,从某种意义上说,儒家的目标是要强加一种集体的道德观,这样,儒家所提倡的政治制度自然就有了合法性。儒家学说的这

---

1 《论语·季氏篇第十六》,(16.2)。
2 《荀子·王制第九》,第153页。

一特征与极权体制类似。

然而，无论孔子还是孟子都一再劝告，统治者要有德行，要把民众的利益作为首要目标。这些劝告使统治者的极权欲望有所减弱。归根结底，儒家的经典学说（包括孔子的学说和部分孟子的学说）呈现出一种不确定，这为后人的诠释提供了很大的空间。

因此，历朝历代对孔子、孟子学说的诠释有很多演变。所以，千万不要忘记，儒家的政治实践是有其历史维度的。我们前面曾经提及，自宋代开始，出现了一种新的儒家学说，它被称为"新儒学"。这一学派后来得到很大的发展。新儒学的终极目标，是教导人们如何使儒家的智慧臻于完善。以朱熹为代表的新儒学的理论，建立在"理"和"气"二分的基础上。所谓"理"和"气"，指的是精神和物质，或者是抽象与具体。按照朱熹的观点，世间万物都自有其"理"。与"理"相对的，是"气"（如：物质、工具、材料等），"气"使"理"具有一个物质实体。

在此基础上，朱熹创立了他的政治哲学。他认为，国家作为一个实际的组织机构，必有其"理"——政治或政府的"理"。国家按照"理"去统治，就会繁荣稳定，否则，就会陷入混乱。这种"理"，就是古代传说中的圣王教导的为政之道。这种"理"是跨越时代的，亘古不变的。然而，自圣王之后，这种"理"就没有实行。所有的执政者都是谋取私利，而不是为了民众。在这里，朱熹继承和发展了孟子的仁政学说，并且为之提供了形而上学的论证。这里要强调的是，孔子本人并不主张彻底放弃惩罚的手段，但朱熹在这方面走得更远，他强调指出法律和刑罚的重要性和必要性。

自元朝开始，以朱熹为代表的新儒学成为官方的意识形态。朱熹著作颇丰，有《四书集注》、《小学》、《周易本义》和《诗集传》等。在大量的著作中，阐述了他的思想。新儒学在某些方面跟极权主义很相似。它要建立一种意识形态的专制，控制社会的各个方面，甚至个人的隐私。在朱熹的学说中，"理"占据核心地位。我们前面曾经指出，儒家所倡导的礼制，它规定哪些行为是被允许的，而不是规定哪些是被禁止的。这样建立起来的社会，其自由度是很少的。新儒学的正统学说，更是将道德行为的纯粹推向极致：在他们眼中，从百姓到国君，人人都要根据"理"所确定的规则和义务，像"圣人"一样行事。

后人对朱熹的新儒学的评价，通常认为它比孔子或孟子的儒家学说更具有极权特征：

> 从新儒学的目标可以看出，它比传统儒学更具有极权性，因为它为君主政体提供了监控手段，在道德和习俗方面，对公众和私人生活实行全面的控制。[1]

朱熹的新儒学在他身后的几个世纪里，取得了正统地位，朱熹对《四书》的评注成为儒家经典的正统诠释。这种正统性在17世纪受到文人戴震（1724—1777）的强烈批评。戴震批评它把"理"当成永久和不变、绝对的真理。如同顾立雅所指出的：

> 当新儒学说明他们的学说符合宇宙之"理"时，任何反对意见都变成绝对荒谬的。皇帝以及所有盘踞高位者，他们的愿望和决定都是根据"理"发出的，成为不可改变的事实。[2]

戴震客观地指出，对"理"的这种强调，并不是从儒家经典著作里重新找到的：

> 六经，孔、孟之言以及传记群籍，理字不多见。今虽至愚之人，悖戾恣睢，其处断一事，责诘一人，莫不辄曰理者，自宋以來始相习成俗，则以理为"如有物焉，得於天而具於心"，因以心之意见当之也。於是负其气，挟其势位，加以口給者，理伸；力弱气

---

[1] Ho Ping-ti, Tang Tsou（何炳棣、邹谠）, *China in crisis, China's heritage and the Communist Political System*, Vol. 1, Chicago, University of Chicago Press, 1968, p. 39.
[2] H. G. CREEL, *La pensée chinoise, de Confucius à Mao Tsu-tong*, Paris, Payot, 1955, p. 233.

慑，口不能道辞者，理屈。呜呼，……尊者以理责卑，长者以理责幼，贵者以理责贱，虽失，谓之顺；卑者、幼者、贱者以理争之，虽得，谓之逆。[1]

戴震认为，民众的共同利益已经被新儒学抛到脑后，他们所构想的哲学像一件极力禁锢和摧毁人类精神的紧身衣。

儒家专制政权的限制，跟法家的完全一样，基于政权合法性的考量，要维持国家的正常运转：如果国家机构无法运转，民众的信任就会丧失，这就意味着统治者失去天命。因此，无论是君主还是专制主，按照理想的模式，为了寻求国家及官僚机器的正常运转，必须竭力保住天命这块金字招牌。

儒家绝对权力的另一种限制，跟政权的合法性有关，就是要遵循礼制。如果一个政权无视儒家所倡导的礼制，由儒生组成的政权合法性代表群体，就会对这个政权的合法性提出质疑。对一个儒家专制政权来说，遵守礼制和选择儒生作为幕僚，都是强大的约束。统治者建立一个儒家专制政权，其理想是要依靠它最大限度地实现社会的安定和谐。但是，统治者本身绝非毫无约束，他既然选择了儒家的治国理念，就不得不遵循数目繁多的礼法，其中首要的就是修身立德。由于缺乏明确的方法，实际上远非易事。

总之，尽管儒家体系中没有制度化的抗衡势力，但文人士大夫皆有谏言的义务。孔子教导他们，要对昏庸的国君进行劝谏，帮助他们重回正道[2]。文人幕僚或文人官员的义务，是当国君脱离儒家正道时，要向他明确谏言，即使冒着被罢免或流放的危险。不过，虽然有这样的教导，劝谏并未在儒家专制政权中制度化，所以，它不能被视为一种抗衡势力。

---

1 《戴震集·孟子字义疏证》，上海：上海古籍出版社，1980年，第268页；第275页。
2 Charles HUCKER, *The censorial system of Ming China*, p. 1-29.

我们已经考察了一个政权架构中的不同组成部分。一个政权存在的前提，必须由社会团体提出一些共同目标，并且建立一些机构，使这些目标得以实现。另一方面，如果没有政权去组织，任何共同目标都不可能实现。国家的宪法构成了一个实体政权的"游戏规则"，政权是根据国家的制度去运转的。我们还考察了暴力在这种背景下所起的作用：所有的政权都会在某种程度上使用暴力。但当民众认为，政权正在努力去实现某种他们认为是必需的或者可以接受的目标时，那么他们就倾向于本能地服从统治。这样，使用暴力的机会就会变得很少。一个获得民众支持的政权是合法的，它的运转会比不合法的政权更加顺畅。确实，对一个政权来说，是否具有合法性至关重要。任何政权都想方设法去寻求民众对其合法性的认可。为了实现这个目标，它会制定一些典章制度去约束自己，或进行自我改造，或通过宣传欺骗民众。一个特定的社会群体，会有一些基本的价值观，这些构成了它的文化核心内容。统治者可能很难改变这些价值观。因此，为了取得政权并且维持下去，他必须让民众相信，他的目标跟民众的价值观是一致的。

我们概括了各种政权的理论，厘清了一些思想的不同来源，尤其对中国政治哲学做了重点分析。这种概括的一个创意，是将专制政权的合法性纳入我们的研究范围。事实上，专制政权通常被视为不合法的政权。我们所下的定义正好相反：我们把专制政权定义为没有抗衡势力的政权。按照通常的观念，这种政权不会获得民众的认可，它会使用武力迫使民众服从。因此，它永远不会有合法性。事实上，即使没有抗衡势力去监督它是否遵守既定的目标，或者是否与社会的价值观一致，这个政权仍然可能具有合法性。为此应该做出假设：一个有某种自律性的政权，它自我约束，无需外部监督的帮助；再者，一个通过欺骗民众，获得其合法性的政权；一旦其谎言被戳穿，它就会丧失其合法性。

我们对法家和儒家的专制政权进行了更为特殊的研究，考察了政权的目标，组织的建立，暴力的作用，政权合法性的形式，等等。最后，还研究了两大中国政治哲学流派对政权抗衡势力地位的看法。我们发现，这些哲学流派都倡导专制政权，而且这些政权带有极权的特征。

我们已经对政权的概念、政权的基础及其不同特征进行了概括。接下来我们将沿着这个非常明确的范围，着重研究朱元璋的大明政权以及启发和引导他的哲学思想。

第二部分

朱元璋大明政权的建立

一个小寺庙的杂役和尚,外出游方,后来成为一伙江湖游民的头目,号称义军首领,朝廷则称之为"乱贼"。

——伏尔泰《伏尔泰全集》第五卷[1]

---

[1] Voltaire, *Oeuvres complètes*, tome V, Paris, Delangle-Frères, 1828, p. 144-145.

在深入研究朱元璋政权的运作之前，首先有必要了解，他凭借什么夺取了政权。这是第二部分的研究目标。朱元璋原来是一个贫苦农民，做过游方和尚，后来为了躲避元朝的镇压，投奔起义军，成为一名普通的士兵。经过十六年的征战，在极端险恶和混乱的形势下，最终夺取了政权。他打败了所有的敌人和竞争对手，结束了元朝的统治，建立了大明政权。他的成功并非偶然，而是跟大时代的背景有密切的联系。元朝末年，天下大乱，各路反元义军中涌现出一批"革命"领袖，他们的名字载入了史册，朱元璋就是其中之一。首先，加入红巾军是他人生中一个重要的转折点，加入义军给他带来崭露头角的机会；其次，由于反元义军此起彼伏，在十几年的反元斗争中，朱元璋建立了一个稳固的根据地，这使他最终能够夺取政权。

我们首先分析元朝末年的背景，厘清导致元朝被义军推翻的原因；之后，我们将会考察有利于朱元璋夺取政权的因素、他的政权目标和组织以及他的行动的合法性。我们还会说明，合法性是导致朱元璋战胜众多对手并且最终成功的主要因素之一。最后，我们将通过对其他义军的目标及其合法性的分析，探究他们失败的原因。总之，我们将以在第一部分中所定义的政权理论为依据，充分参考其他史学家的研究观点，试图做出严谨的回答。为了得出一个全面的答案，需要一种超越政治学范畴的视野。

第三章　元朝政权的丧失

自1260年元朝建立，并于1279年灭宋之后，蒙古人成立第一个统一中国的非汉族政权。当时，庞大的蒙古帝国幅员辽阔，横跨欧亚大陆，其疆域直达土耳其和欧洲边界，元帝国只不过是它在远东地区的一个汗国。然而，强大的元朝在中国的统治不足百年，于1368年被农民起义军领袖朱元璋推翻，并且建立了大明王朝。

关于元末农民起义以及元朝的衰落，是许多史学家研究的领域。例如，吴晗曾专门就此写过一篇长文[1]。他在文中提出元朝灭亡的两个原因：其一，元朝施行非人道的镇压政策，推行歧视汉人的种族压迫，最终导致了农民的起义；再者，蒙古统治者腐败无能（尤其是元朝末年），他们为了争夺权力而互相厮杀，最后导致自己灭亡。另一篇颇有代表性的文章为王崇武所著。他分析了元末农民起义的不可避免性，从另一角度分析了元朝灭亡的原因。他建议从经济层面研究统治阶级与被统治阶级的矛盾，以及各种族之间的矛盾。同时，他还考察了白莲教的起源和发展[2]。

确实，元朝的灭亡主要源于统治阶层的政治腐败，导致其政权合法性出现危机乃至完全丧失。国家的权威无论在民众当中还是在统治阶层内部，全都丧失殆尽。我们首先回顾元末农民起义的过程并且分析导

---

[1] 吴晗，《元帝国之崩溃与明之建国》，载《吴晗史学论著选集》（第2卷），北京：人民出版社，1986年，第81-138页。

[2] 王崇武，《论元末农民起义的社会背景》，载《历史研究》，1954年第1期，第53-71页。也可参见：吴晗《明教与大明帝国》，载《吴晗史学论著选集》（第2卷），第382-426页。

致这些起义的原因，然后，我们将分析政权内部的斗争，以及元朝灭亡的经过。

元末农民起义

元朝的统治制度极不完善，只是采用高压政策，与被统治的汉族相比较，其社会组织十分脆弱[1]。元朝推行的政策，使民众的生活陷入极度贫困中。元朝统治时期，统治阶层（包括贵族、官员、地主及僧侣等）吞并土地的现象极为普遍，实际上对农民的剥削已经制度化。蒙古贵族刚进入中原时，就没收农民的耕地，将其改为牧场[2]。当时，还实行另一种掠夺农民土地的制度，名为"赐田"。所谓赐田，即皇帝将原来属于农民的耕地，"赐"给统治阶层的成员，充当俸禄或奖赏。赐田制一直延续到元朝结束。元朝初年，所"赐"之田限于百顷以内，但有时可以额外加赐。到了元末，赐田面积可高达千顷到五千顷[3]。例如，元顺帝曾一次将山东省的十六万二千顷土地赐给大承天护圣寺[4]。在这种制度下，许多农民，甚至一些中小地主的大部分土地被剥夺，仅剩下一些可以勉强养家糊口的少得可怜的耕地。其他的农民更是完全丧失土地，沦为佃农，向地主交纳昂贵的佃租，比如，每亩租种的田地，每年要上交三石粮食[5]。此外，农民还要向国家缴纳沉重的赋税，而且赋税率每年都在递增。欠收之年，农民通常无法缴齐这些赋税，甚至连勉强糊口的粮食都

---

1 吴晗，《元帝国之崩溃与明之建国》，载《吴晗史学论著选集》（第2卷），第83页；另参见：孟森，《明开国以后之制度》，载 钱穆主编，《明代政治》，台北：学生书局，1968年，第91-118页。
2 宋濂等撰，《元史》，北京，中华书局，1997年第六版，4678页，134.3244; 154.3637。
3 《元史》，39.835。
4 《元史》，41.879。
5 1公亩等于0.15亩，1石相当于60公斤。可参见：苏天爵，《滋溪文稿》，北京：中华书局，1997年，第131页。

没有。许多破产的农民只能外出逃亡，其他的人则沦为农奴。

元朝统治者对汉族民众的压迫，还体现在由他们实施的种族政策上。元朝实行民族等级制度，汉人的地位低，其自由也受到严格的限制。全国的人口分为四个等级：蒙古人、色目人、汉人和南人。这项种族政策在所有领域中实行，激起社会各阶层民众的反蒙情绪，从农民到文人，无一例外。举例来说，汉人不准携带和拥有武器、马匹；司法量刑因人而异：汉人犯了谋杀罪要判死刑，而蒙古人如果杀了汉人，顶多就是充军，被派往前线打仗[1]；在官员任用方面，所有重要职位都由蒙古人担任，汉人只能出任下层官吏，除非他们表现出对蒙古人的效忠；连科举考试，也要实行种族隔离政策[2]。

政局动荡，官场腐败，也是民众不满的原因之一。首先，元帝国连年征战，军费开支巨大，而国家的财政却杂乱无章，造成财政收入出现巨额赤字[3]。其次，据当时一位官员张养浩（1270—1329）记载，因修建寺庙的费用数额巨大，到1310年，佛事费用竟然占国家财政支出的三分之二[4]。用于王公贵族的花销和赏赐也数额不菲[5]。财政赤字只有通过增加赋税来填补，而苛捐杂税剧增，使得已经处于水深火热中的农民不堪重负。举例来说，1297至1329年期间，税收增加了二十倍[6]。为了解决财政困难，元朝政权除了增加赋税以外，还滥发钱币[7]，引发了严重的通货膨胀和经济危机。政权混乱的另一种表现，是地方官员的腐败。各地官员巧立名目，开创了不少非官方的新"税"种。比如，下级参见上级，要奉上"拜见钱"。地方官员向百姓要钱的名目繁多，如：当日子过得平安

1　《元史》，105.2675。
2　《元史》，81.2017-2027。
3　赵翼，《廿二史札记》，北京：中华书局，1963年，30.623-626。
4　张养浩，《归田类稿》，载入《景印文渊阁四库全书》（集部·别集类），台北：商务印书馆，1986年，第1192册，第491页。
5　柯劭忞等主编，《新元史》，台北：艺文印书馆（据退耕堂刊本影印），1956年，78.827-832。
6　《元史》，93.2352。
7　《元史》，22.477-506。

无事时，百姓要缴纳的钱叫"撒花钱"，逢年过节要交"追节钱"，为地方长官生辰祝寿要交"生日钱"[1]。凡此种种，无非是官员贪腐的借口。许多官员缺乏管理水平，部分蒙古官员不通汉语，官员的地位有利可图，令人艳羡。于是，到了元朝末年，政府竟然公开卖官。这种无能和腐败还体现在水利工程的组织方面。其后果可想而知，水灾和其他灾害越来越严重。1324年至1368年的四十多年里，自然灾害（洪灾、旱灾、蝗灾、瘟疫等）频发，严重破坏了农业生产，引起大饥荒和人口减员[2]。面对这种局面，政权没有能力制定有效的防治措施。灾害发生时，朝廷偶尔给灾区提供援助，但援助物资往往到不了灾民手里，就被腐败的地方官员侵吞。百姓要么逃亡，要么忍受。饥荒时期，民众的处境更是苦不堪言，食人肉的现象时有发生，甚至连公共墓地的尸体也被食用[3]。形势已经极度恶化，民众暴动接连不断。终于，一桩水利工程的突发事件点燃了大规模农民起义的导火线。

1344年5月，中原地区在经历了五年多的洪灾后，黄河泛滥，河流改道[4]。水患严重影响了南方的粮食运往京城大都（今北京）。丞相脱脱决定组织修补河堤，1351年4月，征召的民工十五万人前往施工现场，同时派出两万名士兵监工[5]。工地的条件恶劣，加上主管官员贪赃枉法，引发民工的强烈不满。白莲教首领韩山童于是派人到工地，鼓动民工造反[6]。白莲教是一个秘密社团，信奉弥勒佛，宣称弥勒降生，明王（光明之王）出世，宣称明王出世后，将会出现光明的极乐世界。为了招募信徒，这个教派运用两个旗号进行宣传：一个是经济层面的，允诺要消灭财富分配的不公平现象；另一个旗号涉及政权的合法性：说蒙古人是野蛮人，是"鞑虏"，而韩山童自称是宋徽宗的后裔，他的助手刘福通宣称

1　叶子奇，《草木子》，北京：中华书局，1983年，4.81-82。
2　《元史》，29.652-660；32-34.703-770；38.817-831；41-42.867-903；45.944-948。
3　《元史》，32.724；33.736。
4　《元史》，41.870；66.1645。
5　《元史》，42.890。
6　叶子奇，《草木子》，北京：中华书局，1983年，3.50-51。

是南宋将领刘光世的后代。于是，韩山童被推举为明王，并约定时日起义，目标是驱除蒙古"野蛮人"，恢复"合法的宋朝"。不料事前走漏了消息，韩山童不幸被元朝军队俘虏，随即被杀害。刘福通得以逃脱，他重新集结队伍，于当年5月攻打颍州。民工们听到消息，纷纷前去投奔。很快，起义军发展到十多万人，攻克了十多个城市和地区[1]。韩山童和刘福通领导的起义，成为元末最大规模的农民起义。

这次起义波及到全国。1351年8月，李二、彭大和赵均用在徐州领导农民起义；1351年9月，彭莹玉和徐寿辉在蕲州起事，徐寿辉称帝，国号为天完[2]。连同刘福通的义军，他们组成反元武装的三支主要力量，而且都自称为红巾军，这个名字的来由，是他们头裹红巾作为标志。红巾军，也被称为红军或香军[3]。对这些农民起义，元朝政府反应迟钝，不出几个月，起义蔓延到整个中国南部。除了红巾军，其他较大的反元起义，还有方国珍于1348年在浙江台州领导的起义[4]，以及张士诚于1353年1月在江苏泰州领导的起义[5]。方国珍和张士诚二人，起义之前都是盐贩出身。

从游方和尚到开国皇帝

1352年2月，一个名叫郭子兴的人，系地主出身，白莲教教徒，在濠州（今安徽凤阳）起兵反元，同年收留了朱元璋，也就是大明王朝的缔造者[6]。朱元璋1328年出生于一个贫苦的农民家庭，1344年的水灾和

---

1 《明史》，122.3682。
2 钱谦益，《国初群雄事略》，北京：中华书局，1982年，3.64-86；《明史》，123.3687。
3 权衡，《庚申外史》，台北：广文书局，1968年，第21a页。
4 钱谦益，《国初群雄事略》，9.210-211。
5 同上书，6.138。
6 关于朱元璋的生平，可参见：《吴晗文集》，卷2；还可见：方觉慧，《明太祖革命武功记》，台北：国学书局，1940年，18分卷，共371页。

饥荒，先后夺去他的双亲和兄长的性命。为了能活下去，他到一座小寺庙当了和尚，并且开始四处游历的生活。1352年3月，他投奔郭子兴的义军，成为一名普通的士兵，很快就受到郭子兴的关注。郭很赏识他，并且把自己的养女许配给他。1353年春，他返回家乡为郭子兴招募了七百多人，补充了郭的队伍，这一功绩让郭子兴提拔他当了镇抚。不久，他带着从这七百人中挑选出来的二十四名亲信（其中包括日后的开国功臣徐达、汤和）前往定远[1]，招降了元朝地方武装的三千民兵。不久，他率部夜袭了元朝将军张知院的部队，大获全胜，其手中掌握的兵力增加到两万人马[2]。打下滁州以后，他手下已有三万人马，俨然是一支小规模的军队。1355年1月，他献计郭子兴，智取和州（今安徽和县）以解救滁州几万名因粮食不足所困的官兵。月底，他先派郭子兴的妻弟张天祐率部攻下和州，随后与之会合，成功地阻挡了反攻的元兵，郭子兴论功行赏，任命他为和州总兵官。1355年3月，郭子兴因病去世。与此同时，红巾军中的一支，也即韩山童、刘福通率领的那支部队，长期与元军作战，经历多次战役，队伍日益壮大。刘福通拥立韩山童的儿子韩林儿为小明王，建国号为宋，年号龙凤，建都亳州（今安徽亳州）[3]。郭子兴死后不久，刘福通派人邀郭的义军拥奉小明王。同年3月，原郭子兴的义军正式投奔小明王的政权，小明王任命朱元璋为原义军的左副元帅，即军中的第三把手，排在郭子兴的长子郭天叙和小舅子张天祐之后。郭与张二人在1355年9月率部攻打集庆（今南京）的战役中被元军杀死。于是，朱元璋顺理成章地成为郭子兴的继承人，拥有数万人马，但仍然打着小明王韩林儿龙凤政权的旗号。

1356年3月，朱元璋攻占了集庆，城里五十万军民归顺。他认为，这一成功乃上天所赐，于是下令将集庆改为应天府，并在这里建立了一个真正的地方政权，拥有十多个文人儒士。朱元璋的地方政权，设立民事

1　这二十四人中的二十一人，日后均晋爵封侯。
2　《明史》，1.2-3。
3　《明史》，122.3682。

和军事两个机构,民事机构名为江南行中书省,军事机构名为江南行枢密院[1]。1356年,朱元璋被任命为枢密院同佥,独掌元帅府事。此后,他又被任命为江南行中书省平章[2],被诸将奉为吴国公。这时,他才28岁,参加义军仅六年时间,已成为十万大军的统帅。他名义上仍属于韩林儿的龙凤政权,但实际上有很大的自主权,掌握着自己的军队。此后一年,他以应天府为根据地,征服了周边十多个城市,其势力日益强大。自1358年起,他采取一系列措施,在其统治地区大力发展农业:一方面兴修水利工程,另一方面建立屯田制,规定军队在所驻扎的地区开荒种田,在经济上实现自给自足。

1360年,朱元璋向最强大的对手陈友谅发起进攻。陈友谅是另一支红巾军队伍的首领。这支红巾军原来拥戴的"皇帝"名叫徐寿辉,陈友谅名义上是徐寿辉的部下,但实际上大权独揽,起初还让徐寿辉充当傀儡,到1360年,陈友谅干脆把他杀了,取而代之,自称"大汉"皇帝。朱元璋在1360年对陈友谅的龙湾战役中,大获全胜。陈友谅的主力部队全军覆没,死者不计其数,被俘两万多人。这是朱元璋对陈友谅军队的第一次重挫[3]。

经历了多次战役后,终于,朱元璋在1363年的鄱阳湖水战中打败陈友谅,铲除了劲敌。次年2月,他又俘获了陈友谅的儿子陈理。至此,陈友谅的"大汉"帝国土崩瓦解[4]。摧毁了陈友谅的"大汉"政权后,朱元璋遂自称吴王,建造宫殿,但继续沿用龙凤纪年。吴王这个称号,在朱元璋之前,1363年已被他的另一个劲敌张士诚所采用。从1354年开始,张士诚的势力范围逐渐扩大,控制着当时中国最富庶的地区,即苏州及周边地区,如安徽、山东等广大地区。他于1363年发兵围攻小明王韩林

---

1 这些机构名称是小明王龙凤政权根据元朝政府机构的模式所设定的。参见:Romeyn TAYLOR, "Yuan origins of the Wei-so system", 载Charles HUCKER主编的*Chinese Government in Ming Times : seven studies*, New York, Columbia University Press, 1969, p. 23-40。
2 钱谦益,《国初群雄事略》,1.14;参见:《明史》,1.6。
3 钱谦益,《国初群雄事略》,4.90。
4 钱谦益,《国初群雄事略》,4.106-107。

儿所在地安丰，朱元璋率军救援安丰，挽救了小明王及其朝廷，并将他们接到滁州。此后，小明王及其朝廷一直处于朱元璋的保护控制下[1]。就这样，朱元璋趁外敌对小明王发难之际，一举成为龙凤政权的实际掌控者，虽然他表面上仍对小明王俯首称臣。

之后，朱元璋下令改革行政机构，按照帝国的模式重组政权。他同时下令改革军队的建制，从此以后，军官的职位可以世袭。1366年，他指使部将除掉了小明王，摇摇欲坠的龙凤政权也就此瓦解。第二年，即1367年，他不再使用龙凤年号，而是改用新的纪年：吴元年。同年，在经历了两年大大小小的战役之后，他占领了原属张士诚的大部分地区。9月，被围攻了十个月的张士诚在其首府平江（今苏州）被俘，其残余势力被彻底消灭[2]。东南方面，当时控制着浙东沿海地区的方国珍，也于1367年12月稍作抵抗后投降[3]。朱元璋打败方国珍后，便大举征讨元朝，目标非常明确，就是推翻元朝，建立一个新的统一的皇朝。他派部将率领大军南征北伐。元朝经历了数十年的民众造反和内战消耗，早已衰败不堪，根本无法抵挡朱元璋的大军。第二年，朱元璋的军队摧毁了元朝最后的抵抗力量，于1368年9月攻入元大都（今北京），元朝灭亡。元顺帝带着后妃、皇太子和残兵败将，逃往北边的上都[4]。元朝统治中国仅有九十年。朱元璋经过十六年的斗争，于1368年1月建立了大明王朝。在中国历史上，没有比他的出身更加卑微的开国皇帝了。

元朝政权合法性危机及政权的丧失

我们已经在本书第一部分里指出，政权的首要目标是维护社会秩

---

1 钱谦益，《国初群雄事略》，1.37-39。
2 《明史》，123.3695-3697。
3 《明史》，123.3697-3701。
4 权衡，《庚申外史》，第54页；还可见：谷应泰，《明史纪事本末》，第124-125页。

序，确保民众生活的安定及经济繁荣。如果发生像1344年黄河决堤那样的自然灾害，一个高效的政权应该能够挽救危机，拯救灾民。这关系到政权合法性最根本的基础。各种类型的专制政权都有其局限性，如果一个专制政权蜕变为对社会"共同利益"毫不关心的高压政权，为了维护其统治，对民众只是一味地使用武力，将会丧失其合法性，不可避免地引起反抗，并最终导致其灭亡。1349年8月，脱脱成为元朝丞相后不久，决定修补黄河大堤，这个决策体现出对民众共同利益的关注。他面对满朝的官员大声疾呼：

> 皇帝方忧下民，为大臣者职当分忧。然事有难为，犹疾有难治，自古河患即难治之疾也，今我必欲去其疾。[1]

但是，元朝政府的这项举措，来得太晚了。实际上，元朝政权已经陷入合法性的危机当中。自然灾害不断，经济危机频发，加上元朝政治腐败，官员昏庸无能，百姓早就处于水深火热之中。当时流行一首民谣，呼吁民众起来造反：

> 天高皇帝远，民少相公多，一日三遍打，不反待如何？[2]

其实在1351年之前，已经爆发了很多民众造反事件，但发生于1351年的这次，是第一次大规模的起义。

总之，元末的农民起义，与元朝蒙古政权的合法性危机关系密切。如果民众起义是由政权的合法性危机所引发的，但是最终能够推翻元朝统治的，主要还是由于统治阶级内部派系之间的斗争。关于这一点，我们稍后将会进一步探讨。

---

[1] 《元史》，138.3345。
[2] 吴晗，《吴晗文集》，卷2，第38页。

雅克·拉格鲁瓦（Jacques Lagroye）从政治社会学的角度，研究过政权合法性的终结以及最后导致政权灭亡的机制。他指出，一旦民众的不满情绪蔓延开来，政权便会陷入合法性的危机当中，很快将会失去来自各方的支持。在这种情况下：

> 统治者只有对当时的局势大肆渲染，使用一些强烈的象征性符号（比如：民族统一，祖国处于危急关头，公共安全的需要等）以及一些能够打动人心的共同价值观（例如：爱国主义、民族主义……），才有可能恢复政权的合法性。[1]

正是遵循这样一种必然结果，当广大民众在几乎处于绝望之中发动起义，并将起义之火蔓延到各地的时候，脱脱为了挽救元朝政权，组织大规模的军事行动进行镇压[2]。

他通过地方官员，在全国范围内招兵买马、组建军队，在不同的地区同时打击义军。他本人则亲自指挥一支大军，矛头直指义军的腹地[3]。由于义军占领的疆域广阔，脱脱不得不授权给一些地方官员，但他行动谨慎，竭力防止地方势力过于独立或者过于强大。同时，为了解决军队补给问题，他在大都（今北京）北部开垦荒地，大力兴建国有农场，种植大米。这些举措证明了元朝政府具备应急的组织能力。1352年9月，脱脱率军夺取了李二、彭大和赵均用义军的首府徐州。这支红巾军就此瓦解，突围的残余部队投奔了濠州的郭子兴义军。1353年12月，元军重新夺回徐寿辉义军的首府，义军受到重创，力量大大削弱。刘福通领导的义军也同样受挫。1354年，元军几乎完胜几支主要的义军，其主要原因在于元朝政府在军队组织和行政管理方面，取得巨大成效[4]。

1　Jacques LAGROYE, *Sociologie politique*, Paris, Dalloz, 1991, p. 405.
2　John DARDESS, *Conquerors and Confucians, aspects of political change in late Yuan China*, New York, Columbia University Press, 1973, p. 105.
3　《元史》，138.3345-3346。
4　John DARDESS, *Conquerors and Confucians,* p. 109.

在战事接连告捷之际，脱脱将矛头转向了另一支义军——张士诚的部队。他曾多次以加官进爵为交换条件，劝说张士诚归顺元朝[1]。劝降失败后，决定动用武力镇压。1354年9月，他动用了元朝几乎所有的兵力，攻打张士诚占领的高邮以及附近由红巾军占领的天长和六合等城市，这些城市几乎未做抵抗就被攻陷。1354年12月，脱脱正准备围攻张士诚的首府高邮时，突然接到皇帝一道诏书，宣布免去他的官职。原来，趁他在外打仗的时候，一场宫廷政治阴谋夺走了他的权力。尽管这道命令荒谬至极，脱脱不敢违抗君命，于是下令解除了高邮的围城[2]。部分元军散去，张士诚趁机反攻，一举歼灭了剩余的围攻军队。高邮的失利是元朝政权由胜转败的转折点：这场战役之后，元朝已经失去了对整个帝国的控制权。实际上，这场胜利给义军带来了极大的鼓舞。1355年，刘福通在北方拥立韩林儿为大宋皇帝，徐寿辉则在南方重组军队，从元军手里夺回了所有的失地。从1355年开始，朱元璋和张士诚率军相继渡过长江，各自占据了一片具有战略意义的富饶地区。

因此，罢黜脱脱丞相的职位，是元朝政权的一个致命错误，正如窦德士所指出的：

> 黜免脱脱这一事件，给统治中国的蒙元王朝带来了灾难性的政治后果。[3]

这一严重错误是元朝统治阶层内部多年来权力斗争的结果。而权力斗争主要是因为制度不健全造成的。特别是皇位继承问题，尽管有长子继承的规矩，这一问题仍然不时地困扰着朝廷。其实，元朝掌握军队的是蒙古贵族。贵族阶层的势力强大，足以影响和控制着皇室家

---

1 钱谦益，《国初群雄事略》，6.140-142。
2 脱脱遭罢免后，被流放到云南边境地区，1356年1月被毒死。可参见：《元史》，138.3348；还可参见：权衡，《庚申外史》，第27b-28b页。
3 John DARDESS, *Conquerors and Confucians*, p. 122.

族。事实上，正是贵族阶层支配着皇位的继承，这会导致派系之间的争斗。据史书记载，元朝有过多次阴谋夺权，宫廷政变，还发生过两位皇帝被谋杀的事件[1]。下面的例子足以说明问题：从元世祖忽必烈1294年去世至元朝末代元顺帝1333年登基这段时期，元朝共出现过十位皇帝，而1328年至1333年，短短六年时间里，就有五位皇帝。皇室家族内部以及权贵之间的斗争，对政权的运作产生极大的破坏，并引发了对政权权威性的质疑。脱脱被罢黜相位后，朝廷内部的斗争仍持续不断，一边是皇帝和皇太子，另一边是其他的政治派系。脱脱之后，好几任丞相先后被处死。元朝政权再也无法充分体现其权威性。事实上，元军对农民起义军的战事失利后，元朝只得求助于各地的地方军阀，朝廷给他们加官进爵，使之名正言顺。而实际上，他们并没有得到真正的补偿。只要一有机会，他们就会反戈一击、背叛朝廷。由此可见，元朝的中央政权已经没有直接调遣的军队。军队对朝廷的效忠，要经过非常独立的地方军阀这一环节，因此，这种服从是非常薄弱的。地方军阀都有自己的打算，他们的目标跟朝廷的并不一致。所以，帝国中央政权的目标是模糊不清的，政府再也无法维护社会秩序。这样，元朝政府的权威性已经开始动摇，也就是说，政权的合法性变得越来越少。对此，窦德士有同样的看法：

> 元朝政府通过罢免脱脱，表明它已经决定不再支持对农民起义的镇压。这种做法其实无异于放弃其使命，从而促使地主阶级寻找新的依靠。[2]

元朝还经历了另一场灾难：内战。脱脱被罢免后，效忠于元朝政权的两个最强势的地方长官，分别是察罕帖木儿和孛罗帖木儿。1359年，孛罗帖木儿在率军镇压义军的过程中，一度侵入察罕帖木儿的地盘。两

---

1 赵翼，《廿二史札记》，北京：中华书局，1963年，29.612-614；29.619-621。
2 John DARDESS, 1970, p. 550.

大军阀之间的战火点燃了，这标志着元朝内战的开始。内战持续了数年之后，元朝政权才最终使双方达成和解。1361年至1362年这两年间，察罕帖木儿及养子扩廓帖木儿几乎摧毁了小明王和刘福通的军队，并且几乎收复北方所有的失地。然而，察罕帖木儿被军中下属刺杀身亡，其养子扩廓帖木儿继承了其职位后，孛罗帖木儿又卷土重来，觊觎扩廓帖木儿的领地，于是，内战之火重新点燃。其实，两大地方军阀背后都有朝廷的支持：支持孛罗帖木儿的是元顺帝，支持扩廓帖木儿的是皇太子。因此，扩廓帖木儿和孛罗帖木儿之间爆发内战，无暇顾及对农民义军的镇压，这与朝廷内部的权力斗争有直接的关系。1365年，皇太子召扩廓帖木儿率部队进入大都，讨伐一年前升任丞相的孛罗帖木儿。孛罗帖木儿被刺杀于宫廷，但扩廓帖木儿拒绝支持皇太子，后者早有自己称帝的意图[1]。1366年5月，元顺帝诏令扩廓帖木儿统领全国兵马，命其剿灭在南方的朱元璋义军。但是，强大的地方军阀李思齐、张思道、孔兴、脱列伯等人，却拒绝服从扩廓帖木儿的调遣。于是，扩廓帖木儿不顾元顺帝的多次催促，不去围剿朱元璋的义军，而是北上到陕北一带，与这几个地方的军阀发生火并。元顺帝对这种抗旨行为极为不满，诏令各路元军将领围攻扩廓帖木儿[2]。

　　这是一出自我毁灭的悲喜剧，剧情在一年间不断地发展。元朝将军们在忙着互相厮杀，与此同时，朱元璋的义军于1367年12月抵达山东，紧接着于1368年4月抵达河南[3]。虽然，元顺帝说服了扩廓帖木儿和李思齐，让他们共同抵抗朱元璋，但为时已晚。一个月后，朱元璋的军队兵临大都城下，元顺帝携带家眷仓皇出逃。元朝中央政权无法制止内战，显示出它已经十分脆弱。从1359到1368年，元朝在内部斗争中耗费的兵力，远胜于用来抵御农民起义军的。皇帝的权威日渐衰退，他只能依靠地方军阀的军队去对抗农民起义军。最后，到1368年，元军最强的军阀

1　《明史》，124.3710-3711。
2　《元史》，141.3391-3393。
3　钱谦益，《国初群雄事略》，11.255-256。

扩廓帖木儿不服从皇帝的命令，不再与朱元璋北伐的大军交战，这象征着元朝政权的终结。

　　这似乎可以说明，元朝政权的灭亡，主要原因在于它的权威性已在将军们眼中丧失，并非是因为它的军队面对农民起义军时不堪一击。元军跟义军正面作战时，在为数不多的几次战役中，往往都是元军获得胜利。元军对来自南方义军的威胁漫不经心，很少主动出击跟义军交战。脱脱被罢黜是元朝所犯的致命错误，它损害了帝国的残余势力。事实上，脱脱下台之后，元朝中央政权在地方势力面前已经失去了权威性。元朝的内部斗争，导致罢黜脱脱这一错误的元朝政权组织和制度上的缺陷，是元朝灭亡的真正原因。最终，当政权的目标变得模糊不清时——其表现是在重大军事行动的前夜，罢免脱脱的丞相职位，这已经预示了元朝政权的瓦解，也即是政权合法性的丧失。

*

　　我们可以得出以下结论：元朝政权的终结，主要有两方面的原因。首先，它来自元朝政治制度的压迫特征。元末的农民起义正是这种高压政权的必然结果。政权的目标应该是社会的共同利益，但蒙古人把持的政府无视这个目标，政治上的腐败自然引起民众的不满，造成名符其实的社会危机。危机出现后，政府只是一味地采取高压手段，迫使民众服从。政府的高压政策，导致政权的合法性出现危机乃至丧失，民众造反便成为必然。政权的合法性一旦出现危机，势必要求统治阶层团结一致，才能共度难关。但是，元末的统治阶层未能达成一致。元朝政权的内部斗争，是元朝灭亡的第二个重要的原因。民众起义加剧了统治阶层内部各种派别之间的权力斗争，而日益激化的内部斗争，反过来又使民众起义的火焰烧得更旺。如此循环往复，加速了政权的灭亡。总之，元朝的灭亡是政权合法性完全丧失所致。正如雅克·拉格鲁瓦分析的那样，政权的合法性若出现危机，势必会严重破坏"维持国家正常运作的人员与机构之间的默契"[1]，支撑国家体系的"支柱便会坍塌"。

---

[1] Jacques LAGROYE, *Sociologie politique*, p. 407-408.

第四章　朱元璋削平群雄

朱元璋如何能在乱世群雄中脱颖而出，并且在多次重大战役中取得胜利的？所有这一切也许不能只归结为命运使然。要赢得一场长达十五年的斗争，不可能仅凭运气。对既有史料的研究，应该可以更全面地解读朱元璋的成功。比如说，关于朱元璋发迹过程的专题研究，或者可以触及到相关的问题。吴晗认为，朱元璋能够获得成功，主要是因为他"与农民、地主、儒士三个不同阶层的合作成功"[1]。此外，他认为这归因于朱元璋放弃了救世主的思想，转而强调了民族主义的主题。黄冕堂也认为，朱元璋的成功是他坚持不懈地寻求社会各阶层民众支持的结果；另外，朱元璋有明确的政权目标和长远的总体策略。他成功的另一个重要方面，是政权内部团结一致，并且军队纪律严明。黄冕堂还特别指出，1356到1368年期间，朱元璋在应天府（今南京）所采取的政治、经济和军事措施的重要性。根据他的观点，这些措施与政权目标一致，使他赢得了必然的胜利[2]。王崇武分析了朱元璋在南京建立政权后政策方面的变化，也支持吴晗的观点，指出朱元璋反对救世主的思想，而突出了民族主义起义的合法性。他认为，这让朱元璋获得了儒士阶层以及统治阶层其他反元人士的支持，从而使他一方面避开地方武装的

---

[1] 吴晗，《元帝国之崩溃与明之建国》，载《吴晗史学论著选集》（第2卷），北京：人民出版社，1986年，第125页。
[2] 黄冕堂，《论元末农民起义与朱元璋成功地建立明王朝》，载《明史管见》，齐鲁书社，1985年，第59-99页。

反击，另一方面使他的力量不断发展壮大，可以顺利地取得政权[1]。施友忠（Vincent Shih）在分析朱元璋为何能够削平群雄时，提出应该从政治目标方面寻找原因[2]。张德信[3]和窦德士等学者则认为，朱元璋之所以获得成功，主要是加盟其队伍的文人儒士所起的作用。张德信还特别指出，朱元璋是这些文人儒士身边的优秀弟子，他从他们那里获得了历史、兵法、儒家思想等方面的传统文化启蒙。他写道："学习成绩与他的成功密切相关，朱元璋正是出类拔萃的佼佼者"[4]。窦德士强调，未来的皇帝从文人幕僚那里得到的建议，使他的政权获得了儒家的合法性，并且明确了他的行动目标[5]。他这样说道：

> 农民出身的造反领袖朱元璋和他的部下深信自己在当时的乱世中肩负使命。随着朱元璋招募越来越多的儒生，特别是1360年攻下浙东地区作为根据地以后，政权的目标逐渐明朗，为达到这些目标所设立的政权机构也开始建立起来。[6]

其他的西方学者也对这一主题做过研究。牟复礼认为，朱元璋的成功在很大程度上依靠运气：

> 他最后取得的胜利，在很大程度上是依靠运气。但必须承认，他建立起一套稳定的组织，并且能够最大限度地充分利用各种机会。[7]

1　王崇武，《论元末农民起义的发展蜕变及其在历史上所起的进步作用》，载《历史研究》，4, 1954b, 87-114页。
2　Vincent SHIH, "Some chinese rebel ideologies", *T'oung Pao*, 44, 1956, p.194-195.
3　张德信，《论朱元璋对传统文化的认识与理解》，载《史学集刊》，1995年第三期，第38-47页。
4　同上，第39页。
5　John DARDESS, 1970, p. 554-556.
6　John DARDESS, *Confucianism and Autocracy*, p. 194.
7　Frederick MOTE, 1961, p.21.

戴乐对明朝建立的社会基础进行了研究。他指出，朱元璋善于培养士兵对他的忠诚，并且渴望获得天命。他有"一种个人非凡命运的梦想"，俨然是一位具有特殊魅力的英雄，其职责是使社会等级合理化[1]。戴乐还特别指出，朱元璋于1355至1368年建立的吴国政权，其组织十分严密，依据帝制的模式，按照传统方式设立两个体系，分管民事和军事[2]。戴德则认为，朱元璋成功的关键在经济方面，因为他于1363至1365年占据了长江的中心地区[3]。至于范德，则更加强调是朱元璋为了在天命的模式下获得合法性所努力的结果[4]。同时，他也注意到文人谋士所起的重要作用：

> 他成功的关键在于决心广纳贤才，向他们请教治国的基本方略。[5]

贺凯认为，朱元璋之所以能战胜他的对手，部分原因是这些对手都没有帝王的风范，而他本人除了其他优势之外，还具有领袖人物的超凡魅力[6]。

综上所述，我们可以看出，各位学者在研究过朱元璋的发迹史后，所得出的结论并不完全一致。其中涉及到最多的问题是朱元璋的野心，还有他在天命、超凡魅力及儒家思想等旗号下政权的合法性，以及他获得文人谋士的帮助。我们还注意到论及南京政权的组织结构的依据。根据第一部分我们所介绍的政权理论，这些不同的解读均涉及到政权的基础和组织。为了使这些不同的解读具有一致性和关联性，我们首先需要通过对朱元璋政权的目标和合法性的分析，重新回顾他取得政权

1　Romeyn TAYLOR, 1963, pp. 1-78.
2　Romeyn TAYLOR, *Basic Annals of Ming T'ai-tsu*, p. 20-23.
3　Edward DREYER, *Early Ming China*, p. 9.
4　Edward FARMER, *Early Ming Government*, p. 36.
5　Edward FARMER, *Early Ming Government*, p. 28-29.
6　Charles HUCKER, *The Ming Dynasty: its origin and evolving institution*, p. 22-23.

的经过。这样可以让我们更好地理解朱元璋政权的结构，弄清楚不同的因素是如何相互发生作用的。特别是让我们更明确地勾勒出朱元璋对手的缺失：即政权的合法性。我们将会分析其他义军失败的原因，因为他们缺乏明确的目标，在政权合法性方面有缺陷。

朱元璋的起义政权及组织机构

朱元璋也许很早就有成就一番帝业的志向，我们通常会把这归因于为朱元璋效力的几位儒生，其中包括1354年投奔他的李善长和冯国用、冯国胜兄弟，以及1355年投奔他的陶安。李善长建议朱元璋效仿汉高祖刘邦，这位汉朝开国皇帝，出身卑微，却开创了一个新的王朝[1]。冯国用给朱元璋提出以下建议：

倡仁义，收人心，勿贪子女玉帛，天下不足定也。[2]

陶安还建议他要以德服人，人心悦服。这些文人鼓励朱元璋要有成就一番帝业的雄心，要寻求民众的支持。1355年6月，这种成就帝业的抱负已经十分明显，当时朱元璋率军渡过长江后，下令砍断船缆放弃船只，切断自己的退路，准备攻克南京。他向士兵解释弃船的理由："成大事者，不觊小利。"[3]从那时起，他的抱负便是推翻元朝。所以，从1355年起，他的政权目标就是建立新的王朝。他非常清楚，为此必须彰显出跟社会共同目标一致的目标，而对于大多数民众来说，这个目标就是重新恢复太平。当朱元璋的军队攻克一座新的城池时，他会说服当地的士绅相信他的良好意愿，希望他们维持好当地的秩序。他努力说服百姓相

---

1 《明史》，127.3769。
2 《明史》，129.3795。
3 《明太祖实录》，3.31-32。

信他的仁政。

朱元璋所采取的措施，旨在改善民众的境遇[1]，这是获取天命的传统途径。因此，他倾听文人谋士的建议，以减轻民众疾苦为目标，跟当时大多数义军领袖有所不同。1366年，他对行政部门的官员指示说：

> 然吾向在军中，见当时群雄皆纵令其下夺人妻女，掠人财物，心常非其所为。及吾自率兵渡江，克取诸郡，禁戢士卒，不许剽掠，务以安辑为心。[2]

朱元璋认为，统治者不应该以个人的利益为目标。他深刻地分析了政权为了获得合法性，其根本目标之重要性。1367年7月，他对手下的将领解释道：

> 兵以戡乱，非为乱也。若假兵以逞志，仁者所不为！曩者元季兵兴，群雄角逐，恃威凭陵（凌虐）者非止一人。其间有以货财而贪戾者，有以声色而淫暴者，有因仇譬而报复者，有因愤怒而加诛者，提兵奋旅求快意于一时，而不知伤人害物不胜其荼毒！[3]

在这里，朱元璋谴责了只是依靠武力迫使民众服从的做法，强调长远目标以及民众幸福的重要性。正如窦德士指出的，朱元璋政权的首要目标是创建王朝，政权的其他组成部分都是围绕这一首要目标设立的[4]。

---

[1] 关于朱元璋重视民众福祉的分析，还可参见：T. SHIMIZU, "Civil administration at the begining of the Ming Dynasty", *Toyoshi-Kenkyu*,13, 1954。
[2] 《明太祖实录》，20.284-285。
[3] 《明太祖实录》，24.349-350。
[4] John DARDESS, *Confucianism and Autocracy*, p. 194.

朱元璋在南京安顿下来后，马上着手建立政权组织，按照确立的目标设立各种机构：一个是民事管理机构，称为江南行中书省，同时设一个监察机构，名为提刑按察司，负责司法；另一个是农事管理机构，名为营田司，负责农垦和水利工程；还有一个是军事机构，叫作行枢密院，以及一个地方军事指挥机构，称为诸翼元帅府。关于这些机构，我们稍后再做分析。很显然，朱元璋努力效法某种稳定的政权组织，建立一个高效的政府，下设军事、政治、经济和司法等机构[1]。朱元璋跟其他义军首领不同，他的身边聚集了很多人才。他广纳谏言，特别是文人谋士的建议。文人的影响及地位，在朱元璋的行政组织中十分重要。

朱元璋政权的组织机构，借鉴了元帝国的模式。当时南京政权的政策，主要着眼于在被征服地区恢复秩序及保持稳定，同时针对旧制度的弊端，实行政治改革。因此，他要做的并不像所谓救世主说所要求的，彻底地颠覆或摈弃现行的制度，而是有针对性地采取一些政治和经济的措施。首先，对那些不进行抵抗的城市，旧的土地所有制得以保留，相反地，对那些抵抗义军的城市财产，则进行掠夺和没收[2]。多亏了这项政策，土地和财产的拥有者出于对自身利益的考虑与义军结盟，这使得被义军控制的地区得到迅速的扩展。

在经济方面也采取了一些重要措施，有土地赋税措施以及1360年后实施的盐、茶业专卖政策。此外，还组织征税，建立过境商品征收关税的制度，发行新的货币等等[3]。在这方面，朱元璋听取李善长的建议，并且由他负责实施，取得了显著的效果：

  立茶法，皆斟酌元制，去其弊政。既复制钱法，开铁冶，定鱼税，国用益饶，而民不困。[4]

---

1 《明太祖实录》，4.45-46。
2 刘辰，《国初事迹》，北京：中华书局，1991年，第32页。
3 《明太祖实录》，9.111-112。
4 《明史》，127.3770。

经济领域的另一项重大举措,是设立监督水利工程的管理机构。1358年3月,康茂才被任命为都水营田使,负责兴修水利。朱元璋任命他时说,这个职位非常重要,因为它可以让农民恢复生产,这是改善农民生计的当务之急。他解释说,内战时期河堤失修,洪水泛滥令农民无法耕作。担任这个职务,就要四处巡视,预防水患和旱情的发生。朱元璋总结说:

> 大抵设官为民,非以病民。[1]

朱元璋着手建立一个高效的政权,为民众谋取利益。通过建立一套水利监管制度,巩固其政权的合法性。他并未忽视在水利方面投入的重要性,而他的决策大概是由于被征服的地区,起初的农作物产量比较低。窦德士对此有深入的分析。他指出,由于农作物产量低,迫使朱元璋政权对民众赋以重税,并且增加徭役。其税率比元朝的翻了一番[2]。窦德士认为,由于资源短缺,朱元璋的南京政权必须有廉洁高效的组织,决不允许滋生腐败,以免造成更大的损失。应该按照民众收入状况,尽可能公平地征税,以免引发暴动,因为一旦发生暴动,就标志着政权合法性的终结。

行政管理机构主要由文人组成,由朱元璋本人担任最高长官。有十多个文人担任谋士或出任江南行中书省各部门的负责人,比如:李善长和宋思颜担任参议;其他的人或出任提刑按察司佥事,如王习古和王德[3],或出任营田司佥事,如章溢、叶琛[4]。谋士当中最重要的两位是李善长和刘基,他们在经济、政治和军事等方面为朱元璋出谋划策。

---

1 《明太祖实录》,6.63。
2 John DARDESS, *Confucianism and Autocracy*, p. 127.
3 夏燮,《明通鉴》,北京:中华书局,1959年,第一册,1.22。
4 《明史》,128.3788; 128.3790。

众所周知,李善长尊崇法家[1]。他是朱元璋聘请的第一位谋士,从1354年开始便加入朱元璋的队伍,而那时的朱元璋只不过是一个小小的义军首领。1356年,他被任命为行中书省参议,直属朱元璋领导。他在南京政权中位高权重,后来,即1364至1368年期间,他出任吴王朱元璋的中书省右相国(大将徐达与他分别任左右相国)。这一时期,正如戴乐所说的:

> 他专门负责对军官的奖罚。他运用韩非政治心理学"胡萝卜加大棒"的理论,根据军官的功过是非,进行奖励或惩罚。[2]

除了在军事部门担任要职之外,李善长还通过一支由秘密警察组成的情报网络,窥探军官们是否忠诚。这支队伍由20多个文官及其助手负责,他们直接听命于李善长。

至于刘基,他在天文、地理、数学等方面无所不通,文章也写得好,是一个典型的传统儒士[3]。他在元朝担任过多种文官甚至武官的职位,他精通政治和军事谋略,在同时代的文人中享有盛名。他渴望重建天下秩序,目睹元末社会的动乱,非常忧虑。刘基的加盟,对朱元璋来说无异于掌握了一张重要的王牌,这使他在其他文人那里获得了合法性。刘基为朱元璋提出很多至关重要的建议,尤其是在军事谋略方面。

实际上,朱元璋任用了大量的文人儒士,他们在政府不同机构的各级部门中担任要职。这种策略安抚了被征服地区的百姓,从而巩固了他

---

1 "少读书有智计,习法家言,策事多中",见《明史》,127.3769,关于李善长的简介,参见:127.3769-3773;还可参考:Romeyn TAYLOR, 1976a, p. 850-854。
2 Romeyn TAYLOR, 1963, p.54.
3 关于刘基,参见:《明史》,128.3777-3783;还可参见:容肇祖,《容肇祖集》,济南:齐鲁书社,1989年,184-217页;另外,还可参见Hok-lam Chan的一些论文:CHAN Hok-lam, "Liu Chi (1311-75) in the *Ying-Lieh Chuan*: the Fictionalization of a Scholar-Hero", *Journal of the Oriental Society of Australia*, 5, 1967, p. 26-42; CHAN Hok-lam, "Liu Chi (1311-1375) and his models: The Image-Building of a Chinese Imperial Adviser", *Oriens Extremus*, 15, 1968, p. 34-35; CHAN Hok-lam, "Liu Chi", 载 L. C. GOODRICH 和 FANG Chao-ying 主编的 *Dictionary of Ming Biography*, New York, Columbia University Press, 1976, p. 932-938。

的政权，正如《明史》中所指出的：

> 择儒臣抚绥之。[1]

因此，这些文人官员具有政权合法性代表群体的影响。他们当中的一些人，充当了所在地区的百姓与军阀之间的中间人。一方面，他们保护当地民众的利益，另一方面，由于他们是为朱元璋效力的，朱元璋也获得了信任他们的百姓的拥护。比如，原先效忠元朝的胡深，以治下百姓的安危为念，率部归顺了朱元璋[2]。刘基也是如此，虽然他改换门庭，但毕竟具有巨大的影响力。

毋庸置疑，朱元璋是一位伟大的军事战略家。如果我们考察他的发迹史，几乎找不到关于他战败的记录。朱元璋政权最后赢得胜利，可能有多种原因，但军事方面的是决定性因素之一。而这跟文人谋士的帮助直接相关，特别是李善长、朱升和刘基。刘基是朱元璋的军事战略专家，在朱元璋对陈友谅的战役中起到非常重要的作用。朱升则以他为朱元璋提出的九字方针震烁古今：

> 高筑墙，广积粮，缓称王。[3]

朱升提出的这一建国之策，其实一直为朱元璋所遵循。从很早开始，朱元璋就对军队的组织，尤其是军事基地的建设十分重视。与其他的义军不同，他们通常采用的是游击战术，打一枪换一个地方，没有真正意义上的根据地。如同我们前面所看到的，朱元璋一攻下南京，就把它作为根据地。一年之内，他攻下了周边十多个城市。随后，他大力发

---

[1] 《明史》，135.3918。
[2] 王玮，《王忠文公集》，金华丛书，浙江图书馆，1925年，第42页。
[3] 《明史》，136.3929-3930。

展位于长江以南地区的领地，使这一地区成为他夺取政权时期重要的军事基地，特别是在军队补给方面。

自给自足的政策也是军队组织的一项重要措施，他要求军队实行屯田制，士兵亦战亦耕，兵农合一。按照这一制度，战事间歇期间，士兵要种田，使军队实现粮食自给自足，而无需增加当地农民的军事后勤负担。当然，并非所有的部队都能做到，但从1358年起，至少一部分军队可以实现这个目标[1]。1358年底，朱元璋设立了一个机构，专门负责军屯事宜。他向官员解释了他要恢复传统军事组织的想法：

> 古者寓兵于农，有事则战，无事则耕，耕暇则讲武。今兵争之际，当因时制宜，所定郡县，民间岂无武勇之材？宜精加简拔，编辑为伍，立民兵万户府领之，俾农时则耕，间则练习，有事则用之。事平，有功者一体升擢，无功者令还为民。[2]

这种亦兵亦农的屯田制，显示出朱元璋的军事力量，这也是他的军队获得民众支持的原因之一。关于这一点，我们后面还会讨论。

1356年以后，随着占领地区的日益扩大，朱元璋在重要城市设立行枢密院的分支机构，负责军事事务，称为枢密分院。这是军事进攻体系的一部分，它的下一级，还设立一个兼管军事和民事的官僚机构，其作用主要在防御方面，由儒士李习建立。被征服城市的权力机构称为"翼"，"翼"的指挥官称为"元帅"，统管地方军事和民事。这种地方军事统帅，与军队的有所不同，负责新占领城市的管理和重建。1358年后，翼元帅府同时负责组织地方武装力量（民兵）。一些农民组成民兵部队，干完农活后进行军事训练。他们不属于军队编制，当城市和地方遭到敌人攻击时，由他们进行保卫。另外，如果军队外出打仗，他们负

---

1 《明太祖实录》，6.62。
2 《明太祖实录》，6.69。

责保卫都城[1]。

随着军队的日益壮大，朱元璋不能事必躬亲，必须委托他人指挥。对朱元璋来说，这种发展构成某种危险，它使将领的势力变得过于强大，或者拥兵自重，试图取而代之。朱元璋既要发展壮大他的军队，又要把控制权掌握在自己手里，还要保证将领们对其忠心。朱元璋采用的方法与法家所提倡的相近。首先，在前线作战的将领，其家眷全部留在南京做人质，以保证前方的将领无异常举动。另外，地方长官要派一个儿子到南京的朝廷充当侍卫。这样的安排跟韩非在帝王术中的建议十分相似。此外，朱元璋还有一个情报组织，每个城市都委派一个亲信担任情报搜集人。为了防止对军队失去控制，部队决不能在原籍所在地服役。

1363年，打败了陈友谅之后，朱元璋的部队与其残余部队合并，这就需要重新改编军队。事实上，自从朱元璋举兵起义以来，队伍在不断扩大，并入了来自不同地区的新成员。这些新成员没有改变其机构和军官官阶，就原封不动地吸收进来，组成新的派系或者一个大部队的新分支。1364年初，朱元璋自封为吴王后不久，便着手建立一套新的制度，统一军队的规模和军官的官阶，因为过去很不一致。诸将所部有兵五千者为指挥，满千者为千户，百人为百户，五十人为总旗，十人为小旗。军官的级别也统一了，每个人根据他所统领的人数，来确定其官阶[2]。以后，军官领导的官职可以世袭。最老的士兵布置在南京周围，形成亦兵亦农的军事组织，其作用是保卫都城，而新招募或收编的士兵，则分配到不同的部队中。这种军队编制的改革，旨在提高军队的战斗力，同时也为了更好地控制军队。通过统一官阶，就可以知道谁指挥，谁服从，谁在位，谁负责，一目了然。军队组织整齐划一的好处，只要看一个军官的官阶，就可以知道一切。

我们分析了朱元璋起义政权建立帝国的目标，以及他日趋完善的组织机构，下面我们分析政权合法性的地位。

---

1 《明太祖实录》，6.69。
2 《明太祖实录》，14.193-194。

朱元璋起义政权的合法性

朱元璋面对众多有力的竞争对手，他成功的关键因素之一，就是他坚持不懈地寻求民众的支持。如上所述，在谋士范常和陶安等人的影响下，他似乎一直遵循孔子的教诲。陶安向他谏言，为了获得民心，要广施仁德[1]。后来，朱元璋发现这个告诫，虽然十分简单，却成效巨大。于是，他不断地发扬光大，直到最后夺取政权。但是，他还对政权合法性的其他类型感兴趣。

作为义军首领郭子兴的旧部及其养子，朱元璋在元末群雄中刚崭露头角时，以救世主降临的旗号来体现其造反的合法性，与白莲教有非常密切的联系。他手下最早的军官和士兵所维护的，也就是这种弥勒救世的意识形态。为了能使光明之王降临，他们与占统治地位的社会秩序做斗争。1355年之后，这些官兵服从朱元璋的领导，部分原因在于他是小明王韩林儿所建立的"大宋"政权的元帅、吴国公、吴王，具有造反的合法性。这一时期，朱元璋手下的许多将领经常公开表示对韩林儿这个造反皇帝的忠心，朱元璋被迫打着"大宋"政权的旗号以保持其合法性，从而确保部队服从他的领导。另外，刘福通和小明王领导的红巾军作为反元运动的领头羊，具有全国性的影响。朱元璋像其他大多数义军领袖一样，为了借助这种影响力，就得对其宣誓效忠。因此，他的行为举止应该表现出是小明王的忠实属下。比如，1361年，朱元璋击退了陈友谅的进攻后，他手下的将领要将"大宋"皇帝小明王护送到南京，他们认为南京比衰败的江淮地区更加安全。于是，小明王来到南京，将江南行省改为"大宋帝国"的中央省份，并册封朱元璋为吴国公[2]。不久以后，"大宋"皇帝又离开南京。1363年初，张士诚对大宋占据的安丰发起进攻，刘福通战死。韩林儿被朱元璋的援军救出，安全地转移到滁

---

1 《明史》，135.3917，136.3925。
2 钱谦益，《国初群雄事略》，1.30；另参见：WADA Sei, " Min no Taiso to kōkin no zoku ", *Toyo Gakuho*, 13, 1922, p. 135。

州。小明王与朱元璋一直保持着君臣的名分[1]。

当1366年朱元璋大举进攻张士诚时，这种明确的合法性便告终止。当时，朱元璋发布讨伐张士诚的檄文《平周榜》，这标志着他在政权合法性问题上改弦易辙。其实，白莲教被视为施行巫术的邪教，这个团体的成员被指控为强盗和暗杀文人的罪犯。最后，朱元璋在信中指出，施行巫术难成正果，他决定跟白莲教分道扬镳[2]。众所周知，小明王的龙凤政权是以白莲教奉天救世的意识形态为旗号的。朱元璋表示要严惩罪犯，解救民众。他还补充说，他的队伍不想发财致富，只是救助民众[3]。因此，朱元璋已经完全摒弃了救世主降临说的合法性。不久，他终止了对小明王的效忠。当年年底，他派部将廖永忠去迎接小明王到南京，但小明王在途中沉船溺死，此事疑点重重[4]。朱元璋不允许小明王有继承人，并且不再使用他的年号，这是一个政权在政治上获得承认的标志。

事实上，朱元璋的南京政权从诞生之日起，就有成就一番帝业的野心。它拥有一个文人儒士的团队，在儒家的政治理想基础上，建立了非常明确的等级制度。这一类型的政权目标，与人人平等的天堂愿景并不一致。在这方面，我们与戴乐的观点一致。对于即将夺取政权的朱元璋来说，救世主降临说无疑使他左右为难[5]：该如何去应付原先许下的乌托邦的诺言，比如说，建立一个人人平等的天堂？那些宣扬救世主降临说的，即将夺取政权的领袖人物，如今他们在失去合法性的焦虑中，竭力将目标转向更加务实的方向。

长久以来，朱元璋为了保持其政治的合法性，使他屈身为"大宋"起义政权的成员之一。与此同时，他很注意培养自己的言行举止，并形成一套政治策略，这似乎借鉴了孟子的思想。有许多哲学家，不管他们

---

1 钱谦益，《国初群雄事略》，1.38。
2 吴晗对此有详细的分析。参见：吴晗，《吴晗文集》，卷二，第96-98页；还可参见：王崇武，《论明太祖起兵及其政策之转变》，载《历史语言研究所集刊》，10,1948a, 第57-71页。
3 钱谦益，《国初群雄事略》，8.192-194。
4 同上书，1.39-40。
5 Romeyn TAYLOR, 1963, p.17.

采用儒家、法家的学说，或者是其他学派的，假如他们对如何组织政权或维护政权提出过一套理论（比如韩非），那么其中很少有人对如何夺取政权提出过建议。究其原因，大概是因为这些哲学家当中大多数都是正统主义者。在他们看来，皇帝就是皇帝，他是享有天命的，任何人想要取而代之都是不合法的，即使他是一个昏君。其实，在众多的儒家思想家中，唯有孟子敢于明确指出，天命应该赋予明君，昏君可以失去天命。为此，他建议一个力量足够强大的贵族，先要通过行动获取天命，继而获得一个合法的政权。这些建议，最初是他向有皇家血统并且想推翻昏君的贵族提出来的。事实上，这只是一种无用的假设，因为所有的军阀都可以尝试实践这种建议。在本书第一部分里，我们曾经介绍过孟子的政治学说，主要是要求国君通过宽厚仁慈的行为举止而获得民众的支持。这些观点其实管子也曾提出过。他说，要征服一个国家，首先要征服这个国家的民心，要对民众表现出仁慈。管子通常被视为法家，但这一提法似乎更应该纳入儒家的体系。下面我们将会看到，朱元璋似乎运用了这种理论。

1355年之后，朱元璋完全保持着救世主降临说的合法性，为了组织政权并使其获得正统的合法性，他努力向文人儒士表现出令他们满意的一面。对他来说，这是十分必要的。因为这些文人儒士组成了合法性代表群体。正如窦德士经过仔细研究所得出的结论：一般来说，文人儒士对于执政的王朝一片忠心，尽管1355年以后政局动荡，他们也不改初衷：

> 我们不能由此得出结论说，这些文人迫不及待地想见到元朝灭亡，期盼着蒙元朝廷被赶出中国。[1]

窦德士随后对朱元璋招募的文人儒士进行了分析，尤其是那些在城市被攻陷以后，注意到朱元璋不准掳掠洗劫，被他所吸引而主动来投

1　John Dardess, *Conficianism and Autocracy*, p. 98-99.

奔的重要儒士。朱元璋邀请文人儒士为他的政府出谋划策，并且兴办儒学[1]。例如，1359年在婺州开办儒学，吴沉和徐源两位儒士被任命为训导。根据《明史》记载：

> 自兵兴，学校久废，至是始闻弦诵声。[2]

王恺也在衢州重新开办儒学，并且修复了一些陵墓[3]。范常也在太平重办儒学。1359年，朱元璋专门聘请了一批文人，为他讲授儒学经典。其中有十二位文人：许元、叶瓒玉、胡翰、汪仲山、李公常、金信、徐孳、童翼、戴良、吴履、孙履、张起敬。朱元璋每天命二至三人为其讲经史[4]。这些举措的目的是接近文人儒士，吸引尽可能多的文人支持他。不久，1360年，刘基、宋濂、章溢和叶琛等四位重要儒士的招募，大大巩固了儒家的合法性，也进一步加强了他拥有天命的野心。通过一段时间的积累，他吸引了一大批犹豫不决的文人加入到他的军中。不过，正如窦德士分析的那样，这些文人也有现实的考虑，他们关心俸禄、职位、前途等因素。面对元朝的溃败，文人们想要寻找一份工作，效力于值得信赖的新主子。其中一部分人投奔朱元璋，也许更多的不是出于政治理想，而是出于实际需要。

朱元璋眼中的天命说

朱元璋身边很早就被一群文人围绕着，为他战胜对手、扩大地盘出谋划策。这些文人当中，值得一提的是范常，他建议朱元璋严格控制

1　《明太祖实录》，7.80。
2　《明史》，140.4005。
3　《明史》，289.7410-7411。
4　《明史》，137.3947。

军队，以获得民众的支持：

> 今四海扰乱，民鳃鳃惧不保，主公能以除乱救民为心，不妄掳戮燔烧，俾令安堵。内拣精锐，半从军，半乘城，择宽厚长者牧字之，使得耕守，不为他盗攻劫，则四方之人，云合雾集，天下不足定也。[1]

后来，朱元璋似乎一直遵循这些建议。他总是提醒手下的将领，尽可能不要损害被占领地区的民众。也就是说，避免掠夺和杀戮，这是其他大部分义军惯于使用的。这样做，目的是为了让百姓心悦诚服，而不是被武力胁迫。这与下面所说的寻求政权合法性的途径是相对应的：首先让民众相信，统治者与他们有一个共同目标；鼓励民众自愿地服从统治。在战争时期，一座被包围的城市是否更容易投降，这取决于围困者是否享有仁慈的声望。因此，朱元璋渴望获得更严明的军纪，禁止他的部队在被征服地区抢劫财物以及滥杀无辜。在诸多将领中，徐达是治军最严的，因此他被朱元璋封为大将军，后来官至左相国。

> 遇春下城邑不能无诛僇，达所至不扰，即获壮士与谍，结以恩义，俾为己用。由此多乐附大将军者。至是，太祖谕诸将御军持重有纪律，战胜攻取得为将之体者，莫如大将军达。[2]

朱元璋的军队军纪严明，以至于侵犯地方百姓的事罕有发生[3]。由于他的军队比其他义军更加仁义，所以更受到百姓的喜爱。这有助于逐渐构筑起朱元璋领受天命的形象。

---

1 傅维鳞编纂，《明书》，上海：商务印书馆，1936年，117.2345。
2 《明史》，125.3726。
3 《明太祖实录》，4.43。

这种解释是有争议的[1]。有人认为，朱元璋军队的仁义似乎被后来的文人在编写史书时过分夸大了，其目的在于巩固王朝的合法性。不管怎样，这种肯定是有一定根据的。朱元璋军队最大限度的仁慈，对给予其政权的合法性，有着不可估量的作用。按照政权合法性的原理，一个仁慈的获胜者，他的力量会像滚雪球一样，变得越来越大，即将被征服的民众会逐渐放弃抵抗。也就是说，相反的情况下，如果他们早就知道，投降会遭到灭顶之灾，那么他们就会殊死抵抗。面对仁义之师，一部分人甚至会反戈一击，主动投奔对方的阵营。因此，这样的军队会迅速发展壮大，并且更轻易地得到情报和粮食。朱元璋的军队攻取南京后，一些士兵袭击了百姓。为了避免再次发生扰民的事件，进攻镇江的时候，朱元璋把军队指挥权交给治军最严的徐达。徐达严防攻城之后发生抢掠的事件，而且根据史书的记载，"城中晏然，民不知有兵"[2]。这样的消息很快传播开来，可以看到随后城市的抵抗变得越来越少。有很多次，徐达甚至不需要作战，就可以征服一座城市。当军队抵达时，城门自动打开，因为居民们已经知道，他们不会遇到任何麻烦。

这种军纪严明，给朱元璋的军队提供了一种军事层面的合法性。一些对元军纪律涣散、组织混乱的状况不满的军官，看到朱元璋的军队目标明确、顺天应人、大有前途，因而弃暗投明，转而效忠于朱元璋。此外，朱元璋军队的忠诚是通过分级效忠来获得保障的，也就是说，下级效忠于上级。一些投诚的地方长官，加入朱元璋的军队可以保留原来的部队，并且保持其军事等级。这样一来，军事等级的每一层都对上级有较高的忠诚度。

朱元璋在寻求政权合法性的过程中，总是强调其对手缺乏合法性。在与其他义军的斗争中，他经常宣称，其他的义军并未领受天命，

1　王崇武，《明本纪校注》，中央研究院历史语言研究所专刊，27，上海：商务印书馆，1948b，第135页。
2　《明太祖实录》，4.44。

而他自己则是天命所归。在写给张士诚的一封劝降信中,他表示:

  及其定也,必归于一。天命所在,岂容纷然。[1]。

  朱元璋接着对张士诚表示,如果要保全身家性命,应该敬畏天命,顺从民意[2]。

  早在1358年,朱元璋攻克婺州时,在城楼竖立的大旗上写着"日月重开大宋天"[3],以强调其天命所在的含义。1365年,他在写给明玉珍的一封信里提到,在反元斗争中失败的义军,他们不去想办法保护民众,反而恣意暴虐,自绝于天,最终只能自我毁灭[4]。

  1366年,朱元璋摈弃了救世主降临说的合法性,于1367年战胜了其他最强大的义军后,剩下的目标就是征讨由元朝占据的北方。为了将中国人统一在他的麾下,他诉诸民族主义的合法性。正如范德所指出的,在此之前民族主义的号召,很少有人响应,因为朱元璋的主要对手是中国其他的义军[5]。但是,当他为了战胜蒙古侵略者,唤醒中华文化认同感时,不管是造反者,还是同属儒家文化的汉人,都会做出积极的响应。他触及到一个攻击点,它既可以使蒙元政权的合法性丧失,又能增加朱元璋政权的民族主义合法性。在一篇由宋濂起草的,为中国北方民众准备的檄文(《朱元璋奉天讨元北伐檄文》)中,朱元璋痛斥了外族对中国的入侵,揭露了蒙古专制政权的暴虐:

  自古帝王临御天下,皆中国居内以制夷狄,夷狄居外以奉中国,未闻以夷狄居中国治天下也。自宋祚倾移,元以北狄入主中国,四海内外,罔不臣服。此岂人力,实乃天授。彼时君明臣

---

1 钱谦益,《国初群雄事略》,8.193。
2 钱谦益,《国初群雄事略》,8.192-194。
3 钱谦益,《国初群雄事略》,1.25。
4 钱谦益,《国初群雄事略》,5.124。
5 Edward FARMER, *Early Ming Government*, p. 37.

> 良，足以纲维天下……自是以后，元之臣子，不遵祖训，废坏纲常……虽因人事所致，实天厌其德而弃之之时也……当此之时，天运循环，中原气盛，亿兆之中，当降生圣人，驱逐胡虏，恢复中华，立纲陈纪，救济斯民。[1]

他强调指出，中国应该由中国人管理。他指责蒙古统治者无视儒家的习俗和礼制，不尊重等级制度，引起社会混乱。他宣称，只有他才能重建秩序，统一帝国，只有他具有合法性。这一宣言，唤醒了不同阶层的汉族民众的爱国情感，获得了他们对反元斗争的支持。此外，在这封信中，他保证少数蒙古人、色目人将会受到保护，假如他们愿意留在中国的话。这篇檄文产生了巨大反响[2]。山东、河南等地区的许多城市，不战而降。一些蒙古人和色目人也纷纷投降，比如扩廓帖木儿的叔父和察罕帖木儿的父亲。没过多久，朱元璋的军队取得了全面胜利。

因此，在朱元璋夺取政权的过程中，政权合法性起了重要的作用。它首先是以救世主的形式出现，但很快就被儒家正统的合法性所取代，也即以仁德寻求天命。在战胜了中国的其他义军之后，朱元璋在反元的最后决战中，又诉诸民族主义的合法性。

其他起义政权的目标及合法性

朱元璋刚开始一无所有，后来变得越来越强大，并且成功地战胜了其他一个个义军领袖，在可以解释这种成功的不同观点中，有一个因素可能是很重要的：他的政权目标与合法性，也即他的抱负以及寻求与民众的意愿一致的共同利益。朱元璋在分析对手的失败原因时，着重

1　《明太祖实录》，26.401-404。
2　关于这一点，可参见：《吴晗文集》，第二卷，第111-113页。

强调了他们缺乏一个关注民众共同利益的总体目标。他认为,一代枭雄陈友谅虽然兵力雄厚,却最终失败,因为他不能专心思考重要的目标,并且失去了民众的支持[1]。他也批评了那些极端奢侈、忽视民众利益的义军领袖:

> 既富,岂可骄乎?既贵,岂可侈乎?有骄侈之心,虽富贵,岂能保乎?处富贵者,正当抑奢侈、弘俭约、戒嗜欲、以厌众心,犹恐不足以慰民望……[2]

他认为,他之所以能打败张士诚,因为张士诚缺乏长远目标,至于陈友谅,虽然陈友谅有称帝之雄心,但却非常残暴,无情无义[3]。朱元璋还将他的胜利归结于他对民众的真诚,他认为智慧和力量是有限度的。唯有最真诚的人才能一往无前:"要之智力有穷,惟至诚人自不能违耳"[4]。我们接下来沿着朱元璋的轨迹,考察其他起义政权公开宣布的目标以及民众对他们政权合法性的评价。

不同的起义政权所昭示的目标截然不同,其中有乌托邦的、民粹主义的、实用主义的。在1351年的起义当中,白莲教的势力十分强大,他们所信奉的救世主降临说,主要包含两方面的内容:一方面,人们期盼的弥勒佛降临人间,会带来一个没有疾病、没有战争、没有苦难的人间天堂;与之对应的是通过光明力量与黑暗力量斗争的胜利,光明之王(明王)政权的到来[5]。这种"以'弥勒降生'与'明王出世'并举[6]"的目标,说到底只是一种乌托邦的目标。除此之外,白莲教还有一个更加传统的

---

1 《明太祖实录》,13.171。
2 《明太祖实录》,14.187。
3 《明太祖实录》,58.1139。
4 《明太祖实录》,105.1749。
5 重松俊章,《唐宋时代之弥勒教匪》,载《史渊》,第3期,1931, p. 98。
6 吴晗,《明教与大明帝国》,载《吴晗史学论著选集》(北京市历史学会主编)第二卷,第408页。北京,人民出版社,1986年。

目标，就是恢复北宋王朝[1]。这种成就帝业的目标是雄心勃勃的，因为它要取代元朝的统治。同时，对应着寻求一种传统的合法性，表示回归原有的秩序，回归宋朝。而且，它显示出一种汉人朝代的优势，因此这一时期被视为黄金时代。为了肯定这种志向，肯定这种合法性并获得民众的支持，造反者也明确表示要帮助穷人，打击富人。他们有这样的口号："不平人杀不平人"，"杀尽不平方太平"[2]。尽管如此，我们还是注意到，农民并非一直站在造反者一边[3]。一些农民被效忠于元朝的底层贵族招募和训练，以便与起义军作战。有些人认为，农民并不喜欢造反。范德就持这种观点：

> 由于农民渴望稳定，除非受到最极端的煽动，才会起来造反，即便造反，也不会长久。[4]

我们也许会赞同这种观点，但在饥荒及内战时期，民众不再有稳定的生活。当他们面对绝望及死亡的威胁时，便会起来造反。

在元末红巾军的起义当中，有两支强大的队伍令人敬畏，而且都有成就帝业的雄心。第一支就是小明王韩林儿旗下的军队，他们拥立他为"大宋"皇帝，年号龙凤。其政权正式建立于1355年，丞相刘福通是"大宋"政权的实际控制者。"大宋"政权通过与其他各路义军结盟，1356至1357年间势力迅速扩大，各路义军也因为效忠"大宋"朝廷而取得合法性。1358年是该政权的鼎盛时期。这一年，他们攻克了北宋的旧都汴梁，并且在进攻元朝都城时，几乎获得胜利[5]。当时，起义军控制的领土十分广阔，其势力范围已经到达中国北方，一直到山西、满洲和朝

---

1 关于韩山童的起义目标，可参见：何乔远，《名山藏》，卷43，《天因记》。
2 陶宗仪，《南村辍耕录》，北京：中华书局，1997年，第三版，27.343。
3 John DARDESS, 1970, p. 540-541.
4 Edward FARMER, *Early Ming Government*, p. 29.
5 《明史》，122.3683；《元史》，141.3386。

鲜边境地区[1]。

如果说红巾军起义军的迅速壮大，凭借的是骁勇和乌托邦的目标的话，那么，也正是它让起义政权最终夭折。事实上，创建一个理想和平等社会的承诺，是一个超越时代可能性的目标，与社会环境并不相容，这宣告了农民起义注定会失败。朱元璋在事业上升之初就接受了这个目标，如果他后来不转变方向，可能会遭到同样的厄运。起义军在平民百姓当中获得巨大的支持，但它还要面对像地主这样的统治阶级的镇压行动，因为后者要保护他们的财产和利益。"大宋"政权所寻求的社会类型，意味着翻天覆地的变化，得不到当时任何统治阶层的支持，显示出巨大的阻碍。

此外，起义军是乌托邦的和无政府的，缺乏军队的组织管理，以至于发展到无法控制的地步。正如《明史》中记载的，起义军不服从刘福通的命令，所到之处摧毁一切，所占领地区的民众惶恐不安，所以，占领的土地很快又会失去：

> 然林儿本起盗贼，无大志，又听命福通，徒拥虚名。诸将在外者率不遵约束，所过焚劫，至啖老弱为粮，且皆福通故等夷，福通亦不能制。兵虽盛，威令不行。数攻下城邑，元兵亦数从其后复之，不能守。[2]

这样一支军队不会得到占领地区民众的支持。这是明显的政权合法性问题，与他们自己的目标背道而驰。由于自身的种种缺陷，刘福通的起义军最终未能赢得胜利。他们未能抵挡住元军强大的反攻。1359年9月，察罕帖木儿率军攻克汴梁，使"大宋"军队受到一次重创，俘获了大宋的皇后和一部分大宋朝廷的官员，并且缴获了大批财物。面对元军强大的攻势，韩林儿逃往南方[3]。在察罕帖木儿以及他死后扩廓帖木儿

---

1 《明史》，122.3683。
2 《明史》，122.3683。
3 《元史》，141.3386—3387。

的领导下，元军控制的地区日益扩大。退居安丰（今安徽寿县）的小明王韩林儿，1363年又遭到张士诚的围攻，险些被俘。这时，朱元璋为了继续维持与大宋政权关系的合法性，勉强派出军队为小明王解围，接着把他接到滁州，将他控制起来。至此，韩林儿完全丧失了自主权。

红巾军中另一支实力雄厚的队伍，是由徐寿辉领导的，他于1351年建立了天完王朝，也打着救世主降临的旗号，宣扬其合法性。它所遇到的问题，与大宋政权一样，跟救世政权的目标有关。它受到残酷的镇压，一次次镇压，使队伍损失惨重，到1354年，部队已经七零八落。徐寿辉的部属陈友谅于1357年掌握了大权，后来于1360年杀死徐寿辉，改国号为汉，寻求一种更为传统的合法性。因为这个名字，使人想起汉人建立的第一个大一统的王朝。另立名号，也许是为了寻求文人儒士的支持。但是，地方的文人儒士似乎并不接受，尤其是江西的士人，他们一心要让陈友谅归顺元朝，因为这样会为他提供制度上的合法性，他们也就可以心安理得地为他服务了。陈友谅拒绝了这些文人的劝告，这些文人的命运如何，也就可想而知了。

陈友谅的大汉政权非常短命（1360—1363）。在这短暂的三年里，这个占据着长江中游大片地区的起义政权，其目标是继续扩大地盘，并最终取代元朝成为统治全中国的唯一合法政权。在一段时间里，大汉政权控制着拥有超过一千四百万人口的土地，是当时各路义军中最强的一支[1]。但陈友谅粗暴的方式，往往使他获得被迫的服从，没有真正得到自愿的顺从。所以，他的统治没有合法性。比如说，1359年，陈友谅杀死了部将赵普胜[2]。赵普胜是一支强大水军的首领，他死后，水军仍然留在陈友谅的麾下，但丧失了斗志，因为他们是被迫的。真正导致合法性丧失的事件，极有可能源于暗杀徐寿辉。它引起了政权内部的分裂。例如，大将明玉珍在徐寿辉死后不久，便另立山头，自立为王。关于这一点，我们下面还会专门讨论。

---

1 关于这个问题，可参见：Edward DREYER, *Early Ming China*, 1982, p.31。
2 《明太祖实录》，9.117-118；钱谦益，《国初群雄事略》，3.80-81。

因此，陈友谅的致命弱点源于其政权合法性的缺失。他不像朱元璋那样，即使要除掉上级，也会制造出意外事故的假象。他忽视了部属和民众的支持对于维持政权的重要性。他与之前或之后的许多领袖人物一样，以为只依靠武力就能够维持政权。他的另一个弱点是战略方向的失误。1363年，他在与朱元璋进行的鄱阳湖战役中，最终失败了，并且丢了性命。失败的原因，主要是因为一连串的战略失误。这次失利导致了其起义政权的崩溃。

与此同时，1362年，徐寿辉麾下的大将明玉珍建立了一个新的王朝[1]。他对陈友谅杀死徐寿辉忿忿不平，与之断绝了关系。他所建立的王朝取名为"大夏"，这是中国最古老的朝代的名称。"大夏"王朝控制着四川地区，宣扬摩尼教，其中夹杂着儒家思想的元素。它尊崇儒家的礼制，组织科举考试。"大夏"朝建立的时候，明玉珍指出，他将奉天命治国。他公开表示要推翻元朝的暴政，并且寻求仁政之道：

> 元以北狄污我中夏，伦理以之晦冥，人物为之消灭，咸云天数，敢谓人谋。迩者子孙失道，运祚衰微，上天有命，示厌弃之机……惟我家国，肇迹湖、湘，志欲除暴救民，聊尔建邦启土。[2]

1366年，明玉珍去世后，由他的儿子明昇继位。"大夏"政权的目标，是建立一个遵循儒家传统，同时又保留一些摩尼教元素的王朝[3]。对于朱元璋的大明政权来说，这并非一个不可克服的劲敌。1371年，当它被朱元璋的明军击败时，"大夏"皇帝并没有像其他劲敌一样被处死，而是被送到了朝鲜。这说明，似乎那些对朱元璋政权并未构成威胁的义军首领，他们的后代并没有被赶尽杀绝，而是被安排过一种体面的流亡生活。

---

[1] 钱谦益，《国初群雄事略》，5.112-137。
[2] 钱谦益，《国初群雄事略》，5.118。
[3] Edward FARMER, *Zhu Yuanzhang and Early Ming Legislation*, p. 22.

其他不属于红巾军的重要义军，像是方国珍的义军，起义并没有明确的政治目标，更多的是反对元朝地方官员滥用权力，1353年，他被招降。方国珍和张士诚在不同地方起义，二者都有非意识形态的动机。两人都实行同样的策略，时而效忠元朝，时而起兵反元[1]。方国珍原来走私贩盐，后来成了海盗，1348年以后，他控制着浙江沿海的一片地区，元军无法将他赶走。他牢固地盘踞于此，挡住了所有的进攻。在元末的起义当中，他起到了重要而间接的作用，因为正是他的海盗行为，阻碍了元朝都城的粮食供给，元朝决定兴修黄河的水利工程。方国珍自己没有称帝，并且多次宣布效忠朝廷，每次都得到朝廷的册封，就这样，他被封为衢国公、江浙行省的长官等。作为交换，他不时地向元朝进贡粮食。这种效忠并未建立在牢固的基础上，而且他好几次出尔反尔，又起兵攻击元军。尽管他在当地有实力，但他只满足于地方上的影响，他的势力主要在沿海一带，这使他不可能怀有更大的野心。

势力最大的义军首领之一，非张士诚莫属。张士诚原来以贩盐为生，1353年，他起兵攻占高邮，占据了大运河畔的战略要地，自称周王。1354年12月，被元朝丞相脱脱率兵围困于高邮，在最后关头，脱脱却被皇帝下诏罢免。元军撤离后，张士诚乘势在长江以北扩大地盘，接着又向南方的长江三角洲一带推进，并且夺取了苏州作为国都。张士诚的弟弟张士德是其军队的统帅，后被朱元璋俘获并处死。经过这次失败，再加上元朝政权的逼迫，张士诚从1357年起向元朝投降，朝廷也给他一个太尉的封号，给他带来制度上的合法性。随后他与元朝建立贸易往来，与方国珍合作，经常向朝廷提供粮食，一直到1363年。这一年，他与元朝断绝关系，自封为吴王，公开了称帝的野心。张士诚占据的地区是最富庶的，盛产粮食和盐。而且，他的政权组织跟朱元璋的十分相似。这使他成为朱元璋最强的竞争对手之一。"吴"是长江下游南部地区传统的名称。张士诚和朱元璋各自占据长江以南的一部分地区，而且两人都自称吴王（1364年之后）。很显然，两人各自称

---

[1] 钱谦益，《国初群雄事略》，9.210-229。

霸的野心是互不相容的。

张士诚按照帝国的模式，建立了一套官僚机构。他经营自己的地盘，广纳文人谋士。这些儒士似乎对这个政权很欣赏，这给他们提供了一种可以信赖的社会秩序，而且它来自非红巾军起义政权，虽然政权具有半独立的性质，但名义上是合法的皇帝的诸侯。比如说，这些文人谋士认为，张士诚所占据的长江三角洲为该地区提供了安全，可以防止出现新的动乱。其他的文人则认为，该政权是元朝以外他们可接受的政权之一[1]。确实，张士诚在建立政权之初，似乎在寻求获得天命，具体通过以下措施：一、对待下属宽厚，二、禁止官员滥用权力，三、严禁部队对占领地区抢掠。招募大量的文人儒士，为其政权带来一种儒家合法性的光环。

尽管如此，张士诚在权力的实施中仍暴露出很多弊病，损害了其政权的合法性。元末明初的文人杨维桢（号铁崖）特别指出了张士诚用人不当的失误。他批评张士诚重用的将领都是一些庸才，指责其任用的地方官员剥削老百姓，有才能的文人得不到聘用，还指出录用官员既无推荐，也不考试，因此招募了大批平庸低下的官员[2]。张士诚的弟弟张士德之死，似乎使张士诚深受打击，他后来贪恋权力，不去思考如何取胜。他生前最后几年，可以说已经丧失了斗志，不再关注如何巩固其政权的合法性，他的政权跟衰败的帝国一样腐朽。在他的统治末期，原本信赖他的文人对他彻底失望。因为他对元朝的态度反复无常，很显然，实际上他只是追求个人的利益。赋税过于繁重，对百姓的命运毫不关心，使他失去了百姓的信任。丧失了政权的合法性，最终他被朱元璋轻易地击败。

1　Edward Dreyer对此有详细的讨论。可参见：Edward DREYER, *Early Ming China*, 1982, p. 27-28.
2　钱谦益，《国初群雄事略》，7.173-174。

　　元朝的灭亡，首先源于政权合法性的危机，最后演变成政权合法性的彻底丧失。这种合法性的危机，导致了反抗的出现。然而，面对风起云涌的起义，元朝政权并没有采取相应的措施。元朝统治阶层内部的斗争，使起义军毫无阻碍地发展，并最终颠覆了帝国。我们由此可以得出结论，元朝之所以灭亡，一方面源于其政权合法性的丧失，另一方面则是因为制度上的缺陷，导致政权内部斗争不断。如果只是众多义军中的一个头目，为了夺取政权，他必须不断地扩大地盘，巩固他的权力。正如我们在第一部分中所指出的，要成就一番帝业，首先要明确目标，然后要建立相应的制度，并且要维持政权的合法性。朱元璋的胜利，首先是其政权目标十分明确，并且有一套高效而严密的组织机构。对下属和民众注意施以仁德，使他得到民众的支持，从而使他在夺取政权的过程中的获得了合法性。也许是由于朱元璋出身布衣，对此有切身的感受，尤其是受到文人谋士的影响，他十分清楚在夺取政权过程中，获取民心之重要性。他能够打败众多强劲的对手，是因为他比他们更重视政权的合法性。与对手相比，他更好地宣扬他的政权目标，更有效地经营他的地盘，更好地管理他的军队。他最终夺取的政权，不是背离民众的政权，而是获得民众支持的政权。

　　最后，朱元璋的众多对手之所以失败，主要是因为他们对政权缺乏明确目标的轻视，以及他们对政权合法性的不齿。朱元璋两个最重要的对手，分别是张士诚和陈友谅。两人都昭示了称帝的野心，并且分别控制着大片土地，拥有几百万人口。尽管他们的实力比别人雄厚，但忽视了政权的合法性，这种优势很快就化为乌有。

第三部分

朱元璋的政权合法性及运行机制

中华帝国的光复者被称为太祖,他通过武力和法令使其名扬天下。

——伏尔泰《伏尔泰全集》第五卷[1]

---

[1] Voltaire, *Oeuvres complètes*, tome V, Paris, Delangle-Frères, 1828, p. 144-145.

引 言

从新的王朝建立之日开始，朱元璋的军队不再为征服中原而征战，而是着眼于稳固边疆。中国仍有一些地区在明朝军队的控制之外，北方的情形便是如此：由扩廓帖木儿统率的蒙古军队仍然占据着北方的多个省份。明军在1368至1370年之间的战役中获胜，攻取了陕西，并且多次重创了扩廓帖木儿的军队，但在定西之战中，却让扩廓本人逃走了。然而，蒙古军队并没有被彻底歼灭，流亡的蒙古政权不承认新的明朝政权，因此它始终呈现出威胁。朱元璋的军队从未能完全击溃它，只能寻求巩固与蒙古的边防，而不是吞并整个外蒙古。南方的四川省，当时被独立的"大夏"国占领着，它的皇帝是年轻的明昇。该国受到摩尼教的影响，不过也采用一些儒家的传统礼制，直到1371年才被明军征服。1381年，云南被纳入明朝的版图。至于北方的辽东地区，则是在朱元璋登基二十年以后，于1387年才被平定。

尽管大明王朝建立以后，仍有后期的军事行动，但军事问题已经不再是朱元璋政权的支配因素了。当边境差不多安定下来之后，朱元璋便不再奉行扩张主义，他甚至禁止其继承者如此行事。他把注意力集中到帝国的管理和改革中，使政权机构开始运转。从大明王朝宣布建立之日开始，政权的性质就改变了：它不再是试图征服统治的起义政权，而是领受天命的帝国政权，它要管理整个帝国，建立各项制度，要巩固其合法性，并确保民众的服从，维护社会秩序。

在第三部分中，我们要分析这些不同的元素：首先是政权组织，以及在统治过程中实行的结构性改革；然后是政权合法性的重要性，以及作为政权官方意识形态的新儒学的核心地位；最后，我们将会思考朱元璋如何运用礼制以及严刑峻法来维护社会秩序。

第五章　大明王朝的政权机构

朱元璋建立了明朝，成为开国皇帝，是为明太祖。经过数十年的动荡，中原地区民众感受到了安定与和平。这时，帝国政权的目标是对社会进行重组，重新恢复一种与和平形势相对应的社会秩序。这种组织，是经过长时间准备的[1]，朱元璋在宣布建立明朝之前，是非常从容的。政府的组织以及相应的制度都针对一个目标，使其明确限定于新的皇帝及谋士们的才智范围内运行。我们下面将会运用明朝的"宪法"以及典章制度，来解读朱元璋的政权目标。

政权目标、"宪法"及公文

我们前面已经分析过，所有的社会，都是围绕着一个共同目标建立起来的。再往前，我们还看到，不同的中国哲学流派都在致力于一项共同的事业：构建一个寻求民众利益的有序的社会。朱元璋并没有偏离这个传统，他的政权目标十分明确。他经常提及这一点，为了让别人记住，他的所作所为都为了一个最终的目标：民众的利益。在许多明朝政府

---

[1] 在《大诰》中，朱元璋指出，《大诰》的每一项条款在付诸实施之前，均经过长时间的斟酌。《大诰》共计四编：《御制大诰》（1-85页）、《御制大诰续编》（87-242页）、《御制大诰三编》（243-413页）和《大诰武臣》（附录，1-44页），见《明朝开国文献》，台北：学生书局，1966年，第一册。

的公文里，可以找到关于这个基本目标的各种表述。比如，明朝建立之初，朱元璋明确指出：

> 君子得位，欲行其道。小人得位，欲济其私。欲行道者，心存于天下国家，欲济私者，心存于伤人害物。[1]

在《皇明祖训》[2]的序言里，朱元璋提到他想要仿效过去的时代。他在明朝建立的时候写道，皇帝的恩威波及整个帝国，使民众可以生活得稳定、平安[3]。

可见，朱元璋的这些表述明确了政权的基本目标，就是使民众生活稳定、平安。《皇明祖训》这部典籍是朱元璋对其后继者的训示。该书初名《祖训录》，于1373年成书，最终修订更名为《皇明祖训》，于1395年颁布。在这本书的所有训示中，朱元璋提出不要忘记民众的利益：

> 凡每岁自春至秋，此数月尤当深忧，忧常在心，则民安国固。盖所忧者，惟望风雨以时，田禾丰稔，使民得遂其生。如风雨不时，则民不聊生，盗贼窃发，豪杰或乘隙而起，国势危矣。[4]

在1385年8月颁布的一道诏书中，朱元璋提出仁义治国，其目的在于锄强扶弱：

> 天道以有余补不足。人反其道，乃以不足奉有余。[5]

---

1 顾炎武，《日知录集释》卷十二《言利之臣》，花山文艺出版社，1990年8月，第546页。
2 这部法典和其他大明法律，Edward Farmer有过详细讨论。参见：Edward FARMER, *Zhu Yuanzhang and early Ming legislation*。
3 朱元璋，《皇明祖训》，收录于《皇明经世实用编》，冯应京编，据明万历版本影印，台北：成文出版社，1967年，第一册，第69页。
4 朱元璋，《皇明祖训》，收录于《皇明经世实用编》，第79页。
5 谈迁，《国榷》，台北：中华书局，第二版，1988年，第一册，第655页。

朱元璋认为，要保护民众不受不良因素的困扰，君主和惩罚是不可缺少的。这时候，政权目标同时表现为保护民众不受坏人的影响。还有一个故事说，朱元璋带着太子去乡村视察，让他体会一下农民的日常生活。之后，他建议太子永远不要欺骗老百姓，征收过多的赋税：

> 汝知农之劳乎？夫农身不离畎亩，手不释耒耜，终岁勤动，不得休息，其所居不过茅茨草户，所服不过练裳布衣，所饮食不过菜羹粝饭，而国家经费皆其所出，故令汝知之。凡居处食用，必念农之劳，取之有制，用之有节，使之不苦于饥寒。[1]

朱元璋在统治末期，颁布了《教民榜文》，其中他再次强调衣食对百姓的重要性：

> 如今天下太平，百姓除本分纳粮当差外，别无差遣。各宜用心生理，以足衣食。[2]

最后，在朱元璋死后公布的遗诏中，开头这样写道：

> 朕膺天命三十有一年，忧危积心，日勤不怠，务有益于民。[3]

由此可见，朱元璋在其统治的整个过程中，一直在反复强调，他的政权目标是民众的利益、稳定、安康和幸福。这种最低限度的安逸、休戚与共、安全与繁荣的目标，是其政权真实的目标，还是为了掩盖另一个目标呢？人们可以提出这样的问题，因为朱元璋政权的另一个目标或

---

[1] 谷应泰，《明史纪事本末》，收录于《文渊阁四库全书·史部·纪事本末类》，台北：商务印书馆，1986，第364册，第250页。
[2] 《教民榜文》，收录于《皇明制书》（二十卷），张卤编，据明万历刻本影印，台北：成文出版社，1969年，卷九，第1430页。
[3] 《明史》，3.55。

许已经被发现，那就是王朝的永久延续。《皇明祖训》里的训示，其目的无非是确保其王朝的稳固，不会在开创者身后迅速崩溃。也就是说，它涉及到寻求王朝的稳固长存。出于这种思想，朱元璋早就担心他死后权力移交的问题。在他的统治末期，为了寻求社会稳定及保卫王朝，于1397和1398年颁布了很多诏书[1]。朱元璋似乎没有明确表示，他最重要的目标是什么：民众的利益或者王朝的延续。他能否想象得到，其王朝的延续与民众的利益背道而驰呢？或者，他是否考虑到为了民众的利益，他的王朝可能会灭亡呢？这些在朱元璋的诏书或训示中，最终都找不到任何明确的答案。然而，我们可以看出：朱元璋似乎没有把权力当成一种娱乐。他经常抱怨工作之艰难。因此，在《皇明祖训》里，我们可以读到他对耽于享乐的统治者的批评："将以天下为乐，则国亡自此始"[2]。这些言论表明，皇帝要恪尽职守，他不是为了获得权力而夺权。也就是说，他唯一的目标不是为了维持政权，而是为了达到某种社会理想。我们不能就此下结论，因为这只是他的告白，根本不能揭示出他内心的真实想法。不过，朱元璋的出身卑微，也许可以让人想到，他是真正关心民众命运的。另外，无论如何，通过天命这一中介，可以把民众的利益和王朝的延续联系起来。换言之，皇帝几乎没有选择：如果他忽视民众的利益，他将会丧失天命，王朝将岌岌可危；即使最终真正的目标是政权的延续，这种延续也必须通过寻求"民众的利益"得以实现。我们稍后将会看到，朱元璋眼中天命的重要性。

在对外政策方面，朱元璋也确定了其政权的目标。在《皇明祖训》里，他向后继者明确指出了应该采取何种态度和立场。这种策略是明显的孤立主义。他以人道主义的理由，拒绝发动对外扩张的战争，因为战争会造成大量的人员损失。他禁止他的后继者对外扩张。他提出了一份不得进攻的国家名单，其中包括：朝鲜、日本、安南、真腊、暹罗以及南海岛国等。这种对外关系的策略，目的是为了民众生活的和平与稳定。

---

[1] 即1397年颁布的《皇明祖训》修订版和1398年颁布的《教民榜文》。
[2] 《皇明祖训》，见《皇明经世实用编》，第79页。

与这种利民的目标一致，朱元璋从执政之初开始，就为他的政权运作制定了一系列法规和目标。从某种意义上说，这些相当于宪法的设立。正如范德所指出的：

> 明朝的建立，从广义上说，即是制定和颁布一部内容庞大的宪法，目的是建立并维护社会秩序。明朝的宪法是扩散型的：它不是一个单一的文本，而是一个宏大的建构，其中包括各种公告、法规，以及由帝国政权创建的先例和习俗。无论其心理状态和行事风格如何，我们都不可否认，朱元璋是一位精明的立法者，一位具有远见卓识的制宪者，他试图建立一种可以世代延续的制度。[1]

范德认为，朱元璋是一个伟大的立法者，他试图建立永久的制度。这种结果，按照范德的说法是："按照宪法建立起明朝的专制制度"[2]。当然，"宪法"的概念是近现代引入的，我们在此借用这个术语，为了表明官方文本提供了帝国政权的规则及目标。朱元璋对这些不同文件的撰写者提出的基本要求之一，是文风朴实，让人人都能明白并去执行。"宪法"就是这样被编撰、颁布，并在民众中广泛传播的，其目的就是让大多数人知道。但是，这部"宪法"并非一个单一的文本，而是散见于各种公文、诏书、法规、祖训和命令中。

很多文本里包含着关于统治者如何行使职能的条款，其中如我们前面提到的《皇明祖训》，里面的训示最接近宪法的条文。在《皇明祖训》的第一章里，皇帝明确禁止恢复丞相的职位（该职位于1380年废除，相关条文出现在1380年以后的修订版中），凡是建议恢复丞相职位的，将会被处以死刑：

---

1 Edward FARMER, *Zhu Yuanzhang and Early Ming Legislation*, p. 10.

2 同上，p. 9。关于这个问题，还可参见：Jérôme BOURGON, «De quelques tendances récentes de la sinologie juridique américaine», *T'oung Pao*, LXXXIV, 1998, p. 380-414。

以后子孙做皇帝时,并不许立丞相。臣下敢有奏请设立者,文武群臣即时劾奏,将犯人凌迟,全家处死。[1]

在《皇明祖训》第七章中,有一篇涉及到皇位继承的规则,指出在皇帝驾崩的情况下,选择皇位继承人的顺序[2]。这个问题十分重要,我们前面已经提到,由于皇位继承规则缺乏透明,造成元朝政权体制紊乱,最终成为元朝灭亡的重要因素。在第九章里,涉及到宦官问题。关于帝国宫廷中每种宦官的职位均有描述,数十种宦官的名称、职责以及等级,均详细列出[3]。第十一、十二和十三章(兵卫、营缮、供用),描述了帝国亲王在民事和军事方面的权限和职责,并且根据他们的级别,规定他们在金钱和粮食方面的待遇[4]。在陈述这些受宪法支配的不同成员时,朱元璋没有忘记与政权目标的联系,如前所述,在《皇明祖训》的序言和首章中,他提到了这些目标。

在明朝的第一批法典中,《大明令》包含了145条,《大明律》由258篇组成[5],于1368年明朝建立时颁布。关于制定这两部法典的目的,以及各自功能之区别,朱元璋本人在引言中做了说明。他指出,两部法典都是统治帝国的工具,《大明令》是犯罪之前的训示,而《大明律》则是犯罪之后的惩戒手段[6]。

这两部法典后来经过修订和汇编,形成了新版的《大明律》,共计

---

1 《皇明祖训》,见《皇明经世实用编》,第74页。
2 同上书,第111页。
3 同上书,116-125页。
4 《皇明祖训》,见《皇明经世实用编》,第135-146页。
5 《大明律》,收入张卤主编的《皇明制书》,据明万历刻本影印,台北:成文出版社,1969年,第四册,第1605-2206页。
6 《大明令》,收入张卤主编的《皇明制书》,据明万历刻本影印,台北:成文出版社,1969年,第一册,第7-117页。两部法典之区别,可与瞿同祖《传统中国的法律和社会》(1961)中论述的礼制与法律之区别相比。后者,我们在本书第一部分中引述过,其内容主要是:设立礼制是为了预防犯罪,制定法律是为了惩治犯罪。与此相比,《大明令》是要遵守的礼制规范,而《大明律》则更像一部刑法典。两者的区别我们不做深究,因为后来的版本,已经把两者合二为一。

606条，于1374年颁布。后来又经过几次修改，最终定为460条，于1397年重新颁布，此后未再修订。

明太祖朱元璋统治时期，特别是统治的初期，由朝廷颁布了大量其他的公文。新政权试图通过颁发法律、敕令、规定、准则和训示等公文，重建政治及社会秩序。这些不同的文件面向社会各个阶层，对日常生活的各个方面都加以规范。通过对这些不同的社会立法的研究，可以了解朱元璋试图强行规定的社会秩序是怎样的。范德发表的好几篇文章，其内容就是探讨朱元璋统治时期的社会立法状况。在其专著《朱元璋与明初立法》（*Zhu Yuanzhang and early Ming legislation*）中，范德将这些公文大致分为四类：第一类是行为准则，试图通过道德改造拯救天下；第二类是典章制度，为了便于官僚体系的运作；第三类是刑法，为了消除犯罪行为；第四类是训示，目的是为了朝代延续。这种有目的的选择，旨在依靠制度和颁布公文，建立一种社会秩序。这种选择，毫无疑问是受到了法家的影响，尽管某些内容明显带有新儒学的意识形态。

我们将朱元璋统治时期颁布的主要公文列举如下：

《宪纲事类》：关于行政监察的法规，于1371年颁行；

《日历》：汇集了明朝建立以来的所有政治决策，于1373年颁行；

《皇明祖训》：朱元璋对其继承者，皇帝和皇族的训示，1373年初版颁布，1376年和1381年修订和增补，终版于1395年颁布；

《孝慈录》：关于丧礼的指南，于1374年颁布；

《资世通训》：朱元璋面向官员和臣民，提出对社会秩序的看法，于1375年颁布；

《大诰》：从1385年到1387年，陆续颁布了《大诰》、《大诰续编》、《大诰三编》和《大诰武臣》，列举出各种犯罪类型以及相应的惩罚；

《礼仪定式》：关于礼仪管理的规定，于1387年颁布；

《诸司职掌》：关于明朝职官制度的规定，于1393年颁布；

《永鉴录》和《世臣总录》：关于诸王和臣子的善恶劝戒指南，于1394年颁布；

《礼制集要》：关于帝国礼仪的规定，于1395年颁布；

《稽古定制》：关于王公贵族的规定，于1396年颁布；

《学校格式》：关于学校的规定，于1397年颁布；

《教民榜文》：关于乡村治理的法令，于1398年颁布。

政府机构与各项改革

明朝建立的时候，王朝的机构基本上沿袭元朝的。主要机构有中书省、大都督府和御史台。中书省是最高行政机构，大都府统领军队，御史台是监察机关。根据朱元璋的说法，"朝廷纪纲尽系于此"[1]。这三个机构是王朝的最高权力机关，拥有重要的权力，其运作具有一定的独立性，它在某种程度上，限制了帝国权力的集中。这种状况，受到朱元璋的批评：

> 胡元之世，政专中书。凡事必先关报，然后奏闻。其君又多昏蔽，是致民情不通，寻至大乱，深可为戒。[2]

朱元璋不愿充当这样的角色，他想要自己治理帝国。为了将权力集中到皇帝手中，需要进行改革。为了达到这个目的，他进行了一系列的重

---

[1] 《明史》，73.1771。
[2] 《明太祖实录》，117.1917。

大改革。

明朝初期，政府官僚等级的最高职位是丞相，左、右丞相分别授予李善长和徐达。他们由十位官员辅佐，组成了中书省。大凡政事，如果不通过丞相（左丞相），就不可能上报皇帝。中书省下辖六部：吏部、户部、礼部[1]、兵部、刑部和工部。因此，丞相执掌着中央大权。

整个帝国被划分为十二个省（1382年，征服云南之后为十三个省），由地方官府"行中书省[2]"控制，隶属于中书省。它是名副其实的地方政府，掌握地方级别的所有权力。在元朝和明初，行中书省负责整个省的行政、军事和司法。元朝的动荡时期，中央政权经常失去对地方政权的控制。

因此，朱元璋对中书省实施的改革，首先从地方开始。关键的第一步，于1376年废除了行中书省，由三个截然不同的机构取代[3]：一是承宣布政使司，负责地方行政和财政事务；二是提刑按察使司，负责监察和司法；三是都指挥使司，负责军事防务。这三个机构直接隶属于六部。这项改革的目的，首先是分化原先归属于行中书省的地方权力，其次还要收回中书省的某些职权。1378年3月，朱元璋实施改革的第二步，命令凡是涉及到六部三司的日常事务，直接移交给他本人，而无需通过中书省[4]，这样就取消了丞相的大部分职能。

1368年至1380年期间，朱元璋先后有过三位丞相（左丞相）：开始是李善长，1371年由汪广洋接替，从1376年起，由胡惟庸担任。1380年，胡惟庸被处死，罪名是图谋不轨[5]。朱元璋的改革最终完成，废除了中书省和丞相的职位。而六部的权力却增大[6]，并且直接对皇帝负责。从1380年起，朱元璋确立了独自身兼国家元首和政府首脑的职能。这样一

---

1 礼部主管礼仪、祭祀、外交、教育和科举。
2 该官名译法有多种，法译为：secrétariat local，英译为：Branch Secretariat，指中书省的地方代表。
3 夏燮，《明通鉴》，第一册，6.337。
4 夏燮，《明通鉴》，第一册，6.359。
5 关于此案，我们后面将会更进一步讨论。
6 夏燮，《明通鉴》，第一册，7.372。

来，大量的奏折都要由他亲自处理。1380至1382年期间，他设立四辅官辅佐政事，让他们为其出谋划策[1]。1382年8月，他又废除了四辅官，以大学士取而代之，由他亲自选拔，协助他阅读公文[2]。朱元璋废除了丞相的职位，对以后的朝代造成严重的后果。事实上，在明朝，甚至后来的清朝，丞相的职位一直没有机会恢复。为了治理好国家，这就需要一位精力充沛、经验丰富的皇帝。否则，就会出现各种偏差。废除丞相职位，是绝对权力的一种特殊情况，也对政权本身造成不利的后果。我们将在下一部分讨论朱元璋的专制政权。

边防稳固、国家安定之后，和平时期对军队功能的要求是高效、强大，又组织严明。明朝初期，朱元璋在刘基的帮助下，建立了卫所制度[3]。旨在建立一种有效的军队组织，参考以前的军屯驻军模式，并且统一军营的士兵人数。这种制度可以保障兵力[4]，一支自给自足的军队，可以减轻国家的负担。军队编制划分为两级：一个"卫"有5600名士兵，每个"卫"分成五个"所"（或"千户所"），每个所有1120名士兵。凡是战略要地，由若干个"卫"防御，而不重要的据点，则只设立"所"。

这种卫所制度集合了征兵制和募兵制的好处，同时又避免了两者的不足。征兵制的不足迫使农民开赴前线参战，如果长期作战，农业经济便会瘫痪。它的好处是把民众拖入战争。另外，募兵制的不足是招募的士兵往往不合乎要求，而且人数太少，让国家负担沉重。卫所制度是这两种制度的混合体。

士兵有四种来源：第一种叫"从征"，即郭子兴和朱元璋以前军队的士兵；第二种叫"归附"，即朱元璋在不同的战役中俘获和收编的士兵；第三种叫"谪发"，指因犯罪被判处军事奴役的士兵；第四种叫"垛

---

1 夏燮，《明通鉴》，第一册，7.380。
2 同上书，7.408。
3 《明史》，128.3779。
4 当时兵力已经近百万，其中一半驻守在都城，另一半驻扎在各地。

集"，即征召的新兵。一个家庭若有三个以上的男人，必须派出一人当兵。为了确保兵力，士兵的职位都是世袭的。在明朝的户籍普查中，这些家庭被统计为军籍。为了保障军队的供给，卫所改变了过去亦兵亦农的身份，并且基本采用了汉朝赵充国的军事体制的基本策略[1]：由边境驻军开垦荒地和发展农业文化，这种模式很快推广到内地的驻军。国家给部队提供土地和工具，并且免去几年的赋税。边境地区的驻军有十分之三守城，其余的在农田里耕种；而在国家内部，则是十分之二守卫，有十分之八务农[2]。

卫所由都指挥使司管辖，都指挥使司隶属于大都督府，后者是全国最高军事机关。该机构长期由朱元璋的亲侄子朱文正领导[3]，由于权力重大，且过于集中，促使朱元璋于1380年实施改革。与废除丞相的职位一样，大都督府也被取消，它被分化成五军都督府（五督府）[4]，分别管理京师和各地卫所，掌管相关地区的军事活动。五军都督府的权力仅限于地方的军事管理，而不能调动军队。调动军队的权力归属于皇帝。兵部在军队中虽有任免、升调、训练之权，但没有指挥权。每逢战事，由皇帝临时委派将军担任总兵官，在兵部命令下指挥作战，战事结束，军权交回。因此，将军不能拥有个人的军队[5]。军事人员的控制权属于朝廷。实际上，朱元璋的军事改革，分化了大都督府集中的权力。所以，朱元璋拥有了最终的权力，这使他控制了军队，避免出现元朝的军队失控，造成地方军阀的势力比皇帝还强的局面。

---

[1] 《吴晗文集》，卷二，第152页。
[2] 《明史》，77.1883-1884。
[3] 1361年，朱元璋任吴国公时，大都督府就已设立。1367年，朱文正获罪，大都督被废。之后左右都督更名为"长官"。
[4] 分别称为：中、左、右、前、后五军都督府。
[5] 宋濂，《洪武圣政记》，收录于《洪武圣政记（及其他四种）》，"丛书集成初编"，中华书局，1991年，第6-7页。

司法体系与经济措施

在中国帝制时代，监察机构是传统的政府机构，它有三个基本功能：一、监督政府及官员的活动；二、弹劾和惩罚犯罪或有失误的政府机构及官员；三、向政府和皇帝提出建议和批评。这些作用十分重要，该机构对于维持政府的平衡是必需的[1]。朱元璋自己也承认这一点：

> 国家立三大府，中书总政事，都督掌军旅，御史掌纠察。朝廷纪纲尽系于此，而台察之任尤清要。[2]

监察机构的地位深受朱元璋的重视，不过，在其统治时期，监察制度并非一成不变。

明朝初期，最高监察机构为御史台。它由左右御史大夫领导，其官阶很高，为从一品官员[3]。左右御史大夫由御史中丞（正二品）辅助，下设各种监察御史，官阶由从二品到九品不等。例如，有的监察御史是正七品，有些是正八品。

1380年，因御史大夫陈宁和御史中丞涂节，受到胡惟庸案的株连被处死[4]，造成了监察系统的动荡。几个月后，导致御史台被废除[5]。1382年，它被改组为都察院。领导这个新机构的都御史的威望远不如从前，因为其官阶降至七品，1383年再升至三品，1384年升至正二品。都察院的长官，以前官职比六部尚书还高，而现在与六部尚书平级。都御史的职能是审查百官，纠正冤案，领导监察御史们，充当皇帝的"耳目"，检

1　关于明朝监察系统的研究，可参考：Charles Hucker, *The Censorial System of Ming China*。
2　《明史》，73.1772。
3　明朝的官制分为九品，每品又分正从两级，实际上共计十八级，最高为正一品，最低为从九品。
4　《明史》，2.34。
5　《明史》，73.1772。更详细的讨论，可参考：Charles Hucker, *The Censorial System of Ming China*。

举和遏止大臣贪赃枉法,滥用权力,揭发可以扰乱社会秩序的教义和学说,同时还向上级推荐好官[1]。都察院下设十二个机构,称为十二道,由精心挑选的监察御史组成。此后,又减去北平道,加上贵州、云南两道,合称十三道监察御史[2]。监察御史的数目增加到一百一十人,他们的作用还包括为皇帝通风报信,直接呈交他们的巡视报告,特别是汇报在各地执行任务时的见闻。比如,地方政府的违法行为,官员的贪污腐败,或者在民众中听到的传闻等。在行政等级中,都察院位居监察御史的上级,但两者都是皇帝的"耳目",他们的职能是相互交叉的,可以互相监督。这种竞争可以让皇帝保持对情报的控制,并且掌握决策权。

因此,我们可以看到,与被废除的中书省和大都督府的情况相反,监察机构作为一个中央机构仍然继续存在,但是,这个机构失去了它的独立性。它还保留了情报功能,但仅仅是听命于皇帝。因此,监察机构失去了它的自主性,并且失去了进谏的权力。

监察系统中还包括一套"科道"系统,由吏、户、礼、兵、刑、工六个监督机构组成,称为"六科",分别稽查六部。各科之间互相独立,同时又与都察院互相监督。每科由若干"给事中"组成,直接听命于皇帝。六科给事中与都察院御史的职能是相互重叠的。他们还拥有一项特权,可以检查给皇帝的奏章或由皇帝发出的敕令[3]。

> 凡制敕宣行,大事复奏,小事署而颁之;有失,封还执奏。凡内外所上章疏下,分类抄出,参署付部,驳正其违误。[4]

这项特权使给事中成为朝廷一种潜在的抗衡势力。他们可以封还皇帝的某些敕令,还可以更改发给皇帝的某些奏章,也就是"封驳"制

---

1 《明史》,73.1768。
2 《明史》,73.1767-1768。
3 关文发、颜广文,《明代政治制度研究》,北京:中国社会科学出版社,1995年,第143页。
4 《明史》,74.1805。

度。他们对政权的监督职能，还包括向皇帝或大臣进谏的能力[1]。因此，他们经常出现在朝廷里，出现在皇帝的身边。

在司法领域，还设有一个最高法院，名为"大理寺"。它的职能是重新审查都察院和刑部做出的判决[2]。大理寺与都察院和刑部，三者组成了"三法司"。对于重大案件，由这三个机构负责审讯，然后由皇帝宣布判决书。所以，这三个机构的工作也相互交叉，导致它们之间互相约束。朱元璋从这种竞争中获利，同时还掌握了司法领域的裁决权。

另一个机构，是朱元璋于1377年策划和设立的，名为"通政司"（前身为察言司），其功能是接收各地发给政府的奏章[3]。该机构将这些奏章重新发往各部，若有些奏章或信件被认为是"机密和加急"的，便直接呈交皇帝本人。通政司的职能非常重要，因为它是中央和地方政府之间交换情报和沟通信息的不可或缺的桥梁。都察院与六部平级，有时称为"七卿"，后来加上大理寺和通政司，合称为"九卿"。

1395年，朱元璋为他的后继者颁布了训令，其中总结了政府的改革，禁止未来的皇帝添加新的改革。这显示出其专制皇权的进一步强化：

> 今我朝罢丞相，设五府、六部、都察院、通政司、大理寺等衙门，分理天下庶务，彼此颉颃，不敢相压，事皆朝廷总之，所以稳当。[4]

总之，朱元璋自执政之初开始，主导了一系列政府机构的改革，其中主要包括废除丞相的职位，并且造就了一个更加强大的中央集权。改革目的十分明显，就是独自掌控中央政权。

1　关文发、颜广文，《明代政治制度研究》，1995年，第143-151页。
2　《明史》，73.1781-1782。
3　《明史》，73.1780-1781。
4　《明太祖实录》，239.3478。

*

在经济领域，朱元璋统治时期推行了好几项措施，使经济得到迅速增长。明朝建立时，经过多年的战乱，耕地破坏严重。许多土地被遗弃，没有了主人。这些土地由政府转为"官田"，自1370年起，它被重新分配给那些来自人口稠密地区的农民耕种。1368年建国之初，朱元璋颁布了一项政令，免去重新耕种废田或开垦荒地的农民三年赋税，并且承认他们对土地的所有权，无论这些土地的面积有多大[1]。1395年，朱元璋又宣布，洪武二十七年以后新开垦的土地，无论有多少都免征赋税[2]。

另一项经济措施，是建立一套屯田制度。它分为三种类型：民屯、商屯和军屯。民屯的原则就是移民，有些移民是自愿的，其目的是可以借此免除赋税，开垦荒地据为己有。有些则是被迫的。凡是移民的人，政府为他们提供运费、种子和农具，并且免除三年的赋税。那些被强迫迁移的居民，有的是因为被集体惩罚，有的只是为了土地与人口的再平衡。关于军屯，我们前面已经介绍过，是实施一种亦兵亦农的军耕制度。至于商屯，是商人可以给屯边的军人运送粮食，给在边疆作战的部队提供补给，好处是不需要由政府支付运费。这是一项鼓励性的制度，只要商人运送粮食到帝国的边疆地区，作为补偿，他们可以根据运送粮食的数量来换取盐引，再去支盐贩卖，从事很赚钱的贩盐生意。后来，商人决定简化交易的进程，他们直接在边疆地区雇用农民种地[3]。这些措施使得南方产粮区的大批粮食，能够源源不断地输送给在北方戍边的军队。

我们前面提到，按照魏特夫的观点，水利工程是中央集权（及专制）国家赖以维系的基础。事实上，明太祖朱元璋跟元朝的统治者不同，他明确意识到水利工程对民众福祉的重要性。他特别重视这些问

---

[1] 申时行、赵用贤主编，《大明会典》，司礼监刊本，1587年，17.16a-b。
[2] 《明太祖实录》，243.3532。
[3] 《明太祖实录》，53.1053；56.1090-1091。

题。在他的统治时期，为了保证农业灌溉，控制洪水，相继实施了诸如维修堤坝，开凿运河，兴建水利工程等措施[1]。根据《明史》记载，朱元璋在短短一年里，就下令兴修了上万条运河和堤坝，以便灌溉农田、防御水灾。他建立了一套使子孙后代在两百年间可以受益的体系[2]。

　　从1371年开始，明朝开始从地方直接征收租粮，并且设立"粮长"，负责征收事务。粮长在地方官员和百姓之间充当中间人，通常从每个区最富有的家庭中选出[3]，因为他们负责所在区的租粮征收，如果收成不好，他们必须用自己的钱来填补亏空。粮长制度显然是一个失误，这种征收制度导致很多粮长利用职务之便压榨百姓[4]。他们欺上瞒下，坑害百姓，破坏政府的财政税收。在《大诰》中，朱元璋用不少篇幅揭露并描述了如何惩治违法乱纪的粮长。1381年，朱元璋决定修订赋税制度。为此必须收集土地信息，普查现有人口数目，以便制定出民众可以承受的赋税和徭役。在此之前，首先推行了户帖制度，1370年，朱元璋命令在全国推行户帖制，户帖上记录着该户所有成员的姓名和年龄，人口以及财产状况，等等，户帖不仅可以作为普通百姓的身份证明，也是应差服役、缴纳赋税的凭据[5]。后来，又组织了更加准确的人口普查：1381年，朝廷下令推行"黄册"制度[6]。与此同时，建立了"里甲"制度，它将居民划分成一个社会组织（里），由一百一十户组成一里，每里之中推举十户粮多者为里长，其余百户分为十甲，每甲十户，户主轮流担任甲首。每里必须编制一本黄册，核实可服劳役的成年男子人数，以及应缴纳租税的土地。无地的以及鳏夫、寡妇、孤儿等，称为"畸零户"，附在册

1　1368年至1394年，明朝相继完成了五万多项大小水利工程。
2　《明史》，3.56。
3　《明太祖实录》，68.1279；吴晗，《明代之粮长及其他》，载《吴晗史学论著选集》，第265-282页。
4　《御制大诰续编》，21.123-124；22.124-126；46.166-168；47.168-169。
5　韦庆远，《明代黄册制度》，北京：中华书局，1961年，第18-20页；吴晗，《明代之粮长及其他》，载《吴晗史学论著选集》，第275-276页。
6　关于这个问题，可参见：韦庆远，《明代黄册制度》，北京：中华书局，1961年。

后[1]。这些信息每隔十年更新一次。黄册共造四份，三份由地方官府（布政司、府、县）保存，一份由户部保存[2]。另外还有一种登记册，用来记录耕地的面积和形状，其图案近似于鱼鳞，被称为"鱼鳞图册"[3]。它可以更好地组织赋税征收，并且可以控制人口流动。直到1387年，全国各地区的鱼鳞图册才全部编成。这项工程规模巨大，由国子监监生们编制。大规模的人口普查和土地丈量，历经二十年时间才得以完成[4]。

黄册和鱼鳞图册各有其功用，相互补充。前者是户口登记簿，是征派徭役的依据；后者是土地登记簿，是征收田赋的依据。它们对赋税的征收有很大帮助，因为它们可以防止过度征收——有些农户被地方官员定税过高——同时，它们可以估算出全国可征收的赋税及可征派的徭役。制度的合理化，既保证了大量的财政收入，又避免对某些地区课以重税。这种制度的实施对振兴国家财政，恢复遭受近二十年战乱破坏的帝国经济贡献良多。因此，无论是对于政权还是民众，这两种登记簿都有积极的作用。

明朝的商业税收并未提高多少。它对宋元以来烦琐的税收制度进行了改革，采取减免赋税，让利于民的策略。明朝初期，朱元璋规定："凡商税，三十而取一，过者，以违令论"[5]。朱元璋严厉打击超额征税的官吏，同时允许正常的商业活动。但是，政府始终对商品质量和价格加以控制。另外，明太祖颁布法令对市场秩序严加管理，并且实行"路引"制度：人员的自由流动是不被允许的，商人外出，要出示政府颁发的"路引"（通行证），并随时接受检查。他还命令工部定制标准的度量衡器，校正街市商品的衡器，以打击作弊行为[6]。牙行，是商品买卖的中间人。明朝初期，加强了对它的控制，为了打击牙人暴利，朱元璋曾经想

1　《明太祖实录》，135.2143-2144。
2　《明太祖实录》，135.2144。
3　《明太祖实录》，180.2726。
4　《吴晗文集》，卷二，第1193-194页。
5　《明史》，81.1974-1975。
6　《大明律》，收入张卤主编《皇明制书》，第四册，第1889页。

取消牙行。但是，这一禁令无法推行，商业交易需要牙行的协助。到了洪武后期，为了有利于商业发展，又允许牙行作为行号存在，由国家统一管理，称为"官牙"。申请牙行的条件，必须选有一定资产者，牙人必须负责登记客商的相关情况，协助官府监督客商的经营活动。同时，还有代替官府征收商税的任务[1]。朱元璋实行了减税政策，并且完善了商业制度的管理，这有利于明初商业的恢复与发展[2]。

---

[1] 《大明律》，收入张卤主编《皇明制书》，第四册，第1885—1887页。
[2] 更多的讨论，可参见：Charles HUCKER, *The Ming Dynasty: its origin and evolving institutions*, p. 59。

第六章　政权合法性以及儒家的影响

朱元璋的政权合法性与天命观

　　我们已经讨论过，政权理论中最重要的部分是政权合法性。这是因为，政权的目标一旦确立，政体运行规则一旦宣布，政府机构要素一旦说明，剩下要研究的就是民众在这种机制中的地位。也就是说，这种被熔炼、浇铸在模具中的方式，以及通过本能的集体服从，成为承认政权合法性的表达方式。

　　要获得民众的支持，最直接、最简单的方法，就是切实改善他们的生存条件。在这方面可以采取某些措施，既不需要意识形态的论据、道德的说教，也不需要宣传。不过，这种可以在实用主义范围内实现的施与是非常有限的，因为困难很快就会来临。比如说，减税不可能无限期地进行下去。但是，可以产生非常显著的效果，施与越多，便可以得到百姓更多的支持。

　　对税收实行严格控制，可以避免因为税赋过高而产生的不满。这一点，在《大明令》中做过特别强调："凡民间赋税，自有常额。"[1]后来还

---

[1] 《大明令》，见《皇明制书》卷一，第26页。

规定，官员购买商品，要立即照价付款[1]。这条规定，旨在遏制腐败，防止给官员行贿送礼。还有一条，同样是出于对百姓利益的考虑，禁止地方官员巧立名目，增加税种，这种情况以前似乎经常会发生。如果要增加税种，地方官员必须经过中书省核准。如果他们没有接到皇帝的命令，也不能擅自决定征税[2]。

这些禁令的目的，是为了维持由中央集权控制的税收制度，以避免因财政困难或官员腐败而引发的暴动。保护民众免受官员的掠夺，在丧失天命的焦虑之下，这样的主题也出现在《大诰》中。

明朝建立之初，朱元璋表示，那些逃避战乱的农民，如果恢复劳作，可以免除三年的赋税[3]。贯穿其整个统治时期，那些遭受自然灾害破坏的地区，都可以全部或部分地免除赋税。根据《明史》记载，1376年4月，陕西和山西等某些地区经常派出修建宫殿和运输物资的劳役，鉴于国库尚有盈余，皇帝同意免除五个地区（淮、扬、安、徽、池）民众的全部赋税[4]。1388年，青州地区发生饥荒的时候，部分官员由于隐瞒灾情而被捕入狱，受到惩处。1390年，崇明和海门地区遭到台风和海啸破坏，灾情严重。一些官员被派去组织救灾，并且征调了二十五万民工修复海岸防线。1393年，皇帝宣诏发令，如果地方官员所在的地区出现饥荒，他们可以先开仓放粮赈济灾民，事后再呈报中央政府。过去，地方官员采取任何行动之前，都要先向中央报告请示，结果往往造成重大延误[5]。朱元璋还命令他的后继者，要减轻受灾地区难民的赋税：

> 凡天下承平，四方有水旱等灾，当验国之所积，於被灾去处，优免税粮。[6]

---

1 《大明令》，见《皇明制书》卷一，第27页。
2 同上，27-28页。
3 《明史》，2.21。
4 同上，2.31页。关于免税的更多事例，参见：2.19-31。
5 同上，3.45-51。
6 《皇明祖训》，见《皇明经世实用编》，第80页。

反过来，如果年景不错，则应该选择一个不毛之地，免除其税粮。

可以说，这些措施通常是为了民众的福祉而制定的。与此同时，大明帝国的法律还关心保护最弱势的群体。从1368年开始，法律就规定要对寡妇、孤儿，以及七旬以上的老人等提供帮助[1]。地方官员还要求给寡妇、孤儿和失独老人提供粮食和衣物。《大明令》中规定，地方官员每月要给寡妇、孤儿提供粮食，每年要为他们提供衣物。其中还补充说：

> 务在存恤。监察御史、按察司官，常加体察。[2]

1386年，政府制定了每年每月给最贫困的老人和寡妇、孤儿提供的粮食补助标准[3]。据《明史》记载，1394年，皇帝下令全国开仓放粮赈济最贫困者（原因不明）[4]。在《教民榜文》中，规定要共同承担最贫困家庭的婚丧嫁娶的费用，通过募捐方式来筹款[5]。

这些不同的措施力图改善民众的生活状况，目的是防止所有大规模的暴动。总的来说，这些措施全部获得成功，因为明朝政权没有被民众的起义推翻。尽管如此，在明太祖统治时期，仍然会有一些孤立的起义爆发，此起彼伏。这些起义都被军事行动以暴力镇压下去。据《明史》披露，事实上这种暴力镇压屡见不鲜，在朱元璋统治期间，一些部族爆发了反对明朝的叛乱[6]。每次叛乱波及的范围，仅限于一个或多个部族。这些叛乱暴露出部分地区政权合法性缺失的问题，这种缺失是由地方官员滥用权力引发的。这些叛乱跟大规模的起义有所不同，后者

1　《明史》，2.21。
2　《大明令》，见《皇明制书》卷一，第29页。
3　《明史》，3.43。
4　同上，第51页。
5　《教民榜文》，见《皇明制书》卷九，第1427页。
6　1378年，发生了一起部族叛乱；1379年，有十八个部族参加叛乱；其他的叛乱分别发生于1381年，1385年，1388年，1389年，1390年，1392年和1397年。1394年爆发的一次武装起义被镇压。可参见：《明史》，卷二，卷三。

是由长期的贫困或不安引起的。朱元璋统治时期，没有一次叛乱发展到令中央政权失控的局面，与元朝末期的情况不同。这说明了明朝政权在叛乱出现端倪时所做出的反应：一方面进行局部的军事镇压，另一方面努力在社会环境中巩固其合法性。

朱元璋并未盲目地执行他的训令，每次他下命令或做指示，都会说明这些训令的意义以及产生的后果。因此，毋庸置疑，他对政权结构及其合法性具有深邃的洞察力。此外，他还经常表达自己的天命观。

我们已经谈过，儒家认为天命是赋予臣民信任的君主的。所以，它是与政权合法性的现代理念相对应的。朱元璋经常谈及他的政权合法性。对其宣言的研究，可以使我们观察到在他的言论中，天命占据了何等明确的地位。这也可以让我们以另一种方式研究朱元璋的政权合法性，也就是他本人所理解的合法性。

按照儒家的正统观念，天命是上天对君主的一种恩赐，让他可以平静、和谐地治理一个国家。为了赋予朱元璋这种神秘的合法性，明朝的官史（同时还有民间的想象）对他的童年重新回顾一番，从中发现一些神秘的、特殊的事件，显示出朱元璋就是天命所归之人[1]。所以，当他的母亲孕育他时，梦见了神灵：

> 母陈氏，方娠，梦神授药一丸，置掌中有光，吞之，寤，口余香气。及产，红光满室。[2]

据《明太祖实录》记载，朱元璋幼年时，他的父亲曾遇见一位道士，预言他将来会飞黄腾达[3]。十七岁那年，朱元璋当了游方和尚，他在路上遇见一位算命的儒生，给他看相时惊叹道：

---

[1] Hok-Lam CHAN（陈学霖），"The rise of Ming T'ai-Tsu (1368-98): Facts and fictions in early Ming official historiography", *Journal of American Oriental Society*, 1975, 95, p. 691-692.
[2] 《明史》，1.1。
[3] 《明太祖实录》，1.2。

> 吾推命多矣，无如贵命，愿慎之。今此行利往西北，不宜东南。[1]

算命的儒生还预言了他将来的许多细节。后来，1352年，朱元璋出家当和尚的寺庙被官府的人毁掉。朱元璋不知该如何应对，于是求神问卜。问卜的结果是去留皆不吉，应投奔义军造反。但他又去祈愿，心里念道，战争凶险，他宁愿避祸。他再次摇签，结果所有的签都掉出来，于是他明白了，神的意思是让他投奔义军[2]。后来，人们都说他出奇的英勇，非常顽强，无人匹敌[3]，这使他成为一位天命所归的非凡人物。

这套说辞特别符合儒家正统思想所宣扬的天命论。不过，朱元璋本人对天命有另一种看法，是更加世俗的。这一点，1387年他在一段讲话中表达得非常清楚，被记录在《明史》中。1387年2月的一天，在举行过祭祀礼仪之后，天空变得格外晴朗。一位大臣说，这是皇帝在祭天过程中表现得无比虔诚的征兆。朱元璋有另外的看法：他认为，祭天最好的方式，不是遵循礼仪，而是关心民众。他补充说：

> 为君者欲求事天，必先恤民。[4]

他还指出，如果天命所归的人不能让百姓富裕起来，就有可能失去天命，这显示出他的敬天还不够。这番话意思非常清楚：在朱元璋眼中，天命并不存在于神话或天象中，而在于使民众富裕起来的实际行动中。他明确指出：

> 为人君者，父天母地子民，皆职分之所当尽……[5]

---

1 《明太祖实录》，1.3—4。
2 《明太祖实录》，1.4。
3 《明史》，卷一。
4 《明史》，3.44。
5 《明史》，3.44。

他还补充说，敬天不只是一种祈求，而应该体现为对民众的关怀。这种观点在《教民榜文》的引言中也有表述，朱元璋认为早在上古时代，天命就已经体现为把人间的事务安排得井然有序，组织的机构就是要"分理庶务，以安生民"[1]。

在另一些场合，朱元璋区分了两种不同的天命，一种是开国皇帝的天命，另一种是皇位后继者的天命。他认为，开国皇帝之所以能夺取政权，是因为他有德行，真心实意地为民众的利益着想。因此，开国皇帝是天命所归之人，必然具有合法性。同样的想法，在《明史·太祖本纪》的末尾也有表述："天道后起者胜，岂偶然哉"[2]。相反地，一个皇位继承者，则不一定有合法性，假如他不关心民众的利益，就会丧失政权。

> 帝王得国之初，天必授于有德者。若守成之君常存敬畏，以
> 祖宗忧天下为心，则能永受天之眷顾；若生怠慢，祸必加焉。[3]

明太祖对政权丧失的这种精确的分析，与孟子的观点如出一辙。1368年，他举例说明了元朝丧失政权的原因。他首先承认了元朝初期皇帝的合法性，因为他们真诚地为民众的利益担忧[4]。但是他们的后代犯了错，对民众的疾苦没有任何同情。所以，他们失去了政权。朱元璋认为，结局往往是一致的：当皇帝不再关注民众的利益时，他藐视上苍，便会失去政权。这是一条可以解释所有朝代灭亡的普遍规律：

---

1 《教民榜文》，见《皇明制书》卷九，第1405页。
2 《明史》，3.56。
3 《皇明祖训》，见《皇明经世实用编》，第79页。
4 例如，1370年，当一位明朝大臣对元朝的遗产提出异议时，朱元璋辩称："元主中国百年，朕与卿等父母皆赖其生养。"(《明史》，2.24)关于元朝的合法性，朱元璋的表述并不统一，而是忽左忽右，前后不一。但似乎一涉及到对外关系，他总是否定元朝的合法性。可参见：John DARDESS, "Ming T'ai-Tsu on the Yuan: an autocrat's assessment of the Mongol dynasty", *The bulletin of Sung and Yuan studies*, 14, 1978, pp. 6-11. 还可参见：ZHANG Dexin（张德信）, "A brief discussion of Zhu Yuanzhang's relations with the Yuan dynasty"（略论朱元璋与元朝的关系）, *Chinese Studies in History*, 33, 2000, p. 69-79。

> 前代革命之际，肆行屠戮，违天虐民，朕实不忍。[1]

一个朝代的灭亡，并非最初由上天决定的，它是由皇帝的过失造成的结果。因此，这种灭亡是可以避免的。朱元璋在《大诰》中也谈到过这类问题。他在思考，一个朝代为什么不能延续一千年？换句话说，怎么会失去天命呢？他自问道[2]：如果一个朝代所有的君主都关心民众的利益，天命会易手他人吗？回答显然是否定的。在他看来，忽视民众的利益，意味着失去天命，失去政权，导致朝代更替。为了避免这种错误以及丧失政权，朱元璋展现出他的判断力以及对政权结构的理解，他为后继者拟定了一份行为准则的清单，收入到《皇明祖训》中。

自然灾害频发的时候，朱元璋的反应似乎更受到儒家神秘主义的影响。儒家认为，天文或气象方面出现的特殊事件（前者：诸如日蚀、月食，后者：诸如洪水、台风），这是天怒的表现，可能预示着政权合法性丧失的开始。有好几次，朱元璋似乎对结果表示出懊悔。据《明史》记载，1376年10月，由于发生一连串的自然灾害，朱元璋下诏，恳请民众指出他的过错[3]。1380年5月，一道闪电击中了皇宫的一座亭子，随后的几天里，朱元璋宣布大赦天下，然后下令释放那些被处罚去屯田的人，接着宣布免除当年全国所有的农业赋税，并且恢复那些因渎职而被罢免的官员的职位[4]。同年7月，一道闪电击中了皇宫里的大门，朱元璋隐居起来，闭门思过[5]。1385年3月，经过一段长久的天昏地暗之后，电闪雷鸣，冰雹成灾，朱元璋要求大臣和百姓指出他的功过得失[6]。1391年，一次漫长的旱灾过后，朱元璋下令对一些司法判决进行复查[7]。1393年5月，同样是一场旱灾后，朱元璋要求所有的官员如实地报告他们对政府能力

---

[1] 《明史》，2.20。
[2] 《御制大诰·胡元制治第三》，见《明朝开国文献》第11页。
[3] 《明史》，2.31-32。
[4] 《明史》，2.35。
[5] 《明史》，2.35。
[6] 《明史》，3.42。
[7] 《明史》，3.48。

及缺点的看法。此外，他还要求对某些刑事裁决进行复查[1]。

　　这些反应表明，朱元璋非常认真地对待天文、气象方面发生的各种事件，他把这些事件理解成对他行为的一种批评。每次，他都要颁布一些措施，要么对某些群体的民众加以宽恕，要么减免赋税，或者要求人们指出他的过错。这些不同的反应似乎表明，朱元璋根据正统的儒家神秘主义，把"天"与"地"（即大自然）跟政府的管理联系起来，而这跟我们前面讨论过的，他在另外的场合主张的更加现实主义的看法是相互矛盾的。有很多解释也许是大胆的设想。首先，在自然灾害之后政府做出的不断自我批评，可能与一切神秘主义无关。确实，政府应该采取预防措施，以减轻自然灾害造成的损失。因此，不管是改造河道，修筑堤坝还是建造海岸防线，这些都是政府为了降低自然灾害影响所采取的手段。这种说法可以部分地解释，为什么朱元璋在自然灾害之后恳请臣民对他的行为进行批评。它还可以部分地解释，为什么灾后会连续采取宽容措施：它对遭受灾害打击的民众提供一种安慰，而不能雪上加霜，增加他们对遭遇不满的理由。但是，这种解释可能不会令人满意，因为人们永远无法彻底预防自然界的意外事件。

　　另一方面，一种更加通俗的解释，可能是朱元璋封建迷信的残余。但是，这种解释跟朱元璋对政权合法性机制的敏锐和务实的分析形成鲜明对比。更令人信服的想法，这些举动与儒家的宣传有关。皇帝想要通过这些明确的及象征性的行动，表明他对这些上天预兆的反应。事实上，非常明显，民众和官员们都需要来自政权的象征性行为。朱元璋深谙此道，他很务实，准备采取一些符合儒家思想的措施。因为他知道，当出现特殊的自然灾害时，人们就会质疑政权的合法性。因此，他必须以明显的、适当的方式做出反应。最后，我们可以指出：这些反应并不说明皇帝的超自然信仰，只是表明他非常了解民众和官员的信仰和心理。归根结底，这显示出皇帝迎合了构成其时代特征的神秘信仰。

1　《明史》，3.51。

总之，朱元璋十分清醒地意识到合法性对政权正常运作的重要性。在他为改善民众生存条件而寻求改革措施的过程中，他表现出对儒家学说深刻的理解与赞同。我们接下来将会分析与儒家学说相关的另一些观点。

儒家正统的意识形态

明太祖统治时期，新儒学是官方的意识形态。部分原因可能是因为在那个时代，文人社会是由新儒学主导的，特别是因为朱元璋很早任用的文人幕僚，大部分属于新儒学派[1]。窦德士在其著作《儒学与专制》(*Confucianism and Autocracy*)[2]一书中，将朱元璋政权的体制跟新儒学的原则进行比较，提到了这个问题[3]。他还认为，这种比较建立在好几个因素之上：首先，朱元璋的几位主要谋士是当时一流的新儒学派文人，如宋濂和刘基等；其次，元末社会由新儒学派所主导，出于政权合法性的考虑，他不可能逆潮流而动，建立一种非儒家的正统观念[4]。范德表达了同样的想法：他指出一个新建立的国家，应该提供一种代表政权目标的意识形态的证明。这一点，我们在第一部分里分析过。他还认为，提出新儒学的正统性是一种"必要的策略"，因为除了儒生之外，没有其他团体可以提供有实力的管理人才，一种非儒家的秩序几乎是不可能的[5]。

这些因素使新儒学成为明朝官方的意识形态。事实上，这涉及到由政权维护和推行的意识形态，它被应用于学校教育和官员选拔中。我们

---

[1] 钱穆等主编，《明代政治》，台北：学生书局，1968年，第1-10页。

[2] John DARDESS, *Confucianism and Autocracy: Professional Elites in the Founding of the Ming Dynasty*, 1983.

[3] Ibid., p. 131-181.

[4] Frederick MOTE, 1961, p. 32-33.

[5] Edward FARMER, 1990, p. 106-109.

后面将会分析这些不同的因素。

　　明朝建立的时候，因为皇帝要选择名号，所以上述问题被提出来。在刘基和李善长等人提议下，定国号为大明。这一名号选得很恰当，它有两重含义。首先，它可以追溯到白莲教起义，因为"明"代表"明王"，即"光明之王"，乃期待明王出世的教派。朱元璋的将领中有很多人一直信奉白莲教的思想，他似乎想告诉这些将领，他自己就是明王。不过，这个名号却有可能令儒生们不快，因为按照惯例，新建立的朝代应该取名为"吴"，因为朱元璋是吴国公。而幸运地是，选择"明"为国号，象征着"日"、"月"之合，它代表了光明。这样一来，儒生们就可以接受了。

　　后来，朱元璋在其整个统治时期，添加了各种象征性的标记和行动，以昭示儒家的中心地位。比如，明朝建立后不久，1368年2月，朱元璋用一头牛向孔子献祭[1]；1382年5月，朱元璋诏令全国举行祭祀孔子的仪式[2]；同年6月，他本人也亲自祭祀孔子[3]；1374年春，一次日蚀发生后，他下令修缮一座孔庙，并在当地开办儒学[4]；此外，仿效前朝的做法，给孔子的后裔封侯拜爵，并授予官位[5]；同时，对于孟子的后人尤其是地位低下的平民，1385年10月，朱元璋下令调查他们当中是否有沦为奴隶的。如果确认有，必须释放[6]。

　　同样的思维方式下，每年定期举行三次重大祭祀仪式，以彰显皇帝具有儒家的合法性。其一是祀天，每年冬至之日举行；其二是祀地，夏至之日举行。这两种祭祀仪式，从1368年到1378年每年都举行。第三种是天地合祀仪式，1379年至1398年间施行，由皇帝本人主持。贺允宜

1　《明史》，2.20。
2　《明史》，3.39。
3　《明史》。
4　《明史》，2.29。
5　《明史》，2.21。
6　《明史》，2.42。

（Yun-yi Ho）对这些祭祀仪式，进行了意识形态的解读。他认为这些仪式，象征着皇权的合法化，但是，它们的运作并不严格遵循儒家的传统。虽然看起来是次要的方面，但朱元璋并不听从文人谋士的建议，而是强加他自己对礼仪的解释。贺允宜认为，朱元璋的祀天仪式，是儒家学说和他个人信仰的混杂，这是一种意识形态的融合[1]。

*

儒家官方意识形态推广的另一重要方面，是在官员考试和聘用以及教育体系中，儒家学说占据优势地位。我们前面曾经指出，在朱元璋看来，官员的品行是一个好政府的基本因素。因为他认为，官员的腐败是元朝灭亡的主要原因。为了避免重蹈元朝的覆辙，就必须聘用有思想信仰的好官员[2]。因此，关键问题是找到这些好官员。

朱元璋在其统治期间，命令地方官员，要他们留意寻找当地的有德之士。《大明令》的第一条就涉及到这个问题：他要求御史大夫，一旦发现具有民事或军事方面才能，深谙政府管理，并且道德品行高尚的官员，必须上报朝廷[3]。1368年11月，朱元璋向那些懂得政府运作的贤达之士发出呼吁：召集所有品德高尚的人来政府任职。遗憾的是，在朱元璋看来，他们当中大多数人都隐居山林了。于是，他要求地方官员去动员他们为朝廷服务。他表示：

> 天下甫定，朕愿与诸儒讲明治道。有能辅朕济民者，有司礼遣。[4]

1　Yun-yi Ho（贺允宜），"Ideological implications of major sacrifices in early Ming", *Ming Studies*, 6, 1978, p. 55-73.
2　《明太祖实录》，52.1020。
3　《大明令》，第9页。
4　《明史》，2.21。

后来，他经常要求地方官员去寻觅德才兼备的人，并且推荐文人儒士当中懂得政府运作的能人。

明朝建立之后，在刘基的建议下，朝廷决定开科取士。1370年6月，科举考试制度正式恢复[1]，先恢复的是乡试。1371年2月，最后在南京举行会试，以八股文为基础。计划从1370年开始，连续三年，每年都举办。之后，每三年举办一次[2]。根据考试制度，考生的分数由考官根据他们的专业标准评判，录取的考生按照分数高低，被授予相应的职位。这样产生一个自我调节的文官体系，而且它的录取原则几乎是客观的，有可能皇帝也难以控制。朱元璋对第一科考试结果感到失望，于1373年3月下令停止科举考试，这也许是一部分原因[3]。另一个被引述的原因，是录取的考生太矫揉造作，文章空洞无物，更无德行。

从1373年开始，选拔官员的唯一途径是举荐制[4]，一直延续到1384年。正如窦德士所指出的，朱元璋在多次举荐活动的过程中，寻找能够让官府发现地方人才的最佳标准。他似乎从未找到理想的标准，因为他经常改变规则。他也没有要求一个专门机构来组织举荐人才。但是，道德品行是所有这些方法的基本条件。1375年10月，他要求举荐那些品行毫无争议，又有实践经验的富人[5]；1378年，他表示希望不经过正规升级程序，立即授予重要的职位给有才能的人。就这样，他给九十五个人授予了官职[6]；1380年3月，他寻求聪明正直的，孝顺又好务农，有学识和德行的人才[7]；1380年6月，他要求官府举荐杰出人才。1381年2月，他寻找退隐赋闲的人才[8]；1382年2月，他要求被录用的大臣觐见

1　《明史》，2.24。
2　《明太祖实录》，60.1181。
3　《明太祖实录》，79.1443-1444。
4　同上。参见：Edward DREYER, *Early Ming China*, p.99; 还可参见：John DARDESS, *Confucianism and Autocracy*, p. 211。
5　《明史》，2.31。
6　《明太祖实录》，117.1918。
7　《明史》，2.34。
8　《明史》，2.36。

时，举荐一位人才出来做官[1]；同年7月，他派密使四处寻访秀才。被选中的人可以获得旅费补贴，被请到京城来，然后针对一个好政府给民众带来的安全感，发表看法。在征募中，有三千七百位面试者在皇帝面前应召。大部分人马上获得不同地区的职位。同时，皇帝要求他们推荐自己在旅途中认识的士人。他们当中的五百三十一人具有特殊使命，每人负责监视两个府县，尤其是监视地方官员，以便检举当地官府的腐败和渎职。第二年这种尝试便被取消，因为被认为收效甚微[2]；1383年7月，朱元璋下令征召精通行政管理的儒生。每个州要选派一至两名到京城效力[3]。

在此期间，1382年，朝廷决定恢复科举考试制度。实际上，这种考试制度于1384年3月才重新恢复，此后每隔三年举行一次[4]。这次恢复之后，一直保持不变，延续了五个多世纪，直到1905年。然而，举荐制并没有取消。依据不同标准的举荐被继续推行。比如，1386年1月，朱元璋命令官府举荐孝顺和廉洁的人才；同年7月，皇帝命令为他举荐品行儒雅、通晓经典，以及精通管理的人才[5]。执政最后几年，评判标准又要求年龄。比如，1389年12月，他命令地方官员到京城参与评判，每人要有一位德高望重的老人陪同前往。这些老人抵京后，要参加三个月的培训，他们当中有能力评判者，会得到一个官职。其中一部分人被派到乡村，到发生饥荒的地区组织分配粮食。1391年，这项任务被取消，招募老人的做法从1393年开始废止[6]。1397年，他开始寻找在乡村里长大，熟悉民间事务的富人。一万四千三百四十一户的名单被呈报上来，经过面试和严格挑选，最后只有七个人被遴选出来[7]。

---

1 《明史》，3.39。
2 宋濂，《宋文宪公全集》，收入《四部备要》，上海：中华书局，根据严荣校刻足本校刊，1929年，37.7b—8a。
3 同上，37.5b, 52.9a-b。
4 《明史》，3.40-41。
5 《明史》，3.43。
6 宋濂，《宋文宪公全集》，47.8a。
7 宋濂，《宋文宪公全集》，37.9b-10a。

因此，朱元璋迫切需要一批好官员，以维持政府的正常运转。他寻求不同的选拔方式，将科举与举荐结合起来。但不管怎样，所使用的标准明显受到儒家学说的影响，因为在不同形式下总是强调人才的德行。

与这种选拔好官员的重要基础并行的，是一些儒学兴办起来，相应的教育以儒家经典为依据，也包括皇帝自己写的东西。

1365年，朱元璋创办了一所大学，名为国子学。后来改为国子监，是明朝国立重点大学。国子监的学生称为监生，是从全国的青年才俊中挑选出来的。他们在学习期间，生活上受到政府的资助。有些监生来自官员家庭，有的出身则更加平民化，但都是品学兼优者。从1371年开始，这些年轻人由全国各府、州、县学校选派。这些学校总共培养了大约二万五千名学生。1383年，国子监有将近一千名学生。1391年，有大约一千五百名学生[1]。到1397年，规模达到接近两千名[2]。这一时期，每隔三年要预留一百个位子给文臣武将的子孙弟侄，另留五十个位子给有天分的平民子弟，他们的年龄在十五岁以上，并且能熟读四书[3]。

国子监除了传授儒家经典、历史和政治学等方面的知识外，还教导学生服从、遵守纪律、品行端正。他们还必须牢记四书五经，以及朱熹相关的解释和批注。其中《孟子》的某些章节令朱元璋感到不快，于是被删去了八十五章（后面在讨论意识形态专制时，我们会进一步分析）。从1381年开始，明朝的刑事法典被增加到必修的科目里。《大诰》颁布之后，也被加入必修科目中。为了让学生具有行政管理经验，有时在学习过程中，会派他们到政府机构中实习。

---

[1] 《明太祖实录》，卷150，第2371页；卷212，第3143页。关于明初国子监的详细研究，可参见：吴晗，《明初的学校》，载《吴晗史学论著选集》，第531-555页。
[2] 黄佐，《南雍志》，卷一《事纪》。关于学生数字有争议，可参见：吴宣德，《〈南雍志〉洪武二十六年太学学生人数证伪》，载《明史研究论丛》（第十辑），中国社会科学院历史研究所明史研究室编，2012年，第117-137页。
[3] 《大明令》，见《皇明制书》卷一，第63页。

国立大学所推崇的意识形态原本是儒家学说。但是，朱元璋不想培养只懂得儒家经典的学生，而是希望他们理解其中的含义。因此，他以极具洞察力的表达方式指出：

> 上古圣人不以儒名，而德行实儒，后世儒之名立，虽有儒名，或无其实。[1]

朱元璋还向国子监的学生说明了他的办学目的，他告诉他们，他们的角色对国家的正常运转有多么重要。他要求他们恪守孔子的四条禁律：不揣测、不武断、不固执、不自以为是。要牢记圣人的教诲，以便日后成为有道之人。他还指出，他们按照这种方法将会成为官员，给民众带来繁荣和幸福，并因此光宗耀祖[2]。但是，他认为由于学生年轻，对圣人学说的理解过于肤浅，一些比儒家经典更加实用的文本可以加入到他们的教学中，其中包括朱元璋写的书：1381年，增加了明朝的刑法典（《大明令》和《大明律》）[3]，1386年，加入了《大诰》[4]。国子监的学生们通过了毕业考试，就成为政府的官员。但是，正如我们前面所说的，这并非官员的唯一来源。相比之下，国家对人才的需求更为重要。

士大夫：政权合法性代表群体

对于官方意识形态来说，另一个重要的方面是拥有一个政权合法性代表群体。本书第一部分中，我们已经介绍过这种群体，这是一个在政府和全体民众之间起到调节作用的少数派。在儒家体系的框架中，这

---

1 《明太祖实录》，卷145，第2278页。
2 同上，卷145，2281-2282页。
3 黄佐，《南雍志》，台北：伟文图书出版社，1976年，1.72。
4 同上，1.97。

个少数派向民众解释政府的行为,劝说他们服从统治。另一方面,这个群体评估政权,判断它是否与它所宣称的目标和社会的基本价值观相一致。如果评判结果一致,这个群体就会配合政权为它提供一种合法性。作为对这种珍贵合作的交换,该群体在社会中经常被给予一种特殊地位。我们在这里分析一下,朱元璋统治下的儒生在何种程度上符合对政权合法性代表群体的描述。

正如窦德士分析的那样,元末明初,文人儒士构成一种职业,它注重维护其权势和垄断地位[1]。他们相信自己手中掌握了社会秩序的要领,而且他们的学说可以适用于社会的各个方面。这种职业推广一套可以用来保护自己的信仰:为了增加自己的权威,他们同时又断言,要完全掌握和理解他们学说的基础,是极其困难的;另一方面,他们表示,文人儒士要无私地为社会服务,他们的目标是实现一种理想,不是为了获得酬劳。所以,在他们看来,即使是一个受过教育的普通人,也不可能理解他们所创立学说的原理,更无法依照这些原理行事[2]。出于这种理由,这个儒家的职业群体维护它的特权地位,竭力使其成为任何政府都不可缺少的社会群体。当时,文人儒士还倡导一种社会等级制度,他们在其中位于顶点,下面依次是农民、手工业者和商人。如果每个等级都各守其位,社会秩序就可以保持稳定。儒士阶层在人口中所占比例很小(0.1%到0.5%),在元末和明初,他们却拥有一套大大小小的特权:小诉讼的豁免权,免征徭役,地位世袭,子女可直接进入官方教育机构,等等。

朱元璋统治期间,儒生们集体保持着在元朝获得的中心地位,尽管他们在皇帝发动的大清洗中经常受到打击。他们常常在皇帝和民众之间充当中间人的角色:例如,儒生们被派到各地乡村,向不识字的人解释《大诰》中各款条文的含义。正如我们前面所强调的,在《教民榜文》

---

1 John DARDESS, *Confucianism and Autocracy*.
2 Ibid., p.44-45.

中明确指出,官员和乡里老人要理解政府向民众发布训示的目的[1]。根据儒家的学说,他们的角色不仅仅是去执行皇帝的命令,还应当理解。否则,就会出现法家所倡导的只讲求实效的情形。

在某些重大场合,儒生们从事礼仪活动,让人注意到他们出现在政权周围,通过他们特有的象征性的出现,赋予政权传统的合法性。特别指出的是,文官大臣所从事的朝拜仪式,以一种非常明确的方式,显示出儒生们授予了政权的合法性。比如,根据《皇明祖训》规定,每年元旦这天,文武大臣们要身穿朝服,行"八拜"之礼[2]。如果朝廷官员被派到亲王府邸,要向亲王行"四拜"之礼。

从理论上说,政权合法性代表群体的角色,还可以对皇帝的行为进行监督,当皇帝的行为超出政权法理的范围时,就向他提出谏言。另外,皇帝不时地要求对其行为提出批评,特别是在罕见的天文事件或气象灾害之后。关于这一点,我们前面已经讨论过。事实上,政权没有保证文人不受到惩罚,他们很少冒险公开批评社会制度。尽管如此,这种情况在少数场合下还会出现。1376年,在"空印案"引发的连续清洗之后,朱元璋下令对其行为进行批评。一个监生因其兄长受到"空印案"的株连入狱,于是给皇帝写了一份奏折。他在上奏中说明,因"空印案"受到清洗的官员并非图谋不轨,而且这不符合同谋的罪名。他还指出,大清洗使朝廷失去一些有才能的官员。监生的意见没有被皇帝采纳,他因为上书被判处四年的苦役[3]。1385年,另一名监生在考试的答卷中批评了皇帝。考试的题目是:为什么品德高尚的官员如此难得?这位监生在答卷中写道,这是因为选拔制度有弊端。初出茅庐的新人,无需证明有出色业绩,很快就会得到官职。后来他们因为一些小错误就被杀死。这位监生建议,最好在录用官员之前对他们进行评估。1388年,新科进士解缙直接批评了皇帝。他上奏提议改革,说皇帝之所以找不到品

1　《教民榜文》,见《皇明制书》卷九,第1442页。
2　《皇明祖训》,见《皇明经世实用编》,第95-96页。
3　《明史》,139.3996-3997。

德高尚的文人，无法像以前的朝代那样使社会秩序稳定，原因在于制度的变更过于频繁，皇帝的决定过于随意。这种状况急需改变。解缙在给朱元璋呈交的"万言书"中，批评他用刑太多，法令变更过快，每天抓捕镇压臣民。他迫使国家所有的文人到朝廷做官，但稍有不满，就让他们坐牢甚至诛杀九族。他批评皇帝如此性情多变，随便杀人，导致人心惶惶，朝纲紊乱。解缙的谏言过于大胆，但是，这位勇敢的儒生既没有引起麻烦，也没有被听取。值得注意的是，这些对朝政的直接批评均来自于青年儒生，而身居要职的文人似乎不会直接纳谏。他们可能担心自己会成为大清洗的牺牲品，在朱元璋的统治过程中，这种情况屡屡发生。

根据传统，存在一个部分独立的政府机构，其职责是监督政府的行为，这就是监察机构。但正如我们前面所指出的，朱元璋统治下的监察机构丧失了其独立性，它的制度性作用减弱了。此外，御史的工作充满了危险，特别是那些对皇帝谏言的批评者。比如，宰相胡惟庸与御史大夫陈宁、御史中丞涂节结党营私，欺上瞒下。御史韩宜可看不惯他们的行为，一天，他刚好看到三人在皇帝身边，于是拿出早已备好的谏文，上前弹劾："险恶似忠，奸佞似直。"[1]请求皇帝立刻将他们问罪。朱元璋大怒，忘了平时要求御史谏言的训示，叫锦衣卫以陷害大臣的罪名将御史韩宜可投入监狱。另一位御史，因为敢于批评朝政，1385年被革职流放[2]。尽管如此，仍有不少御史敢于直言弹劾。比如，御史周观政多次直谏朱元璋用女乐，迫使朱元璋承认错误："朕已悔之，御史言是"[3]；又如，御史欧阳韶，当他发现朱元璋暴怒又要杀人时，立刻扑倒在地，跪伏在殿下，手捧额头，大声疾呼："陛下不可。"[4]朱元璋觉得他诚实可爱，于是气消了，不想杀人了。但是，有些御史的运气没有那么好。比如，御史王朴经常谏诤纳言，屡屡冒犯皇帝。一次，他与朱元璋争执，终

---

1 《明史》，139.3982-3983。
2 《御制大诰·御使汪麟等不才第六十八》，见《明朝开国文献》，第75-77页。
3 《明史》，139.3983-3984。
4 《明史》，139.3984。

于引发圣怒，被立即推出去斩首。后来，朱元璋在撰写《大诰》时，说他是因为诽谤被处决的。尽管如此，御史仍可以部分地从事批评政府的工作，但是他们的谏言，往往被束之高阁。

在下一部分中，我们将从另一个角度，即在明太祖权力局限性的范围内，分析这种制度的抗衡势力。在其统治末期，儒家团体中的一部分人试图对政权进行有组织的批评。这些文人谏士聚集在儒生方孝孺的周围。方孝孺是杰出的青年儒生，被视为当时文人领袖宋濂的继承人。正如窦德士分析的那样，新一代的儒生并不想直接批评朝政，他们只是著书立说，希望未来的新皇帝将他们的理念付诸实施。他们认为，朱元璋已经偏离了儒家的正道，他的政权过于依赖镇压，而极少施以仁慈和德行。因此，这涉及到对朱元璋的政权合法性提出质疑，但这种质疑是暧昧的，尤其是隐秘的。所以，它对政权不构成实际威胁。

第七章　个体服从与社会秩序的维护

我们前面已经分析过，政权的合法性说明了为什么没有大规模的有组织的起义，以及为何政权通常可以获得集体的服从。但是，它并未提供一个国民个体服从的理由。个体的服从是通过惩罚的威胁获得的。在儒家思想体系中，惩罚只适用于社会中一小部分人，对品行端正的大部分人，可以运用礼制规范。但是，法家的观点不同，他们认为，惩罚是服从的支配者。我们下面在朱元璋的制度中分析这两种观点。

礼制规范与道德改造

根据儒家理论，在理想的状态下，社会秩序是通过符合礼制规范的行为得到保障的。按照这种方式，社会秩序得到保障，民众的支持随之而来。另一种机制强化了这种支持：当民众认为，服从政权的命令是合乎道德的，一种顾及到服从的社会压力随之产生，政权就会取得合法性。因此，民众的教育是必需的。我们下面分析朱元璋在这方面的努力，并且指出他所遇到的挫折。

儒家认为，统治者的德行会传播给民众。于是民众遵循礼制，社会秩序得到保障，凡事皆有礼制。朱元璋曾经试图恢复礼制，并且强加给当时的社会。在他看来，"五伦"是社会关系的基础，正如他在《大诰》中指出的：官员和百姓的家庭，应该展现父子之间的骨肉亲情，应该了解君臣之间的礼仪之道，夫妻之间的内外之别，老少之间的尊卑之序，以及朋友之间的诚信之德。皇帝补充说：

> 此古人之大礼也。[1]

这些良好的品行，无论是大臣还是平民百姓都应该效仿。朱元璋希望，他的民众因为拥有粮食而心怀感激，从而服从皇帝的统治。由于粮食充足，无论是征收赋税还是征派徭役，民众都应该积极响应，坚决服从皇帝的命令[2]。作为对这种服从和德行的报偿，皇帝的职责是给民众带来和平和温饱，务必将"五伦"延续下去：

> 五教既兴，无有不安者也。[3]

所以，皇帝是社会秩序的保障，确保良好的举止被所有的人采用。

因此，朱元璋致力于改善民众的福祉，他想要按照儒家的标准，聘用和培养优秀的官员。无论如何，他对结果都不满意。他认为，国家运转失灵，主要责任在官员身上。这种观点，可以从我们前面提及的1385年颁发的敕令中看出来：他请求臣民同情他这个坐在宝座上，为各种艰难所困的人：

> 寝食不安，以图民康。仰天俯察求治，奸贪愈增。若此人心，为之奈何。[4]

---

1 《御制大诰续编·申明五常第一》，见《明朝开国文献》，第95页。
2 《御制大诰·民不知报第三十一》，同上书，第36页。
3 同上。
4 （明）幻轮编，《释鉴稽古略续集》（二），乙丑洪武十八年二月；也可参见：谈迁，《国榷》，卷八，第656页。

在这里，朱元璋跟荀子的观点不谋而合，后者断言人性本恶。他似乎对建立一个好政府所面临的困难感到沮丧。他认为，像郭桓案中的大规模杀戮，其根源在于官员道德沦丧，他们的灵魂已经"人心不古"[1]。《大诰》中列举了他们的一系列罪行；整个官员队伍已经腐化、无德无能、只会鱼肉百姓[2]。这就可以解释为何他们如此频繁的被捕和被贬。比如，在朱元璋统治的前十八年中，没有一个官员任期能够做满九年，因为在任满之前就被革职[3]。朱元璋抱怨，虽然他竭尽全力，仍没有找到品行端正的官员。他常常寻思：为什么我不能找到品行端正的助手？为什么我只能任用不诚实的人？[4]但是，官员的德行，对于国家的正常运转是必需的；这样，民众才会有德行，即使是长期不懈的努力。因此，朱元璋明确表示，"教化风俗，乃有司之首务"[5]。不过，他接着补充说，在对地方官员进行处分之前，他总是给他们留下时间，因为他知道，完美的道德是需要逐渐培养的东西。

事实上，朱元璋对聘用的官员从来都不满意，但一旦录用，必须与之和解，不可能把他们全都杀掉。要纠正官员的不良行为，最好的办法就是对其反复进行道德教育。他认为，正是由于官员缺乏道德观念，才导致他们腐化堕落并且欺压百姓。因此，必须加强他们的道德观念，让他们为人处事做到公心大于私利。所以，朱元璋想通过道德改造来"治病救人"[6]。在《大诰》的一系列条款中，他表示自己如何竭力促使官员的为人处事遵循礼制：他提醒他们，良好的举止可以光宗耀祖，为门户增辉；他们应该感激父母，不要使父母蒙羞受辱。他还提醒他

1　《御制大诰序》，见《明朝开国文献》，第4页。
2　这个问题，可参见以下文章：邓嗣禹，《明大诰与明初之政治社会》，载《燕京学报》，20,1936，455-483页；张显清，《从大明律和大诰看朱元璋的锄强扶弱政策》，载《明史研究论丛》第2辑，中国社会科学院历史研究所明史研究室编，江苏古籍出版社，1983年，69-71页。
3　《御制大诰续编·松江逸民为害第二》，见《明朝开国文献》，第96页。
4　《御制大诰·设立粮长第六十五》，同上书，第71页。
5　同上。
6　Edward FARMER, *Zhu Yuanzhang and Early Ming Legislation*, p.15.

们，一旦他们有不良行径，整个家族都会受到株连，并且祸及子孙[1]。他认为建立好的典章制度，给官员们提供一种行为规范，让他们可以为民众的利益做事。

要获得民众的服从，最好的方法是通过各种手段让他们相信，遵守法规和服从统治是合乎道德的：如果社会道德谴责不服从的行为，那么政权就确保其合法性。儒家的道德规范，将服从统治与家庭孝道相提并论。如果能够让民众按照儒家的准则成为有德行的人，那么政权的合法性就会得到保障。此外，官员的模范典型十分重要。在朱元璋看来，他们往往抗拒道德的说教。要提高民众的道德，最好的办法是通过教育。朱元璋认为，在社会地位和道德修养之间，并不存在必然的联系。这主要是由社会环境和教育造成的。所以，关键在于为民众提供良好的教育，然后就可以保障社会秩序和谐稳定。

在《教民榜文》中提到，建立一种面向所有儿童的教育体系，他们每年都要接受三个月的教育，即从十月到十二月，这样可以避免让有些家庭因缺乏劳动力而感到不便。有足够劳动力的家庭，他们的孩子可以全年入学[2]。应该由品德高尚的老师从事教学，这样可以传授给孩子良好的品行。成年人要赡养父母和祖父母（没有提及如何对待外祖父母）；如果老人去世，要为他们举行祭奠仪式，以表达子女的尊敬。父母应该教育孩子孝敬叔伯辈[3]。

推行里甲制度的原因之一，是鼓励合乎道德的生活。这种基层组织既可以为地方政府服务，又对监督民众的意识形态和社会状况有所帮助。里甲长由各家轮流选出，它的职能之一是劝说基层组织成员行为端正：子女孝顺父母，尊重上级，教育好孩子，与人和睦相处，乐天知命，不做坏事。关于这种制度的监督作用，我们稍后再做讨论。这里着重分

---

[1] 《御制大诰·谕官之任第五》，见《明朝开国文献》，12-13页；《御制大诰·谕官生身之恩第二十四》，同前，26-29页；《御制大诰·谕官无作非为第四十三》，同前，45-48页；《御制大诰续编·相验囚尸不实第四十二》，同前，158-161页。

[2] 《教民榜文》，见《皇明制书》卷九，第1433页。

[3] 《教民榜文》，1434-1435页。

析它的教育和促进作用。通过这种非常基层的社会压力的介入，目的是培养民众的道德观念。

同样是为了引导民众的行为更加合乎道德，1373年，重新恢复另一种仪式，这种仪式称为"乡饮酒礼"。它由政府的地方代表负责：由老人、粮长主持。举行这种仪式，目的是对乡村老人表示尊敬[1]，也向村民公开展示何为礼节，何为孝敬。每个人按照非常明确的次序入座，年长的位居上座，年轻的位居下座；德高望重者位居上席，作奸犯科者位居下席。通过这种等级划分，希望人人拥有合乎道德的品行，未来在这种仪式上位居上席：

> 如此日久，岂不人皆向善避恶，风俗淳厚，各为太平之良民。[2]

这种思想后来在《教民榜文》中被进一步说明。其中特别指出，举办"乡饮酒礼"的目的是，在年轻人和老年人，有德行的人和奸诈的人之间设置等级[3]。

因此，举行这种仪式，旨在温和地改造民众的道德。在《教民榜文》中同时写道，每个乡村老人还肩负着更多道德教育的责任，他们经常被请来判断是非，促使人们向善。当他们发现一个品行特别端正的人，如孝子、贤夫、节妇等，必须上报朝廷[4]。与此相应，为了帮助乡村老人完成劝说的任务，要经常提醒百姓必须品行端正，遵纪守法。为此，每个"里"要选出一位老人或者残疾人，每月多次走村串户，宣讲朝廷及官府的告示。他们手摇木铎，大声喊着劝善的语句，比如：

---

1 《明史》，56.1419-1420。
2 《教民榜文》，见《皇明制书》卷九，第1429页。
3 同上。还可参见：Fredirik W. MOTE, *The poet Kao Ch'i*, Princeton, Princeton University Press, 1962, p.215-218。
4 《教民榜文》，见《皇明制书》卷九，第1418页。

孝顺父母，尊敬长上，和睦乡里，教训子孙，各安生理，毋作非为。[1]

在末尾处指出，相关负责人（官员和老人）要理解颁发《教民榜文》的目的，不能盲目地执行。结尾重申了这些目标：教导民众区分善恶，让他们懂得忠君孝悌，礼义廉耻；为了保护自己和家人，人人都要趋善避恶[2]。

这里涉及到由礼制来维持社会秩序的纲领路线。朱元璋在其整个统治时期，也在他颁布的各种敕令和公文中，努力去规范与日常生活各个方面相关的礼制和行为。朱元璋在明朝建立伊始及整个统治时期颁布了大量的公文，其中描述了适用于各种特殊场合的礼仪规矩和行为举止。这些公文特别涉及到集体生活中公开的、正式的、对外的方面：如不同社会阶层和不同场合穿着的衣服式样，车马仪仗的装饰，房屋的外观，婚礼或葬礼上的举止等。

1372年，朱元璋颁行了许多政令，其中详细地说明了平民百姓衣服的颜色和款式[3]。他还解释了制定这些仪表规范的初衷：他认为，古代的礼仪可以区分人的高尊卑贱，为各个阶层提供它们的服装式样，"以辨贵贱，明等威"[4]。因此，他想要恢复这种制度。换句话说，服装和举止应该用来区分社会等级。《大诰》初编颁布时，朱元璋还解释说，自登基以来，他重新恢复了礼、乐、律、令，改变朝服和朝冠的式样和装饰，这是为了整顿社会风气，明确等级差别，恢复先王旧制[5]。所以，礼仪和服饰关系到道德规范的重建。比如，婚礼应该由新人的祖父母或父母安排，按照朱熹编撰的家规举行[6]。朱元璋认为，现行的婚姻习俗来自

---

[1] 《教民榜文》，见《皇明制书》卷九，第1420页。
[2] 同上书，第1442页。
[3] 《明太祖实录》，72.1330；73.1337；73.1343-47；74.1363-68；76.1399；76.1403。
[4] 同上书，55.1076。
[5] 同上书，176.2665-2666。
[6] 《大明令》，见《皇明制书》卷一，第63页。

元朝，是野蛮粗俗的。他主张，明朝建立后举行的婚礼，要恢复中国的旧制[1]。《大明令》中主要是预防性的条文，它根据皇帝想要建立的社会秩序，对大臣和民众的言行加以规范。其中一部分条文描述了礼仪和相应的行为。不少条文特别描述了官员根据不同级别应该穿着服装的细节，还有根据与死者的亲戚关系穿着不同的丧服，总共描述了一百六十种亲戚关系所穿的不同衣服[2]。还有一条，对各种等级的官员和平民的服装、帽子、腰带、房屋的颜色做出规定，等级不同，颜色就不同。上级可以穿下级适合的款式，但是下级却不能穿上级适合的款式，否则会被视为僭越[3]。条文之后，是详细说明。比如，官员的房屋根据官阶有不同的特征。平民的房屋装饰品的数量不能超过一定的标准。官员及妻子、女儿的帽子、腰带根据其等级而定。平民的服装上不能有黄金饰品，他们的帽子上不能有黄金、玉、珊瑚和琥珀等。官员的马车上，不许有龙凤的图案。平民的马车，应涂成黑色，车顶是平的。床铺幔帐的布料，平民应用便宜的薄纱。另外，平民不能用丝绸的雨伞，但可以用油纸伞。马鞍和马笼头，平民不准用镀金的，只能用黄铜或铁的。厨房用具，平民不准用金制的，但酒杯可以用银制的。至于坟墓，平民只能用一块墓石，而且墓地的面积也是有规定的。

　　事实上，我们看到这些礼仪的条文，涉及到社会生活中非常有限的方面。它们如何才能保障所有的社会秩序呢？其实，它隐含地承认了这种观点，公众行为和服装是人际关系的基础。在此范围内遵循惯例，意味着从内心再接受一种社会秩序，然后可以延伸到其他方面。比如，当一个平民百姓按照其社会等级着装，漫步于公众场合时，他会下意识地根据别人的衣着，评估所遇到的每个人的社会等级，且不自觉地将这种社会等级跟自己的相比较。因此，他已经从内心接受了人们试图强加给他的社会等级。如果他遇到一个穿着不得体的人，就会下意识地对其

1　《御制大诰·婚姻第二十二》，见《明朝开国文献》，第24-25页。
2　《大明令》，见《皇明制书》卷一，第34-52页。
3　同上，第52页。

做出负面的评价，并且从内心谴责这种过失。假如社会生活中更为复杂的方面，基于这种遵循行为的基本规则产生影响。通过这种政治心理学机制，社会基本的礼仪诉诸一种代表民众的道德判断，自动地引入一种社会秩序。行为的礼仪理论上正是以这种方式，带来一种和谐的社会秩序。总之，接受服装（举例说明）的社会规范，是接受这种社会秩序的方式之一。

在这一点上，朱元璋与儒家学说是一致的。但是他的做法更加积极，事实上他在这方面做得比所有的前人都更加系统，使之更加制度化。那么，在实践当中，如何才能迫使官员和民众去遵循礼制呢？按照儒家的理论，对于奸诈之人，必须运用惩罚的威胁。这在明太祖时期已经付诸实施，但不是针对社会中的某类人，而是针对全体民众，包括所有的社会等级，帝国的亲王们除外，他们另有一套特殊的法规。

用来规范各种礼仪行为的条文和法规，经常会附带一条规定，说明一旦违反它，就会遭到处罚。比如，在《大诰》中列出关于婚礼中必须遵循的礼仪之后写道：从现在开始，凡是违反古代先王教导的人，将会被处死[1]。这种将武力推广到礼仪范围的运用，是一种机能障碍。这种做法本来不该发生，因为只有道德规范才能促使遵循礼制。这也说明，朱元璋早就知道仅仅依靠礼制的约束，无法实现长治久安。所以，他必须始终借助惩罚手段，其实这也显示出礼制规范体系的薄弱。这标志着朱元璋所倡导的道德改造的局限性。

*

我们前面已经看到，朱元璋抱怨无法说服他的大臣成为有德行的人。在另一些场合，他还抱怨无法从道德上改造民众。他认为已经试图

---

[1]《御制大诰·婚姻第二十二》，见《明朝开国文献》，第25页。

通过说服晓之以理，但他的训示似乎收效不大。他指出，人们只是表面上接受，但内心却并不赞同。他补充说："朕言如水，人心如石。"尽管他不断尝试，却未能水滴石穿，甚至没有在石头上留下印记。他感叹说，"不能化者有如是耶！"[1]。诸如"乡饮酒礼"等鼓励方式，试图通过宣传促使人们向善，并没有取得皇帝预期的效果。

明太祖最后承认，在以说服而不是强迫的方式进行的道德改造方面，他失败了：

> 朕竭心力，不能化聪愚之不善，奈何！

接着，他明确指出，他制定了各种法律，比如与腐败斗争的，目的只是为了民众的利益。他还指出，不能任意使用这些法律，在向民众推行之前，他做过全方位的研究。他说：

> 久之，终未见成效，呜呼！艰矣哉！[2]

道德改造的失败，似乎是朱元璋生命将尽时最大的遗憾之一。他表示，道德改造的任务比夺取帝国更加艰难。他后来大开杀戒（我们稍后讨论这一点），惩治贪腐官员，也未能对民众的行为产生作用。

应该如何分析这种失败呢？根本问题是改变民众的道德观念，这是一项极其困难的任务。对于一代人，通过施行教育，有可能使民众的道德观念慢慢转变。这种教育近似于某种灌输。在一些极端的情况下，这很接近极权国家的做法，想要改变国民的思维方式。我们将在第四部分探讨这个问题。另一方面，历史的经验证明，想要改变一代人的道德观念而无需等待人类的更新换代，这是不现实的，是一种乌托邦。为了实现这个目标，必须依靠劝说或者武力威胁。然而，这两种手段可以

---

[1] 《御制大诰三编·进士监生不悛第二》，见《明朝开国文献》，第275页。

[2] 《御制大诰续编·解物封记第五十二》，同上书，182-183页。

获得民众的服从，却无法改变道德观念。依靠武力，不能改变人的道德观念。

严刑峻法下的服从

在实际的政治操作中，即使是在宣扬仁政的儒家学说中，提倡使用武力获得服从，对于民众中某些成员来说，仍然是必要的。在朱元璋的诏令中，对于违法行为，总是使用惩罚等威胁字眼。这种惩罚可能非常严厉。事实上，朱元璋的统治经常被描绘出极端残暴和专制的特点。我们在此分析一下这个问题。首先分析，在某些情况下，朱元璋如何能够表现出相对的宽容；然后我们分析，为了强迫服从，他制定了哪些严刑峻法。最后，我们讨论在这种高压体制下一种非常特殊（也非常残酷）的现象：惩罚会株连到罪犯的家人和近亲。

朱元璋并非从一开始就采用高压手段，强迫民众服从。明朝建立之初，他禁止使用惩罚手段：

> 民之为恶，譬犹衣之积垢，加以浣濯，则可以复洁。污染之民，以善导之，则可以复新。夫威以刑戮，而使民不敢犯，其为术也浅矣。[1]

稍后，1369年，也就是建国第二年，朱元璋指出，当一个人憎恨罪恶时，其个人犯的错误就可以被纠正；然而，当人们通过武力威胁强迫其服从时，他只会寻求一件事：逃避惩罚[2]。

1　《明太祖实录》，25.362。
2　《明太祖实录》，44.873。

1371年，明朝建立后不久，某些官员想把惩罚作为治国的主要手段，朱元璋不得不纠正他们的做法。他认为要改造民众，推行礼制更为有效。这种以宽容为标志的治国理念，似乎不只是受到儒家的影响，还受到其他哲学思想的影响，如道家和佛教等。因此，1375年他为一本《道德经》的注疏作序时，文中他认同老子对滥用刑罚的批评。他引用了老子的话：

> 民不畏死，奈何以死惧之？[1]

接着，他指出，当他读到这段话时，帝国刚刚平定，当时民风日下，官场腐败。虽然有死刑，但犯罪的人却越来越多，就像老子所预言的那样。在这种情况下，朱元璋下令废除死刑，而以强迫劳役代之。1375年，皇帝确实赦免了一批犯人，免了他们的死罪，改判他们去服劳役，劝说他们改过自新。他甚至还让其中一个犯人感谢佛祖给他这个机会。这些尊重民众的仁慈措施，不是例外而是惯例。在经常被引述的残忍的惩罚事件中，所有实施的惩罚，不仅是针对官员，也针对平民百姓。

朱元璋的统治经常被描绘成大量滥用酷刑。例如，牟复礼明确指出，朱元璋是"整个中国历史当中最残酷、最野蛮的暴君"[2]。那些犯罪的官员经常地受到折磨、虐待，其残忍程度骇人听闻：当众剁指、断手及断足、鞭笞、凌迟。这类刑罚极少应用在平民身上，除非罪行特别严重。明太祖时期实施的惩罚还有明显的特征，就是大规模的清洗，可以造成数千人的死亡或放逐。比如，1376、1380及1385年间发生的大案即是如此。其中涉及到的主要是官员，目的是通过恐怖气氛，促使官员端正作风，否则就会受到惩罚。本书下一部分中，在研究朱元璋的专制体制时，我们会对这个问题做更深入的研究。这里我们所关注的内容，涉

---

1 《明太祖实录》，97.1658。
2 Frederick MOTE，1961，p.20.

及到通常为了获得服从而使用的惩罚手段。

在朱元璋的政治体制中,服从不只是建立在国民的道德观念上。我们在前面已经指出,即使用来进行道德规范的礼仪行为的条文,最后也会附加一条惩罚的威胁,说明一旦违反就会受到惩罚。此外,在他统治期间颁布的各种法规,其中包含一些压制性的条款,无形之中使法规变成了刑法。按照他的想法,通过建立惩罚的威胁制度来保障社会秩序的做法,应该可以系统地强化进行道德改造的尝试。事实上,从1359年开始,他就采纳了叶子奇的建议,运用法家的奖惩措施进行操控,以保障社会秩序[1]。刑法和礼制(以及随之产生的道德改造)同时并用,构成礼法制度,维持并操控着社会秩序:朱元璋认为,礼与法构成国家的"纪纲"[2]。他解释说,好的品行无法遵循,就必须借助于法制。礼与法两者并用,形成了礼法制度。一旦"礼"不足以获得民众服从、社会秩序稳定,"法"就会产生作用,用来强化"礼"。事实上,朱元璋认为,礼法制度可以使人的行为变得和谐,并且摈弃不良习惯。因此,对他来说,这是通过法律约束获得道德的纠正。我们前面已经指出,这只是一种徒劳的尝试,不会有什么实际效果。但是,朱元璋却认为与儒家学说一致,"礼"适用于大多数民众,而"法"则是为不良臣民准备的[3]。事实上,在他撰写的《大诰》中,在每条道德指令之后,不断地出现威胁的字眼。比如,他经常提到,违反等级制度是一种犯罪,违者将会受到惩罚[4]。可见,全体民众的服从,更多的是出于对惩罚的恐惧,而不是因为道德观念。如果认为全体民众是由"不良臣民"组成的——朱元璋有时采用这种看法——那么他的看法就是对儒家学说的歪曲。

利用法律来获得民众服从的原则,已经在明朝最初的法典《大明律》、《大明令》中引入。我们前面已经分析过,《大明令》表达了皇帝所期望的行为举止,而《大明律》则制订出一份刑罚的清单,是给那些违

---

1 钱谦益,《国初群雄事略》,1.28。
2 《明太祖实录》,14.176-177。
3 《御制大诰·民知报获福第四十七》,见《明朝开国文献》,第51-52页。
4 《御制大诰·乡饮酒礼第五十八》,同上书,第62-63页。

反《大明令》的人所预备的。换句话说,《大明令》拟定出一份民众必须履行义务的清单,而这些义务的履行是通过武力威胁来保证的。惩罚的严厉程度根据违法的严重性,按照一份非常明确的清单来核准。朱元璋特别担心的一种社会行为,是民众的暴动。他通过切身体验,知道这可以导致王朝灭亡。因此,造反被认为是惩罚最严厉的民众行为之一。这个问题占据了《大明律》刑律的第一条,对于造反所遭受的惩罚,描述得非常详尽:

> 但凡共谋者,不分首从,皆凌迟处死。祖父、父、子、孙、兄、弟及同居之人,不分异姓及伯叔父、兄弟之子……[1]

……如果年满十六岁,一律处死。那些更年轻的,则被贬为奴隶,其家庭中所有女性成员也一律贬为奴隶。所有的财产由国家没收。因此,造反被认为是极其严重的,会株连到所有的亲人。另外,后面的公文继续说明,对于检举阴谋造反的人,将给予丰厚的奖赏。

一些个体行为,象征性地表达了对政权合法性的否定,也会受到极为严厉的惩罚。我们可以举出一些散布于很多政府公文中的例子。比如,《大诰》中讲述过一个案例,有十三个人为了逃避公务,剁去自己的手指,他们说:

> 如今朝廷法度,好生厉害。我每各断了手指,便没用了。[2]

这种自残行为并不等于违反法令,没有法令预见到这种意外事件。但是,这种行为体现出对朝廷权威的挑战,它会引起朝廷的强烈反应。《大诰》中转述道,作为惩罚,他们被枭首示众,以警示所有的人。他们家中所有的成年男子都被处决,女性则被放逐到边远地区。朱元璋亲自

---

[1] 《大明律》,见《皇明制书》,第十三、十四卷,1995-1996页。
[2] 《御制大诰续编·断指诽谤第七十九》,见《明朝开国文献》,第224页。

审问他们，对他们的举动做出这样的解释：

> 尔去指不为朕用，是异其教，而非朕所化之民，尔宜枭令，籍没其家，以绝狂夫愚妇信效之风。[1]

做出类似举动的，还有江西贵溪的两个儒生：夏伯启和他的侄子。他们剁掉自己左手的拇指，表示拒绝担任任何官职[2]。在另一场合中，朱元璋对于拒绝为其效力的儒生们阐述了他的看法：

> 寰中士大夫不为君用，是自外其教者，诛其身而没其家，不为之过。[3]

事实上，皇帝的反应似乎有些过度。按照他自己的逻辑，通过这件事可以表明，绝不容忍任何对皇帝权威及其合法性的质疑。任何个体对服从的拒绝都是不容许的，特别是来自于文人儒士的拒绝。如果这种行为散播开来，对于政权来说是很危险的。

严刑峻法的使用，在民众中颁布并广为传播，以获得社会秩序的稳定，这是法家的思想家所主张的方法。朱元璋对法家奖惩制度的赞同，是众所周知的事实。尽管朱元璋试图培植道德高尚的行为，而惩罚手段却为个体的服从提供了主要动力。因此，明太祖的制度是一种势力影响的混合物：为了获得政权合法性，受到儒家的影响，因而获得了集体的服从；同时为了获得个体的服从和社会秩序的稳定，特别受到来自法家的影响。

我们前面已经详细说明，为了获得民众的服从，在权力合法性、集

---

[1] 《大诰三编·秀才剁指第十》，见《明朝开国文献》，第333页；也可参见：《御制大诰续编·断指诽谤第七十九》，见《明朝开国文献》，第223-225页。
[2] 《大诰三编·秀才剁指第十》，同上书，第330-331页。
[3] 《苏州秀才第十三》，同上书，第343页。

体道德及社会压力之间存在的联系。当一个政权具有合法性时，就会出现一种社会压力，迫使民众去服从统治，这种压力来自于某种集体道德，根据它的判断，这个政权谋求的是共同利益。有一种方法不需要诉诸道德，却可以加强这种社会压力。这种方法也许在明朝之前就已经存在，但系统地实施，却是从明太祖时期开始的。这种方法的特征，如果罪行十分严重，惩罚的就不只是罪犯本人，还会株连到他的家人和亲戚。当这种做法系统地进行时，违法者的家人和亲戚知道其所面临的危险，这促使他们对违法者施加压力，使他终止其犯罪活动。同样，其家人所承受的危险，有时也会劝阻潜在的不法之徒付诸行动。因此，罪行的集体化会造成一种社会压力，促使民众的服从。我们后面会看到这种做法的几个事例。

在《皇明祖训》中，有好几次建议恢复这种做法。比如，朱元璋禁止他的后继者恢复丞相的职位。如果有官员胆敢提出这种建议，他将被判处凌迟，全家都要被处死[1]。在关于诸王的内容中提到，亲王们位于京城的宅邸，大部分时间处于闲置状态，其建筑华丽、位置优越，不能成为有权势的高官觊觎的对象，《皇明祖训》中指出，那些企图据为己有的官员将被斩首，其家人会被流放到边疆地区。流放到边疆被认为是一种严重的刑罚：边疆地区形势危急，而且比较野蛮。没有通行证，禁止外出旅行，流放者不可能再与留在故乡的家人和亲戚联系。所以，这是永久性的流放。当然是禁止返回的，很难违反这种禁令，因为沿途会设卡检查。另一条规定中也包含这种惩罚，这次是针对百姓的：如果平民为了自己的私利，虚假地指控亲王，他会被斩首，其家庭成员被流放到边疆地区[2]。《教民榜文》中也提到流放的案例。它指出，如果民众当中有人对以前的判决提出异议，大肆歪曲指控，他应当被判处死刑，其家人将会流放到边疆地区。

在《大诰》中，提到过一些集体惩罚的案例。比如，一个叫李茂实

---

[1] 《皇明祖训》，见《皇明经世实用编》，第73页。
[2] 《皇明祖训》，同上书，第111页。

的人受到胡惟庸案的株连被处决，其家中所有的男性成员，包括儿童在内，被一起处决[1]。最后，另一个案例涉及到一次叛乱，株连到数百人。他们全都被判处死刑，其家人被流放。领导者的家人也被处死[2]。

　　另一种牵连到罪犯家人的惩罚是：充军。正如林泰永（Tai-Yung Lin，音译）所分析的[3]，《大明律》中似乎认为，充军是一种针对军人的流放的惩罚，但在实际运作当中，皇帝经常判罚平民去充军。1393年，有二十二桩犯罪的判决，应当判处平民充军。被判处充军的人加入到军队中，所领到的军饷低于普通军人。犯人的邻居和熟人要负责他的行程，押送他到指定地点。如果是永远充军，犯人死后，惩罚会株连到他的后代。家族的每一代人，都要有一名男性成员因祖先的罪行而被处罚。因此，这种惩罚涉及到罪犯、罪犯的家人以及他的后代。根据林泰永统计，《大诰》中有八次引述过这种严重的惩罚，其中株连到大约两百多人[4]。

*

　　我们讨论了朱元璋帝国政权的组织和基础。首先，我们看到对他来说，政权的目标是一个最重要的议题，对此他在很多场合明确地表达过。这个目标就是为民众谋取利益，为他们提供安全和生存保障。这伴随着另一个更普遍的目标，这就是王朝的永久延续。政权的目标一旦确立，朱元璋的政权体系就制定出各种不同的公文，这可以被视为宪法的形成。我们介绍了朱元璋的政治体制及政府组织。这种结构在明太祖的统治过程中不断地演变。他实施了很多项改革，建立了一个结构严

1　《御制大诰三编·李茂实胡党第七》，见《明朝开国文献》，第322-323页。
2　《御制大诰三编·造言好乱第十二》，同上书，第338-342页。
3　Tai-Yung LIN, *Chu Yuan-chang and his administration of justice*, p. 201-202.
4　Ibid, p.203.

密协调运作的政权。这种通过制度的斡旋所推行的社会改革策略,效仿的是法家的治国理念。明太祖政权运转的其他方面,则更多地受到儒家的影响。

我们在第六章中详细地分析了朱元璋政权的合法性问题。事实上,他把全部注意力放在保持民众的支持上,并且防止各种造反的企图。这些预防措施都取得了成功:明太祖的统治呈现出全面合法性的特点。为了保障民众的基本生存,不让苛捐杂税压榨民众,并且非常严格地监督官员,他坚持不懈地努力,目的是为了获得天命。皇帝知道,天命也可以失去,会引起民众造反,甚至导致王朝灭亡。为了保住天命,他必须为民众谋取利益。这表明,朱元璋对儒家关于天命及政权丧失的理论(特别是孟子的思想)有深刻的理解。另一方面,这标志着他对儒家学说某些方面的依附。我们全面考察了作为官方意识形态的儒家学说在政权中的地位。这种官方的意识形态,特别明显地与儒家学说在教育中的重要地位相吻合:其经典文本对于选拔官员的科举考试的重要性,与道德作为培养好官员的普遍目标的重要性一样。在一个大部分建立于制度上的政权的运作中,好官员确实发挥了重要的作用。尽管朱元璋对他的官员们很少感到满意,但儒生们以其对政权的支持和协作换取了享有特权的地位。这使他们形成一个政权合法性代表群体,其职责就是为政权赋予合法性,以换取他们在政权内部的特权地位。士大夫们没有完全尽职尽责,其职责还应不时地对政权提出批评。在朱元璋统治之下,士大夫中很少有敢于冒险批评时政的。

对于朱元璋政权合法性的研究表明,这方面皇帝的总体策略深受儒家学说的影响。然而,所有事务的运作不可能像明太祖所期望的那样。官员们对一切道德改造都非常排斥,民众同样对通过教化的改革麻木不仁。个体的服从,更多的不是通过道德意愿,而是通过惩罚的威胁获得的。由完美的儒家政权实现理想社会,已经成为不可能,这令朱元璋深感失望。于是,他求助于更加强制性的措施,其行为特征,更加接近法家。我们在第七章里讨论了这个问题,重点围绕着为了获得个体的服从,在道德改造方面的失败,以及惩罚在这方面所起的作用。

通过对明太祖政权的运作，以及他对法家和儒家哲学可能的借鉴加以综合分析，我们可以得出这样的结论。朱元璋政权的目标符合中国的传统，这是大部分学术流派所共有的。法律和法令的使用，作为宪法和制度，代表着对法家的一种借鉴。同样，他还利用刑法和惩罚，去获得个体的服从。尽管有这些效仿，政权的合法性还是借助于儒家的学说，并且这种学说被推崇为官方的意识形态。这些构成了大明政权的组织及运作特征。在下一部分里，我们将讨论这个政权专制的一面。

第四部分

全面监控：绝对权力及其局限性

众蚁有绳，如兵之听将命也。呜呼！蜂小有胆有毒，蚁微群结继行，气类相感，治律过人。

——朱元璋《蜂蚁论》[1]

凡民邻里，互相知丁，互知务业，俱在里甲。县、州、府务必周知。

——朱元璋《御制大诰续编》[2]

---

[1] 《明太祖御制文集》，卷第十，论（一）《蜂蚁论》，学生书局，1965年，第344—345页。
[2] 《御制大诰续编·互知丁业第三》，第98页。

前面几章,我们考察了朱元璋政权的组织及运作。同时还研究了为保持社会秩序稳定所运用的手段。直到目前,这些不同的方面与组织有序的大明政权相对应,它通过各种手段,寻求其合法性及社会秩序的稳定。对于民众来说,这些构成了大明政权更积极的一面,因为它可以给国家带来和平与繁荣。尽管取得了这些成就,但是朱元璋的政权在历史上留下的名声,却是其专制和独裁的一面。在最后一部分里,我们将聚焦于朱元璋政权的专制特征,考察绝对权力的不同因素以何种方式融入到政权的整体运作中。我们首先看到,社会如何被分割成不同的区域,每个等级的行动自由都被减少。与此对应的,是一个控制极严的静止社会。民众根本没有办法表达对更多自由的渴望,大明政权显然是一个专制政权。在意识形态和宗教领域,政权也不再接受多样性;像大多数独裁政体一样,它强硬推行一种意识形态的专制。我们还会看到,皇帝如何试图监视和窥探民众,尤其是官员。这方面的做法近似于法家的专制,我们可以称之为朱元璋的法家"帝王术"。这种做法的目的,是通过欺骗和操控官员来维持政权。朱元璋政权的专制性还体现在,它实际上不存在制度化的抗衡势力。监察制度改革之后,唯一存在的抗衡势力,对皇帝维持其政权合法性来说是实际需要。所以,对他来说并非什么都可以做,但是,这并不妨碍他组织大清洗,造成大规模的杀戮。这些大肆杀戮,经常被解释为是由于皇帝害怕失去政权造成的。事实上,这些大肆杀戮对于维持政权来说也许不是必需的,相反地,它可能是因为缺乏抗衡势力造成的。但经过多次上演之后,对于维持政权合法性唯一需要的,就是终止大清洗。最后,我们将朱元璋的政权归结为,一个过于关注寻求其合法性的专制政权。

第八章　朱元璋的专制政权

很显然，朱元璋的政权是一个极端专制的政权："平民百姓"对政权强加给他们的决定，根本无法施加任何影响。另一方面，即使为民众立法，皇帝也不一定遵守。我们在此研究朱元璋政权主要的专制特征，即缺乏抗衡势力，这使得皇帝可以凌驾于法律之上，而御史不能发挥其监督作用。这些专制特征还通过一套强制措施显示出来，大多数民众从出生之日起便受到约束。社会被有计划地评估，划分等级。按照这种由儒家学说所倡导的方法，一个划分等级的社会被建立起来，几乎无法逃避。伴随不同等级产生的行为规则，同样也是强行规定的。

抗衡势力的缺失

为了着手分析朱元璋的专制统治，我们首先要说明皇帝是在何种情况下凌驾于法律之上的，比如，他做出一些跟他统治期间所颁布的法律相抵触的决定。1385年，朱元璋颁布了《大诰》初编，其中详细叙述了自明朝建立以后官员贪赃枉法的案例，以及他们因此所受到的惩罚。这些惩罚往往十分严厉，诉诸非常残酷的肉体暴力，与《大明律》中所颁布的条款相抵触。对于同一罪行，《大诰》中所描述的惩罚，其残忍程度远远超过《大明律》中所预计的[1]。《大明律》根据"五刑"的传统命名，区分为五种类型。其中涉及到：死刑、流刑、徒刑、杖刑、笞刑。每种类型，又划分成不同的严厉程度。比如，死刑的类别包括：凌迟、枭首、斩首和绞刑等。不过，在《大明律》中并没有提及枭首。但是，由《大诰》披露的死刑中，出现最频繁的是枭首。总之，《大诰》扩大了死刑的施用范围，并且手段十分残忍[2]。林泰永分析了朱元璋在《大诰》中所提供的案例。在他分析的一百二十宗案例中，有一百零四宗被宣判死刑，其中六十四宗行刑方式不明。不过，使用凌迟的有十四宗，有二十二宗执行了枭首[3]。另外，在对十四宗凌迟处死的案件分析中，他认为如果依照《大明律》，只有两宗可以执行凌迟。他对二十二宗被枭首处死的案件进行分析，认为如果严格执行《大明律》，只有六宗需要判处死刑，剩余的十六宗，根据《大明律》应该判处：流刑、徒刑、杖刑。我们前面曾经提到，有十三个人为了逃避政府的招募而自断手指。从另一方面看，这件事可以作为范例。这些断指人士应当受到最严厉的惩罚：枭首，同时他们家族中的男性成员全都被斩首。但是，《大明律》中没有任何条款规定不许批评政府。因此，由朱元璋判决的惩罚，正如他本人在《大诰》中引述的那样，往往是非常严厉的，而且常常超出了《大明律》规定的范围。

另一方面，《大诰》跟《大明律》并不一致。在《大诰》中描述的新刑罚，是由朱元璋发明的，在《大明律》中并未规定[4]。比如，关于"永远枷栲"，这种刑罚在朱元璋统治时期经常使用，并且会导致慢性死亡。它特别被用来惩罚有罪的官员，作为羞辱，让他们在老部下面前戴着枷

1　张显清，《从大明律和大诰看朱元璋的锄强扶弱政策》，载《明史研究论丛》，第56-89页；还可参见：邓嗣禹，《明大诰与明初之政治社会》，《燕京学报》，20，1936，第455-483页。

2　张显清，《从大明律和大诰看朱元璋的锄强扶弱政策》，载《明史研究论丛》，第72页。

3　Tai-Yung Lin, *Chu Yuan-chang and his administration of justice*, p. 193.

4　张显清，《从大明律和大诰看朱元璋的锄强扶弱政策》，载《明史研究论丛》，第72页。

枷[1]。朱元璋发明的其他刑罚，经常使用的还有肉刑，就是损毁肢体。其中包括：阉割、刖足、去膝盖、挑筋、割鼻、断手、剁指、斩趾等[2]。肉刑的对象没有被杀死，而是受到看得见的惩罚，作为对他人的警告。如果犯罪的是官员，他们致残以后会被派回到原来的岗位。所有这些损毁肢体的处罚，以及相关的一些残忍的体罚，都被称为"法外用刑"，这些是《大明律》中没有规定的。朱元璋本人也承认这些刑罚的残酷性和非常规性：他承认并未一直遵守通常的法律，并且意识到"法外用刑"之残忍，令人目不忍睹、毛骨悚然[3]。

《大诰》与《大明律》之间的这些矛盾，令法官感到为难：他们该如何量刑定罪呢？由于担心判决被驳回，他们不得不求助于皇帝，以便做出最后的裁决。这样一来，不利于机构的良性运转。像方孝孺等一批官员认为，这种情况只能使百姓不知所措，让他们对法律丧失信心。青年儒生解缙也在一次朝觐时，批评皇帝频繁地更改法律条目。解缙认为，如果法律更改得过于频繁，民众会感到疑惑。一旦产生怀疑，就会失去信任。从另一方面来说，当过多使用惩罚手段时，民众会变得厚颜无耻。而一旦没了羞耻心，道德观念便会丧失[4]。最后他要求废除"法外用刑"。1395年，一名刑部的官员也上书朝廷，指出皇帝应该纠正《大明律》和他发布的各类榜文中不同裁决之间的矛盾。皇帝回复说，《大明律》是永远有效的，至于后来那些特定的裁决，只是为了应对特殊情况所采取的权宜之计[5]。

在朱元璋的统治接近末期时，他似乎理解了批评，并且同意终止"法外用刑"。他还取消了《大明律》和《大诰》中的一些酷刑[6]。他在一个包含给后继者训示的敕令中，其中一段指示日后在司法管理

1　Tai-Yung Lin, *Chu Yuan-chang and his administration of justice*, p.211.
2　张显清，《从大明律和大诰看朱元璋的锄强扶弱政策》，载《明史研究论丛》，第72页。
3　《御制大诰三编·库官收金第三十五》，见《明朝开国文献》，第385-386页。
4　《明史》，147.4115-4119。
5　《明太祖实录》，236.3456。
6　赵翼，《明祖晚年去严刑》，见《廿二史札记》，32.680-681。

上，只能使用修订的《大明律》和《大诰》。朱元璋补充说，不管是谁，凡是提议重新使用各种肉刑的，应立即处决：所有的官员当中，凡是提议修订《大诰》或《大明律》的，也应判罪入狱，其罪名就是"变乱祖制"[1]。

在1397年颁布的《皇明祖训》序言里，同样的观点再次出现。朱元璋指出，只有他这位开国之君，才可以做出法律中没有规定的判决。他解释说，在他四十年处理天下事务的经历中，积累了大量的经验，而他制定这些残酷的"法外用刑"，也只是权宜之计。他认为，日后他的后继者们，生长在帝国的宫廷中，无法获得同样的经验。因此，他们不应该使用这些刑罚和其他的肉刑。他这样写道：

> 以后子孙做皇帝时，止守律与大诰，并不许用黥刺、腓、劓、阉割之刑。[2]

他反复强调，如果官员当中，有胆敢奏请重新使用这些刑罚的，应该被凌迟处死，其全家也要被处决[3]。

与这些酷刑相比，更有甚者，当然是明太祖凌驾于自己法律之上的裁决。他并不把这种特权授予他的后继者。他的理由似乎很充分：由于他的子嗣缺乏经验，无辜的人可能因为过失而受到伤害[4]。言下之意，他自己是不会犯错的。开国之君的身份，可以让一切决定都成为合法的。由于他通晓天下事，他自己可以凌驾于其政权制定的法律之上。作为开国皇帝，他是一位开明的专制君主。使用"开明"一词，因为假如他不是的话，就不可能获得民众的支持，并且夺取江山。他是专制君主，因为他的身份使他凌驾于法律之上。相反，他预料到他的后继者不是开明

1　《明史》，93.2279。
2　《皇明祖训》，见《皇明经世实用编》，第73页。
3　赵翼，《廿二史札记》，32.680-681。
4　《皇明祖训》，见《皇明经世实用编》，第73页。

的专制君主，也就是说，皇帝应该遵守祖先制定的法律，这样才能保证不轻视民众，不惩罚无辜的人。可以说，他预料到其后继者会比他缺少才干，所以，他建议他们遵守由他亲手制定的法律，从而确保民众的支持。如果他们不这样做，就会有丧失政权的危险。

我们前面已经多次讨论过，御史在中国帝制政权中的地位。传统上，御史的作用是提供情报，并且监督社会和官员。同时，它还有一种面对皇帝的抗衡势力的角色，这使其有可能监督和批评皇帝。在朱元璋统治初期，御史大夫的级别很高，比六部尚书还要高。御史台是习俗惯例和基本法律的守护者。凡是涉及到监察领域，御史台拥有选拔权和决策权。不过，这种独立性以及在很多方面体现出的抗衡势力的作用，在1382年至1384年间御史机构改革之后，已经大为降低。我们在这里将分析明太祖时期御史台（或者改革后的都察院）的谏诤事例，从而确定官员是否有过失，皇帝的行为是否恰当，还有他的前后矛盾是否应受到御史的纠正。

1382年之后，都察院有一百一十位监察御史，他们的职责是调查各级官员，检举腐败行为。他们经常被派到各省巡视，大至地方行政管理，小到民众生活方式，都要深入地进行调查。所以，他们被称为皇帝的"耳目"。之后，他们在向都察院提交报告之前，先要向皇帝汇报[1]。这样，就能够使消息"下情上达"，保证了批评渠道的畅通。

这些监察御史的重要任务之一，是监督地方官员的权力。他们多次检举高级官员，例如1377年，一位名叫韩宜可的御史，发现胡惟庸利用丞相身份安插其亲信和姻亲到重要岗位，于是在皇帝面前，当面弹劾他和他的两个姻亲。御史指责丞相僭越权力，要求判处其死刑。朱元璋当时非常信任丞相，他站在胡惟庸一边，将御史关进了监狱[2]。这件事说明，御史可以弹劾最高级别的官员，但他们要冒极大的风险。1382年

---

[1] 《明史》，73.1768-1769；关文发、颜广文，《明代政治制度研究》，第136-142页。
[2] 《明史》，139.3982-3983。

改革之后，御史仍然有检举官员过失的职权，即使是最高级的官员。例如，1384年，刑部尚书开济因为一名御史的弹劾被罢免入狱，其罪名是操控上呈给皇帝的奏章[1]。

　　这里所谈及的是对高级官员、大臣的监督作用，但并未涉及到对皇帝本人的监督。事实上，在极少场合下，御史可以扮演这种抗衡势力的角色。其中最值得注意的事件，发生在朱元璋统治末期进行大清洗、大肆杀戮的时候。1385年的郭桓案（关于此案，我们稍后还会讨论）发生之后，朱元璋实施了大清洗的策略，牵连到越来越多的人。一些人鸣冤叫屈，另一些人则抱怨惩罚的范围太大[2]。民众当中议论纷纷，发出不满的抱怨。一些御史联名上书，向朱元璋报告民众的不满情绪。他们提出，由于司法机构的官员过于仓促，使无辜的人受到惩处。他们请求明太祖制止严厉的惩罚。朱元璋对御史的提醒十分重视，他下令处决了一批审刑司的官员[3]，接着于1385年8月发布敕令，向民众做出了解释[4]。这件事表明，在这个案件中，御史充当了抗衡势力的角色，而且，在他们发挥作用时，无需担心个人安全。在这个具体案例中，都察院之所以能发挥有效作用，也许是因为它涉及到民众的不满：这关系到皇帝最重要的议题之一，即涉及到天命的问题。问题的重要性，可以解释皇帝为何接受御史的批评。

　　尽管如此，我们还是认为，在朱元璋的统治下，御史台（及后来的都察院）的抗衡势力的作用受到极大的限制。1382年改革之后，尤其如此。监察御史可以弹劾最高级的官员，上至尚书、丞相。通过这种行动，他们可以检举渎职或者贪腐行为，对于完善政权的运作无疑具有一定的意义。不过，直接批评皇帝推行的政策，会有很大的危险。有些御史冒着风险去直言纳谏：最好的结果，他们的建议没有被采纳；最坏的结果，他们被关进监狱，甚至被处死。只有在某些重大事件中，涉及到

1　《明史》，138.3977-3978。
2　《御制大诰·谕官无作非为第四十三》，第45-48页。
3　《明史》，94.2318；谈迁，《国榷》，第653页。
4　谈迁，《国榷》，第653-656页。

民众的支持，一些御史的联名上书才有可能被采纳。相反，在一般情况下，朱元璋的专制政权在御史的行动中是毫无限制的。

意识形态的控制

朱元璋最初是一位隶属于红巾军的义军首领，他信奉明教。后来，他树立起一种代表儒家传统合法性的形象，逐渐与教派拉开了距离。明朝建立之后，他只推崇传统的合法性，禁止一切教派的活动，包括他原先信奉的教派：大明教、白莲教和摩尼教。他特别指出，那些宣扬邪教的巫师，凡是夜晚烧香聚会，拂晓散去的教徒，应受到以下惩罚：为首的应被绞死，其他成员各杖刑一百，并且被流放[1]。这种意识形态的正统观念，其目的显然是要防止那些传播某种预言的活动，有人利用一些风吹草动，趁机发动一场叛乱，最终导致又一个朱元璋在造反群雄中脱颖而出。

另外，他还禁止官员问卜求签，预测好运[2]，普通百姓不许干涉皇帝跟上天之间存在的联系[3]。占星术也是由皇帝批准的特权：民间不准保存算命的书籍，也不准拥有观测天文的仪器，违者会遭受一百杖刑，并且被发配到边疆[4]。

与此相反，道教和佛教并没有被禁止，但受到严格的控制。在宗教方面，朱元璋被视为一个诸说混合论者，他在各种学说中找到有趣的观点[5]。他写过一篇文章《三教论》，阐述他的混合学说，文中表达了他

---

1 《大明律》，见《皇明制书》卷十三、十四，第1896-1897页。
2 同上，第1909-1910页。
3 同上，第1895-1896页。
4 同上，第1998页。
5 John D. LANGLOIS and SUN K'o-K'uan (孙克宽), "Three Teachings Synchetism and the Thought of Ming T'ai-tsu", *Harvard Journal of Asiatic Studies*, 1983, 43, p. 97-140.

对各家学说的理解[1]。他试图控制各种宗教活动,为此他设立了一个机构,负责管理佛教僧侣的晋升仪式;他将道教首领的称谓"天师"改为"大真人";涉及到儒学宗教化的问题,他也有自己的观点。

新儒学作为政治哲学,相反被指定为官方的意识形态。不过,我们再回到他对《孟子》的查禁,这显示出朱元璋想要控制官方意识形态的内容。恢复科举考试不久以后,他注意到《孟子》中的一段话,这是孟子对齐宣王说的话:

> 君之视臣如手足,则臣视君如腹心;君之视臣如犬马,则臣视君如国人;君之视臣如土芥,则臣视君如寇仇。[2]

由于朱元璋通常对大臣们比较粗暴,并且要求他们绝对服从,所以他当然不喜欢孟子的这段话。不过,他并非真正反对孟子的思想,尤其当它涉及到君主为暴君时,民众有造反的权利。分歧也许是在造反的权利方面,大臣所采取的立场。朱元璋认为,大臣当然在任何情况下都应该是忠诚的。当君主不为民众谋取利益时,民众会起来造反,有可能会结束君主的统治,而不是像孟子所说的,由大臣们起来造反。所以,朱元璋认为,孟子对齐宣王所说的话,从大臣的角度来说,是不恰当的。于是,有一段时间,《孟子》被从科举考试的内容中取消,后来在儒生的压力下,又重新恢复了。再往后,1394年,朱元璋又重提此事,他命令儒生刘三吾删除了《孟子》中的八十五段,后来,官方的科举考试中使用《孟子》的删节版,名为《孟子节文》[3]。

---

1 《明太祖御制文集》,台北:学生书局,1965年,345-348页;还可参见:Romeyn TAYLOR, 1983, 第31-38页。
2 《孟子·卷八·离娄章句下》,见《孟子十四卷》,第64页。
3 容肇祖,《明太祖的孟子节文》,收入《容肇祖集》,济南:齐鲁书社,1989年,第170-183页。

绝对秩序的固化与分隔

明朝初期的社会，受到各种等级的限制。通常情况下，这种等级划分是世袭的，很难改变。首先，民众按照种族被划分等级：汉人、色目人、蒙古人。家庭也按照职业划分等级：民户、军户和匠户。职业种类也有等级区别：儒生、农民、工匠、商人、僧侣、道士。最后，又按照儒家官方的意识形态，制定了严格的区分性别和世代之间权力的家庭等级制度。只有最后这个等级制度不是决定性的，因为它会随着世代更替而改变。

对于儒生来说，他们是通过科举考试成为官员的，更多的是因为成绩，而不是出身。但是，极有可能的是，文人士大夫的孩子享有便利的条件，使其进入到儒生的行列。当然，确实有些农民的孩子在学校里才华出众，他们也有改变身份的可能性。除去这种特殊情况之外，匠户家庭每代都出现一个工匠，农民家庭出来的仍旧是农民。在家族问题上，朱元璋之前在很多法令中，对等级制度做过阐述。比如，《大明令》中有两段内容是涉及家族问题的。

明朝军事制度的组织也是固化的，遵循着刻板的等级和行为模式。如同我们前面所指出的，民户不同于军户。民户的成员，不需要服兵役，除非被判处充军。这是一种强行的征兵，而且是终生的。一旦被判处永久充军，其家族必须总有一个男性成员服兵役。这意味着从民户变成军户，这种户籍的转变不是自愿的。除了这种勾连民户和军户的惩罚之外，军事的问题便只属于军户。军户的归属权是世袭的[1]。作为例外，当攻克新的领地时，当地的民众可选择编入民户或者军户。至于投降归顺的敌军，在明朝的制度中，大多数情况下都要编入军户。

军户不需要缴纳赋税，也不用从事任何一般性的劳役，但作为民户，他们必须将部分时间用于在国有土地上耕种，以确保自己的生计。

---

[1] 《明史》，90.2193；关于军户的问题，可参见：王毓铨，《明代的军户》，载《历史研究》，1959年第8期，第21-34页。

每个军户，每代人必须有一个人当兵。军官的身份也是世袭的：军官的职位划分为"世官"和"流官"。世袭的职位，可以从"卫"的指挥使一直做到地方最高长官"都指挥使"。这些军官的子孙，也将承袭他们的官位，成为同一部队或分队的指挥官。至于地方军事机构（都指挥使司）里的职位，是"流官"职位，留给有功的军官。也就是说，通过建立军功晋升的可能性还是有的，但提拔的对象也只限于军官的范围。因此，明代的军官是军队内部培养的精英。

从广义上说，这种划分不同等级的做法，符合儒家区分贵贱、上下、老少、亲疏等关系的普遍原则。明朝初期社会等级制度的建立，标志着儒家意识形态独裁的第一阶段。在这个阶段，每个人必须按照等级和地位行事。

我们前面曾经看到，儒家仁慈的专制主义的基本原则之一是正名。所谓正名，就是要求名字和行为保持一致。在儒家意识形态的基础上，实现不同等级的划分，之后每个人的表现都要依据他的等级，不能再提出质疑。这一点，范德已经注意到：

> 在朱元璋实行社会控制的规划中，他的基本手段就是划分社会等级。通过划分社会等级来限制个体的可能性，在任何社会制度中，这都是重要约束。一旦人的等级被确定下来，就得服从与这种等级相应的规范。[1]

在日常生活中许多方面，民众必须选择符合其等级的态度和行为。这些刻板的行为首先涉及到礼仪，即日常生活某些特定场合下必须遵守的规矩。各种等级的人衣服的颜色、殡葬的习俗、住房及车马的式样，这些必须通过法规和政令规定下来。婚姻、遗产继承问题，也都有

---

[1] Edward FARMER, *Zhu Yuanzhang and Early Ming Legislation*, p. 106.

相关的礼仪。制定这些礼仪的目的,旨在明确强调上下级之间的等级不同,有贵贱之别,从而彰显出地位与权威[1]。比如,各种级别的官员,他们妻子的长袍和其他的服饰,都有详细的描述[2]。明朝的律令要求官员不得掩饰他们的级别,至于平民百姓,则禁止他们公开炫耀超越其等级的财富。朱元璋指出:

官舍陋于民舍,何足以统民。[3]

1392年,面对这些规矩缺失的现象,朱元璋重申了各种禁令,明确指出这是为了避免民风败坏,以及等级制度的混乱。礼仪必须与社会等级密切配合,发挥其作用:他认为,社会之所以需要礼仪,最基本的理由是可以区分贵贱,明确权力的等级[4]。这些礼仪无处不在,同样预先有标注好的路线,因此禁止任何偏离。它们构成一种令人难以忍受且专横残暴的社会秩序。

按照人们隶属的群体所制定的行为规范,还涉及到非礼仪的日常活动。1375年,朱元璋颁布了一本著作《资世通训》,其中谈到他对社会结构的看法。这本训示是以问答的形式组成的,是由一位老儒生向朱元璋提出的问题,主要涉及人们的不同等级。朱元璋指出,农民必须日出而作,日落而息,适时耕种、收获,关注天气变化,等等。除了这些跟生产力有关的训示,还有更多关于社会伦理的,要求人们与邻里和睦相处,服从皇帝的命令,等等。

在朱元璋统治末期发表的《教民榜文》,目的也是为了督促农民耕种。他认为农民当中有很多懒汉,造成某些地区缺衣少粮。每个"里"的老人,有责任监督农耕。每个村庄设立一面鼓,每到农耕时节,五更擂鼓,唤醒众人。这时,农民必须下地干活,由村里的"老人"负责监

---

[1] 《明太祖实录》,219.3213-3214。
[2] 同上,73.1343-1347。
[3] 《明太祖御制文集》,第279页。
[4] 《明太祖实录》,208.3103。

督。如果有不下地耕种者,就不许他们吃饭[1]。在《教民榜文》中另有一条,甚至描述到农民应该耕种什么作物。条目的开头,先是描绘一种自由的前景。其中写道,如今天下太平,百姓除了缴纳税粮和服劳役之外,没有其他的义务。然后话锋一转,提到百姓要履行的义务,为了让人人都衣食丰足,要求农民种植桑、枣、柿、棉等作物[2]。榜文中指出,规定这些义务,其实是为了百姓的利益,如果有不服从者,全家将被流放到边疆地区。

这种强制性劳动的氛围,目的是将日常生活转化成无意识的行动,不容许有任何偏离。这种做法可能有助于巩固和保障社会秩序。但是,这种通过绝对权力寻求一种绝对秩序的方式,可能近似于极权倾向。事实上,这种单调的、有预定目标的行为,通过其规律性,从精神上对民众施加影响。由于行为过于规范,使民众从心里屈服。因此,这种绝对秩序已经摆脱了传统的权力,用几乎可称之为极权的手段重新与权力结合。对朱元璋来说,他所寻求的社会秩序是顺其自然的。但这种在他眼中的顺其自然,是以极为机械且等级化的方式运作的。下面这段话说明了朱元璋所认为的人类社会的理想模式,这是一种蜂巢蚁穴的模式,其中每个成员都各司其职,各尽其责。

> 夫蜂蚁者,世间最微之命,分巢居、穴处之两般,有衔阵之律,本类有不可犯者。且蜂有巢、有户、有守土者,有宫、有殿、有尊王室之纲甚严者。出入有验……又蚁者穴居,有治宫室门户,与蜂相类,宫将建近于九泉,其形命虽微,能知寒而闭穴,识阳回而辟户,巡防守界,采食盘旋,列阵于长堤之下,出奇于草木之上,众蚁有绳,如兵之听将命也。呜呼!蜂小,有胆有毒,蚁微,群结继行,气类相感,治律过人。[3]

---

1 《教民榜文》,见《皇明制书》卷九,第1425-1426页。
2 同上,第1430-1431页。
3 《明太祖御制文集》,第344-345页。

这段话阐明了朱元璋梦寐以求的绝对秩序，在其内部，任何思考都被剔除，人们为了适应各种形势，其行为举止早有定式。其实，这符合朱元璋所寻求的一种乌托邦式的社会秩序，但它并不容易建立。我们下面将会看到，为什么对社会的窥探及监督，对于建立这种秩序是必不可少的。

社会的窥探与监督

我们前面已经看到，一般来说，民众不会自动地遵循礼制及其他预定的行为规范。另一方面，官员们因为职务的便利，经常受到个人财富的诱惑。所有这一切与理想的社会秩序并不相容。因此，朱元璋所推崇的绝对秩序不能自我调节。惩罚的制度可以起到威慑作用，但是，为了使惩罚具有效力，需要建立一套情报搜集系统。不要忘记在当时，一般民众很少有机会去了解其他地区发生的事情。少数可以外出的旅客，如商人或者信使，是唯一可以了解外面情况的人。在这种状况下，如果没有密探和信使系统，皇帝跟百姓一样，也会处于与世隔绝的状态。

要获得情报，必须通过到全国各地微服巡查的密探，我们可以将他们视为各种秘密警察组织的成员。在这些人当中，最受瞩目的首先是"巡按御史"，他们的职责是调查官员的所有不法行为，以便向皇帝报告。但他们监督的目标，并不包括平民百姓。明朝建立之后，一个秘密警察组织建立起来，名为"检校"。它有责任检举和揭发所有的不法行为，无论是来自官员或民众内部的。

在此之前，朱元璋还有另一个秘密警察组织，名为"锦衣卫"。这个组织的前身成立于1367年，名为"拱卫司"，明朝建立之后，改名为"都尉府"。1382年，它又被改组成锦衣卫，成为令人闻风丧胆的秘密警察机构[1]。锦衣卫是由皇帝的护卫武将组成的，它由皇帝亲自设立，直接听命于皇帝。锦衣卫拥有非常大的权力，除了通常等级制度赋予的权力之外，还拥有许多其他的特权。他们的首要职责是保护皇帝的安全，他们能够以皇帝出巡为由，随时检查所有住宅、街道及各种人员。他们同时还是密探，组成一支秘密警察队伍。他们令人深感恐惧：其成员是从京城中最有权势的家庭中挑选出来的，组成一支与正规军并行的名副其实的部队，他们有权逮捕罪犯或可疑分子，对其进行审判，并将其投入自己的监狱。在锦衣卫的监狱中，有一些声名狼藉的滥施酷刑的牢房。他们只接受皇帝的命令，所以无论是官员还是百姓，都为之胆寒[2]。锦衣卫是朱元璋建立的一个秘密警察网络，它无比强大，延伸到大明帝国的每个角落。

1381年推行的里甲制度，并不只是为了提高征税的效率。它还有另一个用途：监督民众。里长的职责其实在财政之外：他们必须通过奖励有德行的人，预防和惩罚违法的人，以保障里内的秩序。因此，它可以监督意识形态和社会。事实上，每个里是根据书面协议运作的，它按照皇帝敕令提供的模式，由里内成员共同制定。根据这个协议，所有的地方事务，应由里长负责。里长还应当提醒民众，让他们遵守德行。如果里中出现问题，由政府负责解决。因此，这是一种由民众自己执行的监督，因为里长是从百姓中推选出来的。

在1385年颁布的《大诰》中，皇帝提出要建立一种地方监督制度，要求每个里中的百姓，了解邻居所从事的职业，并且监督他们的行为是否与其职业相符。了解他人的职业，被视为人人都要履行的责任：

> 凡民邻里，互相知丁，互知务业，具在里甲。县府州务必周知，市村绝不许有逸夫。若或异四业而从释道者，户下除名……若或不遵朕教，或顽民丁多，及单丁不务生理，捏巧于公私，以构

---

1 《明史》，89.2186；95.2329-2342。
2 丁易，《明代特务政治》，第28-34页。

患民之祸，许邻里亲戚诸人等拘拿赴京，以凭罪责。[1]

因此，这种所谓的"正"业，即规定每个人的行为应当与其从事的职业相符。利用邻居作为日常的监督手段，其效果非常明显。

在《大诰》中，还颁布一种上访告状的制度，允许百姓向上申诉地方的问题，无需经过分级的管理程序。"老人"和里长有责任监督社区百姓和地方官员。如果某个地方官员滥用职权，社区负责人可以投诉他。我们后面会看到关于官员的监督问题。投诉的对象还包括"欺压百姓的人"，他们有可能是文书、信使或者社区的成员。应当举报的百姓的不良行为，其中包括：杀人、偷盗、流浪、逃兵，等等。

如果一个逃兵或逃犯躲藏在社区里，社区的负责人应该强行逮捕他，或者向官府举报，这是他们应尽的义务。反之，他们会因为未履行职责而受到严厉惩罚[2]。举报"欺压百姓者"的程序很简单，只要两到三个人签字就行。因此，如同《大诰》中引述的，当时像这样的举报数不胜数[3]。当举报者逮捕违法的人，并将其押送到京城[4]，案情便开始审理。如果举报人出错，将会被关进监狱，受到惩罚。如果举报人行动正确，则会得到重赏。林泰永研究了这种检举制度，他得出结论，当时这种手段经常被采用[5]。特别是1385年至1386年间，朱元璋下令清除欺压百姓者，要求他的臣民抓捕他们，押往当地官府或者京城。由于他对"欺压百姓者"的定义从未明确说明，因此，他号召的清洗运动，造成了混乱与报复。其中有不少虚假的指控。另外，呼吁民众揭发他们的邻居，这

1　《御制大诰续编·互知丁业第三》，见《明朝开国文献》，第98-99页。
2　《御制大诰·乡民除患第五十九》，同上书，第63-64页；《御制大诰续编·再明游食第六》，同前，第103-104页；《御制大诰续编·逃军第七十一》，同前，第210-213页。
3　《御制大诰续编·有司不许听事第十一》，见《明朝开国文献》，第112-113页；《御制大诰续编·岁进野味第六十八》，同前，第205页；《御制大诰三编·臣民倚法为奸第一》，同前，第251-274页。
4　《御制大诰·乡民除患第五十九》，见《明朝开国文献》，第63-64页；《御制大诰续编·再明游食第六》，同前，第103-104页；《御制大诰续编·有司不许听事第十一》，同前，第112-121页。
5　Tai-Yung LIN, "The system of direct petition to the throne in the time of Ming Taizu", *Ming Studies*, 9, 1979, p. 52-66.

样造成一种互相猜忌的氛围。人与人之间相互揭发，如同《大诰》中所描述的某些轶闻[1]。

给予"老人"的特权，后来被进一步肯定和推广，从1394年开始，它甚至以公文的形式出现在朱元璋统治末期颁布的《教民榜文》中。根据1397年颁布的公文，地方一级的部分权力被移交给"老人"：他们必须负责次要的民间事务，像是婚姻、邻里纠纷、轻微犯罪等等。如果遇到比较重要的事情，他们则要向政府代表移交。"老人"同样被认可的监督和指导作用，已经在《大诰》中勾勒出来：他们必须像从前那样揭发躲藏在他们里中的逃兵，并且劝说百姓遵守法律。这些条文的目的是，使地方官员从最简单且最常见的工作中解脱出来，另外，它也给百姓提供了一种机制，使他们在面对贪腐的地方官员时可以自卫[2]。

互相监督与揭发，以及随之而来的对知情不报者的严厉惩罚，这种责任体制营造了一种互相监视和普遍怀疑的氛围。人们之间不再相互信任，生活在一个持续恐惧的国家中。最终，这种地方责任制度，有可能形成一种民众的自我监督，这种方式可能比运用秘密警察更加系统化。

*

我们已经看到，朱元璋如何通过各种手段控制社会，以确保政权的良性运转，从而不失去权力。由于官员在政权内部的重要性，所以他们受到特别严密的监视。我们前面看到，朱元璋十分重视官员的作用，对如何选拔官员颇费心机。事实上，文人士大夫作为政权合法性代表群体，具有特别重要的作用。为了维护统治秩序，必须要求他们的行为端

---

1 《御制大诰三编·臣民倚法为奸第一》，见《明朝开国文献》，第251-264页。
2 Edward FARMER, *Zhu Yuanzhang and Early Ming Legislation*.

正，符合道德标准。他们对政权的支持及参与，对于政权的合法性来说是不可或缺的。当官员不再关注百姓的利益时，为了不违背天命，皇帝就不得不借助于惩罚手段[1]。而为了能够实施惩罚，必须建立一套有效的情报搜集和官员监督系统。儒家学说没有指明如何去监督官员，以及如何确保他们品行端正。相反，法家的"帝王术"中却含有一种监督的技巧，我们前面做过介绍。

朱元璋从这种技巧中得到启发，从而对他的官员实行监督和控制。韩非认为，选拔官员是十分重要的，选拔的成败，关系到社会有序或者混乱。信任卑劣的官员，有可能造成严重的后果。朱元璋的忧虑是相似的，我们前面已经看到，他多次变更官员选拔方式，对选拔结果总是不满意。虽然他必须任用官员，但由于对他们不可能信任，所以使用了各种控制手段。

根据韩非所倡导的帝王术，对最高级官员的控制有三种手段：扣押人质、高薪与威胁。扣押人质的手段，朱元璋在夺取政权时，为了控制手下的将领，已经采用过。明朝建立之后，这种做法仍然继续采用。我们已经看到，那些被判有罪的大臣和高官，通常他们的家人和近亲会一起被处死。

另一方面，朱元璋也采用高俸养官的做法[2]。有能力的文臣武将，都得到大量的封赏，通过加官晋爵，享受很高的俸禄，形成一个论功封赏的贵族体系[3]。比如李善长，是为数不多的公爵之一，也是享受岁禄最高的大臣之一。有战功的武将，被封为公爵或者侯爵。这些贵族变得非常强势，地位如此显赫，财产如此丰厚，足以威胁到皇权。元朝的灭亡，就是这样导致的。朱元璋意识到了危险，他从明朝建立之日起，就注意

---

[1] 朱元璋本人说过类似的话。可参见：《明朝开国文献》中《御制大诰·积年民害逃回第五十五》，《御制大诰·差使人越礼犯分第五十六》，第58-61页；《御制大诰续编·常熟县官乱政第四十九》，第171-173页；《御制大诰续编·朝臣蹈恶第五十》，第173-180页；《御制大诰续编·克减赈济第六十》，第196-198页。

[2] 采取这些"高薪"手段只是针对个别功臣，一般官吏薪水很低，这也是造成官吏贪腐的原因之一。

[3] Romeyn TAYLOR, 1976c, p. 57-69.

限制贵族的权力。1372年，他发布一条敕令，作为对其昔日战友，也即今日功臣的警告。敕令中禁止贵族未经许可擅自招募军队；禁止贵族及其随从利用职权欺压百姓；禁止贵族招募过多的随从，人数是由皇帝决定的[1]。如果违反禁令，将会受到严厉的惩罚。这些有功的贵族多数是朱元璋的老战友，这些措施是剥夺他们权力的方式，为了欺骗他们，给他们一些诱饵作为交换，其中包括土地、头衔、岁禄、税收优惠等[2]。正如我们稍后将会看到的，这些开国功臣多数都成为大清洗的牺牲品。

朱元璋还使用威胁的手段。朱元璋专制的最著名的范例，是他经常在上朝时当众羞辱官员，这种手段我们可称之为"廷杖"[3]：大臣或高级官员在朝廷上受到鞭打和侮辱，有时候被折磨至死，经常是因为轻微的过失。例如，1375年，刑部主事茹太素呈交一个奏折，因内容烦琐表达不够简明，其中一些字句激怒了皇上，于是当廷挨了鞭打[4]。皇帝的勃然大怒可能源于在儒生撰写的文件中，有令他不满的文字，会让人想到他曾是农民或当过和尚的往事。这件事构成了"文字狱"[5]。关于朱元璋的愤怒，我们稍后再做讨论。

朱元璋对于官员的不可预测的行为，可以从法家为了让君主控制官员所提出的主张中找到答案：不可预测的威胁和侮辱，这正是朱元璋为了维护政权所采用的手段之一。在法家主张的启发下，前面所指出的自相矛盾的做法，它们在组织的框架下是一致的，都是为了保住政权[6]。

1　《明太祖实录》，74.1379-1380。
2　关于这个问题更深入的讨论，可参见：Romeyn TAYLOR, 1976c, p. 65。
3　《明史》，95.2329；丁易，《明代特务政治》，第33-34页。更详细的研究，可参见：《吴晗文集》，卷一，第335-338页。
4　《明史》，139.3986-3987。
5　关于朱元璋大兴文字狱的问题，学界看法不一。可参见：陈学霖，《徐一夔刑死辨诬兼论明初文字狱史料》，载《东方文化》，第15期，1977年，第77-84页；顾颉刚，《明代文字狱祸考略》，载《东方杂志》，第32期，1935年，第21-34页。
6　在这个问题上有不同的看法。郭厚安认为，法家提倡的做法只是偶尔在一些特定场合下被采用，只作为儒家学说的补充。可参见：GUO Houan,"On Zhu Yuanzhang's philosophy of ruling the nation", Chinese Studies in History, 33, 2000, p. 80-104。

我们在前面提到，统治者为了维护他的政权，要利用一切可能的手段去控制官员。这会使他建立奖惩制度：不称职的官员受到处罚，而政绩显著的官员得到晋升。为此，情报系统显得至关重要：统治者失去对情报的掌控，就不能再有效地控制政府。他会陷入孤立，处于危险的境地。统治者应该经常检查官员的言论，甚至运用计谋，去审查他们是否言行一致。这样一来，官员想要通过夸大政绩来欺骗统治者，就会变得犹豫不决。

朱元璋有可能意识到情报对于维护国家政权的重要性。如同我们所提到的，他利用秘密警察，特别是让他们监督官员，检举所有违法行为。这些巡查人员，在全国各地到处巡视，把他们听到的传闻或流言报告给朱元璋。当这些巡查人员提供的情报涉及到某些国家政要时，朱元璋便会亲自核实，从而检验这些官员是否诚实，他们的言行是否一致[1]。即便是最有势力的官员，例如：李善长[2]、胡大海等[3]，对这些巡查员也畏惧三分。有一则趣闻，涉及到一位最重要的谋士宋濂：一天，宋濂因为请人吃饭，被密探监视。第二天，朱元璋问宋濂请的是什么人，吃的什么菜，喝了什么酒。宋濂的说法跟密探汇报的一致，皇帝感到满意，就不予追究[4]。这些密探还导致了丞相胡惟庸和大将军蓝玉的覆灭。在另外一些场合，这些密探被用来组织和编造各种罪名。即使是资格最老的大臣、谋士、将军，也常常因为各种无法预测的和莫须有的罪名失去地位。

另外，朱元璋还强迫重要的贵族和将军把他的养子当成贴身随扈，实际上这些人有可能是密探。这种情报网络和秘密警察，构成了朱元璋

---

1 《明史》，128.3786-3788；137.3952-3953；138.3965。
2 同上，139.3988-3989。
3 刘辰，《国初事迹》，第22页。
4 《明史》，128.3786-3787。

政权的一大特色，它的主要目的就是窥探和监督官员[1]。

尽管如此，朱元璋所使用的手段还是会有缺失，1385年颁布的《大诰》中所披露的官员集体贪污税粮案，就是典型的案例。我们前面已经看到，在《大诰》中，皇帝说明地方"老人"应负的责任，要求他们一旦发现地方官员滥用权力，就立即举报。"老人"可以逮捕腐败的地方官员，将其押往京城问罪，他们必须随身携带一本《大诰》作为通行证。反过来，如果一位清官受到他的上级诬陷，"老人"可以支持他。如果官员阻止"老人"告发他们，或者试图收买"老人"，将会受到严厉的惩罚。这种做法，是利用子民去监督地方官员。朱元璋在《大诰》中列举了大量的案例，鼓励百姓进京上访，以制止地方官员的欺压行为，其中有些案件通过上访逮捕了官员。

这种把责任交付给"里"一级的做法，在1397年颁布的《教民榜文》中仍然沿用。朱元璋在榜文中解释说，如今文人多数是不良文人，官员往往是不法之徒：他们经常贪赃枉法，对百姓胡作非为，以至于百姓到京城告状[2]。负责执行政府政策的地方官员，由于他们不值得信赖，一些重大责任就托付给里长和"老人"，特别是负责监督地方官员。

此外，这种监督有时候还会陷入不同机构的竞争。每个机构的官员负责汇报另一个机构的活动情况。比如，都察院和巡按御史的职能互相重叠，他们彼此互相监督。又如，在司法领域，三司的职能在某些方面是互相竞争的。这种竞争，使皇帝可以保持对情报的控制和决策权。互相监督，可以使皇帝从重叠的情报中鉴别真伪，并且操控官员。这种做法，同特务系统一样，完全符合韩非的主张。他建议通过相互竞争的方式操控官员，通过相互监督来控制他们[3]。

---

[1] DENG Siyu（邓嗣禹），" Ming T'ai-tsu's destructive and constructive work",1978, p. 303-308；Frederick MOTE, 1961, p. 26-29.
[2] 《教民榜文》，见《皇明制书》卷九，第1406-1407页。
[3] 本书作者有更详细的讨论，可参见：MA Li, "Zhu Yuanzhang and the Legalist 'art of ruling' ", *Ming Qing Yanjiu*, 1999, p. 101-130。

权力的垄断

权力的垄断是韩非所阐述的帝王术的主要组成部分，也可以说是这种统治手法的主要目标。韩非认为，不能让官员，尤其不能让大臣把部分皇权转化成他们自己的权力。如果最有权势的大臣拥有过多的权力，他们很快就有办法取代国君的位置。绝对不能让他们控制公共资源，也不能让他们有机会分配个人的恩惠，以免造成下属忠于他们而不是忠于国君的局面。我们还注意到，综上所述，韩非建议防止有权势的大臣组成派系，一个党派团体。

在朱元璋的统治下，这种危险确实已被察觉到。根据《大明律》，对结成奸党的大臣一律严惩不贷。对于奸党的定义，也是非常全面的，主要包括以下罪名：

  1、所有鼓动皇帝滥杀无辜的人；
  2、那些劝说皇帝赦免应判处死刑的罪犯，从而获取他们酬劳的官员；
  3、在朝廷中结党营私，挑拨离间的官员；
  4、不遵守法律，而受到上级影响的刑部官员。[1]

一般来说，当宗派主义呈现出一种可以抗衡皇权的竞争时，就会遭到镇压。上面列举的奸党罪名中，前两种情况，目的在于保留皇帝掌握生杀予夺的垄断权。韩非建议国君不要丢掉生杀大权，因为一旦失去，就可能造成政权的丧失。他认为，当奖惩的决定由其他人做出时，这些人敬畏的就不再是国君，其权威便会部分丧失。也许是出于这个原因，朱元璋想要保留死刑的裁决权。第三种情况，无论对皇帝还是对政权来说，都构成了威胁。如同我们在第二部分里分析的，元朝政权内部党

---

[1]《大明律》，见《皇明制书》卷十三，第1769-1770页。

派纷争的出现,是政权灭亡的主要原因之一。至于第四种情况,目的在于确保法律的公正实施,而不是屈从于某个刑部官员的意愿。此外,朝廷大臣组成帮派,更多的是追求个人利益,而不是社会的共同利益,这是不能容许的。因此,上面这四种情况,目的是为了维护皇权的垄断,同时也是为了保护政权[1]。

在实践当中,当官员集体卷入某个案件时,经常被冠以结党营私的罪名。在这种情况下,惩罚比个人实施犯罪更加严厉。例如,有八十位朝廷官员被判刑,罪名是挪用国家税粮,而皇帝判他们结党营私,所有的官员全部处死,即使他们当中的某些人只挪用了很小的数额[2]。

结党营私的罪行,有时候超出了上面所说的情形。所有独立于政权之外而形成的系统或团体,包括那些我们今天可称为抗衡势力的来自于民间社团的组织,都会以宗派主义的罪名被镇压。所以,《大诰》中引述过一个案例:九个人犯有重罪而被判处流放边疆。他们一到达流放地,就试图结识社会中的"顽民",并且与他们建立联系,结成团伙谋取私利。这个案件被上报到朝廷,这些流放者以及联系人全都被处死,罪名是结成乱党[3]。

失去政权的危险也许是废除丞相职位的原因。实际上,在胡惟庸担任丞相期间(1377—1380),朱元璋发现了这种迹象,胡惟庸确实利用职权,安插了许多亲戚和熟人到政府部门担任要职,造成这些官员只效忠于丞相,而不效忠于皇帝[4]。当朱元璋意识到皇权的部分丧失时,引起他的暴怒,随后造成了其统治时期的第一次大清洗。他利用这次机会,清除了将近一万五千人,这些人或多或少地卷入到胡惟庸的案件中。他试图消灭所有的他认为参与了阴谋篡权的同党。同时这一警告,还促使朱元璋于1380年进行政权体制改革,废除了中书省,将中书省的权力分散到六部,由皇帝直接领导,再不会有可以削弱皇权的中

---

1 林泰永对此也有提及,可参见:Tai-Yung LIN, 1979, p. 153-157。
2 《御制大诰续编·朝臣蹈恶第五十》,见《明朝开国文献》,第173-180页。
3 《御制大诰续编·交结安置人第八十》,同上书,第225-226页。
4 Edward DREYER, *Early Ming China*, p.102.

间环节。

　　虽然,这些重要的方面与韩非的理论有许多共同点。但是,朱元璋并没有追求韩非的治国理想。这其中包括,国君治国不必事必躬亲,只要有非常完善的手法,就可以实现"无为而治"。与此相反,朱元璋所追求的是勤政。1377年,他公开反对"无为而治"的思想,认为这是一种懒惰的借口。他表示,皇帝要日理万机,如果稍有懈怠,就会导致后患无穷。他强调说,自从明朝建立之后,他一直小心翼翼,天不亮就上朝,天黑了才回宫休息[1]。

　　韩非的"无为"思想,其实只是一种理想的境界,只有在对官员实行过度压迫的操控下才可能出现。很显然,朱元璋并未达到这种完善程度,正如我们前面所看到的,他不断地进行体制改革,改变官员的选拔方式。他始终没有发现一种令他完全满意的制度。

1　《明太祖实录》,115.1882。

第九章　大清洗、帝王之怒及专制的局限性

我们在这里将探讨朱元璋统治时期最黑暗的一面：对官员和权贵的大清洗以及对民众的杀戮。在其中一些案件中，受害者多达数万人[1]。通过道德改造或奖惩手段更进一步控制社会，而这些大肆杀戮使朱元璋经常被描绘成一个具有极权倾向的暴君。我们首先介绍朱元璋统治的三十年间发生的四次大清洗以及突如其来的杀戮。

大清洗

1376年，有数百名官员在"空印案"[2]的侦办过程中被处决。根据明朝建立之初已经形成的惯例，负责向户部呈送钱粮税款账目的地方官员，他们进京之前会先在空白文书上盖好印章。抵达京城，经户部审核后再填写内容，这样所填写的数据与实际收支数目一致，方能结账。事实上，由于路途遥远，假如账目对不上，再返回原地重填需要数月甚至一年时间。如果文书在出发之前就已经填好——本来应该这样做——户部核实的数据若与地方上报的有误差，就会被驳回。所以，地方官员事先在空白公文上盖好印章，是一种不合法的操作手段，为官僚机构的

1　《明初的恐怖政治》，收入《吴晗史学论著选集》，卷二，第665-678页。
2　谈迁，《国榷》卷六，第540页。

第九章　大清洗、帝王之怒及专制的局限性 | 213

运作提供了便利。但同时，这种习惯也有可能滋生贪污腐败行为，因为空白文书可以随便填写[1]。

1376年，最终这种惯例被朱元璋发现，他认为这是严重的过失，于是下令将所有牵涉到空白文书的官员处死。诏令下达后，有数百名地方官员人头落地，有数千名下层官员被流放到边疆[2]。同年9月，天象出现异常，朱元璋要求各级官员批评他的施政。在众多反馈中，有两位的批评过于尖锐。一位名叫叶伯巨的官员，他在对朝廷的批评中，特别指出了封藩过多，刑罚过于严厉。他指出，对被指控的官员用刑过于严苛，这会降低官员的工作效率。朱元璋对这些批评没有全部采纳，叶伯巨被关进监狱，不久被活活饿死[3]。另一位儒生郑士利，想要挽救卷入此案的哥哥郑士元，他表示，皇帝在空印案中的暴怒是没有道理的。这只是为了办事方便，避免因为一点小事而花费一年时间往返奔波。他指出，法律并未禁止这种行为，用追溯既往来惩罚官员是不公正的。后来，郑士利和他的哥哥郑士元被判服劳役[4]。

*

我们已经看到，1373年，朱元璋下令停止举行选拔官员的科举考试，之后选拔方式改为举荐制。当时的丞相胡惟庸后来被指控犯有结党营私罪：他从朋友及熟人当中选拔政府官员，并且依据自己的标准。他还试图掌握奖励与惩罚的职务。这样，他可以牢牢地掌控国家的行政事务。这令他权倾一时，可与皇权分庭抗礼。不过，这让他最终断送性命，还引发了明朝最大规模的一次清洗，可能造成四万多人丧生（包括

1　《明史》，94.2318-2319；139.3996-3997。
2　《吴晗文集》，卷二，第207页。
3　《明史》，139.3990-3995。
4　同上，139.3996-3997。

蓝玉案引起的第二次大清洗的人数，后面有详细说明），并且导致了重大的体制改革，我们对此已经做过介绍。

据《明史》记载，1379年的一天，胡惟庸的儿子喝醉酒后，骑马于街市狂奔，马匹突然受惊，将其掀翻在地上。正巧有一辆马车驶过，将其碾死。胡惟庸遂命人将车夫杖捶而死。此事激怒了朱元璋，令其偿命，不得以金帛补偿死者的家人。同年9月，占城国王派使者进京入贡，由于中书省工作失职，竟然没有秉报朱元璋。皇帝勃然大怒，下令追查责任。胡惟庸、汪广洋两位丞相以及六部官员全被关进监狱。御史中丞涂节与胡惟庸关系密切，他出于恐惧向朱元璋揭发说，胡惟庸密谋将在某次仪式上弑君。经过一番审讯，丞相胡惟庸、御史大夫陈宁以及告发者涂节三人都被处死[1]。朱元璋继续追查胡惟庸的余党，包括这次谋反头目的家人、朋友、近亲、助手等，全部被清除，无一幸免。根据统计，胡惟庸案引发的第一次大清洗，有将近一万五千人被杀[2]。

事实上，胡惟庸失势的原因并不明确。根据官史记载，他有叛国、谋反等多项罪名。官史重复了1390年朱元璋在第二次清洗时发布的判决。这份迟来的判决可能是夸大的。比如，胡惟庸被指控派人联络蒙古的领袖，要求派兵协助他。又如，胡惟庸被指控与武将林贤合谋，派他到日本寻求援助；他还被指控获得两位失势侯爵的帮助。最后，他被指控与御史大夫陈宁准备发动一次军事行动，企图谋反。这些指控的罪名，要把国内的问题或外交方面突然出现的麻烦，全部归罪于胡惟庸。另外，指控胡惟庸的罪名涉及到各种领域，朱元璋以与此案有牵连为由，清除一大批被认为可疑的官员。处决胡惟庸之后，朱元璋感觉到权力差一点就失去。如同我们前面所看到的，他重新改革了体制，目的是由他本人控制一切。

处决丞相之后，对涉案官员的大清洗又持续了很多年。在《大诰》

---

1 《明史》，308.7906-7909；2.34。
2 关于此案的详细分析，可参见：吴晗，《胡惟庸党案考》，载《燕京学报》，15, 1934, 第163-205页；John LANGLOIS, "The Hung-wu reign, 1368-1398", in *Cambridge History of China*, Vol.7, Part.I, 1988, p. 139-140。

中，朱元璋讲述了1386年为何某些官员还会被检举、判刑[1]。最后，到1390年，与此案相关的大清洗及大肆杀戮重新启动，又有一万五千多人被处死。这次新的大清洗，是由大将军蓝玉引起的，他率军在一次战役中击败蒙古军队，俘获了十年前由胡惟庸派往蒙古的几个信使[2]。这件事的起因与前任丞相李善长有关，他曾在朱元璋夺取政权以及明朝初期发挥过重要作用。他与胡惟庸关系密切（李善长的侄子娶了胡惟庸的妹妹为妻），在第一次大清洗中险些落马。越来越多的证据显示出李善长及其胞弟李存义难辞其咎，朱元璋最终下决心给李善长定罪。他迫使后者于1390年7月自杀，时年七十七岁。他的妻子连同他的亲戚，超过七十名家族成员（包括孩子和仆人）遭到处决。仅留下李善长的儿子，由于他娶了朱元璋的女儿才得以幸免。这次被杀的还有一些侯爵，包括朱元璋早期二十四位战友中的好几位，他们的罪名是，与胡惟庸及李善长串通谋反[3]。朱元璋早年的战友顾时，死后才被定罪，其子女也被处死。大清洗波及到谋反者的家族成员，还有他们的下属。这次清洗之后，朱元璋早年在义军的二十四名战友，仅剩下五人。被判有叛国罪的贵族，其爵位被废除。直到1392年，仍有官员因卷入胡惟庸案被判入狱。例如，1392年，时任工部尚书的秦逵，受胡惟庸案的牵连自杀身亡[4]。

后面这次大清洗，并非没有受到来自儒士阶层的反对。比如，李善长死后，一位名叫王国用的工部官员[5]，为李善长的死鸣不平。他辩驳说，这些指控的罪名并不可信，李善长没有任何要背叛的理由：他从中得不到任何好处。此外，处决一位声名显赫的官员，只能使政权丧失威信。1392年，一位名叫周敬心的国子监监生在奏疏中，言辞激烈地批评

---

1 《御制大诰三编·指挥林贤胡党第九》，见《明朝开国文献》，第327-330页。
2 《明史》，127.3772。
3 徐道邻，《明太祖与中国专制政权》，载《清华学报》，1970年第8期，第354-356页。
4 《明史》，138.3974-3975。
5 《明史》，127.3773。

了朱元璋的高压政策。他断言，如果不改变现状，政权不会维持多久[1]。他的话并未引起皇帝的重视。

*

1384年9月，朱元璋下令调集各地储备的粮食，发往驻守边疆的卫戍部队。所征集的粮食，必须能够维持戍边军人的供给数年。诏令下达后，必须立即执行。关键问题是粮食运输的组织工作。1385年春，北平府在运粮过程中被发现有违法行为：有迹象表明，北平布政司官员与户部官员串通，侵吞大量为边疆部队筹备的粮食[2]。这起案件涉及到一些高级官员，其中职位最高的是户部侍郎郭桓。案发后，他于1385年初被处死。但在审讯过程中，他供出一大批同谋官员的名单，这些官员，又供出其他人的名字。于是，郭桓案牵连到越来越多的人，各级官员都有，甚至波及到一些平民百姓。除此之外，郭桓还被认定为一起侵吞税钞案的主犯，其贪污所得折合一千五百万担粮食[3]。在征收地方秋粮时，又侵吞了折合两百万担粮食的税钞。这三桩案子加起来，郭桓贪污的粮钞共计二千四百余万担，超过全国一年的土地税收总额。

为了侵吞数额如此巨大的粮钞，贪腐官员使用了各种手段。在某些案件中，他们只是侵吞钱财，或将窃取的货物转卖出去[4]。在其他的案件中，他们在缴纳税粮时贿赂收税人，虚出实收，通过虚假收据窃取物

---

[1] 《明史》，139.3998-99。
[2] 侵吞的数量估计在七百万担左右。关于此案的详细描述，参见：《吴晗文集》，卷二，207-209页；还可参见：Tai-Yung LIN, *Chu Yuan-chang and his administration of justice*。
[3] 《御制大诰·郭桓造罪第四十九》，见《明朝开国文献》，第53-54页。
[4] 《御制大诰·奸贪诽谤第六十四》、《御制大诰·设立粮长第六十五》，同上书，第70-73页。

资[1]。这种贪污手段也可以称为"买放"，即花钱买收据。应该签收的户部官员，与缴纳税粮的地方官员共同分赃。这种做法，也牵涉到一些平民百姓，当他们缴税时也采用这种方式。特别是在1382年至1385年间，当粮长制度被废除的时候。

侵吞的物资被换成钱财，闲钱经常被借给下级官员。这些借款日后必须连同利息一并偿还，借贷利率高达百分之百[2]。就这样，贪腐官员变得越来越富有，受到牵连的其他官员全都保持沉默。当整个案件被揭露出来时，所有的同谋者都受到严厉追究。由于各地官员之间的借贷关系盘根错节，判定罪行的调查和追缴赃款也历时长久。另外，追赃行动本身也滋生了腐败。追赃任务交由布政司负责，布政司又把任务下达给各府、州、县。官员都有明确的追缴数额。他们经常利用职权到处强征税款，搜刮百姓。如同朱元璋所说的：

借此追赃之名色，一概遍邑科敛。[3]

在某些案件中，官员们榨取百姓的钱财，十倍于应当追缴的赃款数额，并且把多余的部分据为己有[4]。当事情败露时，这些官员受到严厉的惩罚。但是，也有些官员未能完成追缴任务。所有这些行为，对于民众并非没有影响，偶尔还会出现一些假官员，他们冒充官员追缴赃款、敲诈百姓。

郭桓案引发了朱元璋统治时期最大规模的一次清洗，所有被怀疑有牵连的人，与此案多少有瓜葛的人，无论是六部官员，还是地方官员，或者平民百姓，都无一幸免。根据学者吴晗的统计，有大约七万到

---

1 《御制大诰·仓库虚出实收第三十四》、《御制大诰·奸贪诽谤第六十四》、《御制大诰·设立粮长第六十五》，见《明朝开国文献》，第41页；第70-73页。
2 《御制大诰·开州追赃第二十五》，同上书，第29-30页。
3 《御制大诰续编·追赃科敛第三十六》，同上书，第148页。
4 《御制大诰·陕西有司科敛第九》，同上书，第15-17页。

八万人受株连被杀（该数据包括空印案的死亡人数）[1]。这次镇压是十分残酷的，因为涉案的五个部（只有吏部幸免）的所有官员都被判处死刑，估计总数有超过两百多位官员[2]；还有都察院的大部分御史，也被处死[3]。全国十三个布政司当中的十二个，连同地方官员也受到牵连。有数千名负责管理粮仓的官员被判刑，他们被断手、刖足、斩首。犯罪的农民受到更为宽大的处理。他们涉案的罪名是：参与侵吞税粮；接受赃款的借贷等等。对于犯罪农民的处罚，轻则罚款，重则判服劳役[4]。因此，这桩侵吞粮食的案件，成为一件轰动全国的丑闻。

　　从1385年5月起，大规模的镇压蔓延到全国的民众当中。对朝廷的不满情绪，从这年夏天开始出现。有些涉案受罚的人不满朝廷的做法，认为处罚过于严厉，另一些人虽然遭受惩罚，但仍坚持自己无罪。我们前面曾经提到，都察院一些御史联名上书，告诉皇帝民怨沸腾，指出造成这种局面的部分原因，是司法机关过于严厉。为了避免引起造反，朱元璋不得不通过判处一些司法官员死刑做出回应。另一方面，他发布文告，向民众解释这次镇压的原因。这篇诏书于1385年8月颁布，朱元璋向民众解释说，这是为了民众的利益，这些官员辜负了他的信任，他们造成了社会混乱，并且危及到百姓。他试图通过与民众的直接沟通，重新获得百姓的信任，寻求支持。他指出，任命官员是为了民众的利益，但他们无所作为，营私舞弊。按照惯例，他开始清除可能造成民众恐慌的因素，但结果却带来更多的压制。最后朱元璋抱怨任务太艰巨，要求民众理解他[5]。面对民怨沸腾，朱元璋没有任其蔓延，他安抚民众，说他们有理由不满，并且采取各种必要措施，以确保民众对他的支持。

1　《吴晗文集》，卷二，第206页。有学者认为，吴晗提供的数字过于夸大。
2　Tai-Yung LIN, *Chu Yuan-chang and his administration of justice*, p. 65.
3　《御制大诰·朝臣优劣第二十六》，见《明朝开国文献》，第30-32页。
4　《御制大诰·仓库虚出实收第三十四》，同上书，第41页。
5　谈迁，《国榷》，第一册，第655-656页。

*

　　1380年以后，朱元璋改变了对蒙元政权的策略。以前，在胡惟庸的主导下，对蒙元的外交策略是试图维持良好关系。胡惟庸案发生后，由于蒙元政权参与了谋反活动，对蒙古的敌对状态又恢复了。这种新格局取得的最初成果，是征服云南。1381年，它成为大明帝国第十三个省。随着1385年徐达死去，征讨蒙元的明朝军队由宋国公冯国胜统帅，副将军是傅友德和蓝玉。虽然1387年的第一场战役获胜，但冯国胜还是失宠下台，被蓝玉所取代。1388年，蓝玉率领大军在对蒙元的战争中，获得几次重大战役的胜利，俘获了蒙元贵族三千多人，还有他们的部落成员七万多人，其中包括一些皇室的成员[1]。蓝玉被封为凉国公，他获得的俸禄几乎是全国最高的（仅次于李善长）。蓝玉手下的六员大将，也被封为侯爵。我们前面已经提到，这些胜利引发了1390年胡惟庸案的又一次大清洗，并且导致了李善长的灭亡。

　　1392年底，最后一次平叛战役后，蓝玉回到京城。他等着加官进爵，而朱元璋却试图限制武将的权力。这年秋天，又有两名封侯的武将被处死。也许是头脑发昏，或是出于虚荣心，蓝玉公开要求得到最高的荣誉称号（太师），其中一个头衔在1390年李善长死后空缺。朱元璋通过锦衣卫的头目获悉此事。蓝玉被指控谋反，其他的不法行为也被发现。比如，说他滥用职权，并且培养了许多家奴。这些罪名其实并不重要，但却成为清洗蓝玉党羽的借口。在审讯过程中，他供出一些侯爵和其他的贵族，还供出了吏部尚书。1393年3月，他们全部被处死。这次大清洗中被杀死的，总计超过一万五千人[2]。

　　这次清洗并未持续多久。1393年9月，朱元璋下诏，对胡惟庸案和

---

[1] 《明史》，132.3865。
[2] 按照谈迁的统计，胡、蓝两案受株连被杀的共计三万人。可参见：谈迁，《国榷》，第一册，第739-745页。

蓝玉案中的幸存者不再追究[1]。稍后朱元璋在《逆臣录》[2]中发表了他的总结。不久以后，不知出于什么原因，剩余的将军们最终被强迫自杀：1394年底，颍国公傅友德被赐死；1395年1月，定远侯王弼被赐死；1395年2月，宋国公冯胜（即冯国胜）也被赐死[3]。至此，依靠军功封侯晋爵的贵族所剩无几，其他大多数人，他们的爵位都是世袭的。他们不再拥有军队的指挥权，这些权力已经转移到亲王手上。因此我们可以看出，朱元璋筹划的这些大清洗，目的是巩固他的权力。相反，某些清洗和个别惩罚，似乎是朱元璋一时兴起，因其暴怒所致。我们下面将分析帝王之怒及其政治后果。

帝王之怒

我们现在分析朱元璋的暴怒及其政治后果。在分析之前，我们要介绍一下人类情感的基本特征，特别是愤怒的特征。

关于情感，已经有大量理论方面的研究，也有不少属于单纯的描述[4]。限于篇幅，我们这里仅提出两个与情感有关的问题，因为它们与下面的讨论有关：情感是什么？它有什么作用？关于这两个问题最严谨、最全面的回答，来自进化心理学。这是一项功能的研究，确定了情感是人类进化的产物，对人类的生存发挥了作用[5]。这项研究可以从人类早期漫长的采集和狩猎活动中找到证据：人类生活在四周有

---

1 谈迁，《国榷》，第一册，第744页。
2 《明史》，132.3866。
3 同上，752-755页。
4 比如，Handbook of emotions 一书中对各种情感有详细的分类描述。可参见：Handbook of emotions, edited by LEWIS, M. and J. M. HAVILAND-JONES, The Guilford Press, New York, 2000, 720pp.
5 NESSE, R.," Evolutionary explanations of emotions ", Human Nature, 1, 1990, p. 261-289; The adapted mind: evolutionary psychology and the generation of culture, edited by BARKOW, J., L. COSMIDES and J. TOOBY, Oxford University Press, New York, 1992.

潜在危险的复杂环境中。在这种背景下，个体有能力迅速做出适当的反应，才能比别人更有机会生存。如同生物学家文森特（J. D. Vincent）指出的：

> 情感行为的一个显著特点，是可以在个体或物种的生存中发挥调节作用。[1]

就这样，情感从我们自身与世界的关系中产生。在一代代繁衍过程中，人类的情感得以发展，在面对外部世界时，提供了赋予行动优先权的更完善的手段。进化心理学家科斯米德斯和托比（Cosmides et Tooby）认为，人的情感如同"程序"一样，它处于运行状态，是为了调节机体对复杂状况的反应，其中包括了捕食者的出现，艰难的气候条件，寻找同伴或食物等等。于是，人的情感有助于避免不和谐的声音，要做出行为的选择，而从统计学的角度看，它应该是特定环境下的最佳选择[2]。所以，情感创造了一种精神状态，使人在面对复杂的可能性时做出迅速的选择。如果没有情感，个体就必须思考，去理解所面对的处境，而这使他耗费了也许是非常宝贵的时间。

因此，情感是行为的"发动机"，似乎对于个体抵御外部世界是不可缺少的。事实上，情感经常被视为理性的对立面，也即是理智的反面。此外，人们可以看到，公众的看法似乎赞同这种与思考及情感相对立的观点：一个不喜怒无常的人，常被视为是冷漠的人，"精于算计"的人。相反，一个"感情用事"或"情绪化"的人，则被认为是鲁莽的人。另外，情感还被认为是我们动物本能的召唤：直到最近，在西方某些阶层中，仍然认为所谓的"受过良好教育"，就是不公开表露自己的情感。

---

[1] VINCENT, J. D., *Biologie des passions*, Paris, Editions Odile Jacob, 1999, p.79.
[2] L. COSMIDES and J. TOOBY, "Evolutionary psychology and the emotions", in *Handbook of emotions,* p. 91-115.

我们这里举一些例子，说明这种情感进化论及功能论的观点。比如，在恐惧的影响下，人们难以入睡：这让我们在掠杀者出现时，首先选择逃走而不是睡觉。再比如，如果我们独自处于黑暗中，会变得异常敏锐，即便是最微弱的声音，也不会忽略。另外，在感觉到危险的状况下，我们会忘记饥饿、焦渴、不适及疲倦。

愤怒是一种特殊的情感，它可以清除阻挡我们实现某种深切欲望的障碍[1]。愤怒会造成人身体上不同的物理变化：手臂肌肉的紧张增大；脸部和手的温度升高；呼吸和心律加快等等。愤怒使我们的身体进入格斗的准备状态。卡罗尔·伊扎德（Carrol Izard）说：

> 体力充沛和自信的感受，使人变得勇敢和有干劲。[2]

也许达尔文第一个强调指出，自然选择有利于那些最愤怒的有能力的个体：

> 我们不应该忽视变异和自然选择所起的作用。由于某些雄性动物，成功地向竞争者或他们的敌人显示，它们是最可怕的。与其他雄性动物相比，即使它们没有决定性的优势，至少在后代继承它们的品质特征方面，具有一定的平均优势，无论这些特征是什么，也不管它们是何时获得的。[3]

但是，当一个人愤怒的时候，格斗不是不可避免的：因为这确实是对手明显看到的，它可能构成一种威胁，让对手屈服，这样就使得战斗可以避免。因此，在人类进化过程中，愤怒具有一种双重功能：一方面，

---

1 IZARD, C., *Human emotions*, New York, Plenum Press, 1977, p. 329-330.
2 Ibid., p. 331.
3 DARWEN, C., *L'expression des émotions chez l'homme et les animaux*, traduction D. FERAULT, Paris, Editions Payot et Rivages, 2001, p. 142-143, 该书英文原著出版于1872年。

它进入战斗准备状态,另一方面,它试图让对方恐惧,从而避免战斗。实际上,由于愤怒导致的肉体争斗很少发生。

根据人类的"遗传规划",愤怒情感的表现,目的是为了清除某种障碍。面对大自然的力量,比如河流泛滥,道路被淹没,人们是不会愤怒的。因此,人们之所以愤怒,是为了清除对内心欲望所构成的障碍。而且,不管是为了威慑对方,还是为了进入战斗准备状态,愤怒可能会调动身体所需的更多力量。此外,像所有情感一样,愤怒总是以牺牲思考为代价,结果是受愤怒影响的人,其反应往往是过度的。实际上,如果行为不夸张的话,威胁不会发挥作用。

我们在这里讨论对于专制君主,愤怒有什么特殊意义。我们可以看到,情感之于个人,跟政权之于集体之间,有着何其惊人的相似性:情感是个体行为的发动机,而政权对于集体行为来说,也是发动机。对一个专制政权来说,个体和集体汇聚在国君一人身上。如果国君有德行,为民众谋求利益的话,就会创造出一个特殊的局面。确实,国君的目标和政权的目标是汇聚在一起的。如果政权遇到阻碍,国君会以个人的方式感受到障碍存在,他会变得愤怒。愤怒是一种通过进化选择的情感,为了让个人消灭他实现目标过程中的障碍。然而,这种情感不是为一个掌握巨大权力的专制君主所准备的。

在愤怒的支配下,个体会迅速地毫无理由地做出抵抗,甚至是非常激烈的反应。在专制君主愤怒的状况下,这种过激反应会产生严重的后果。根据这种分析,会得出一个近乎荒谬的验证:特别是那些有德行的专制君主,他们一心为民众谋取利益,会表现出最具毁灭性的愤怒。

古罗马时代的哲学家塞内卡对于暴君之怒所造成的重大灾难,做出过如下分析:

> 如果你想要考察暴君之怒所造成的后果和破坏,那么我可以说,任何一次灾难都没有让人类付出如此昂贵的代价。你会

看到大肆杀戮，痛苦烦恼，人们互相攻讦，看到城市毁灭，种族灭绝，首领被出卖，房屋被点燃，火势蔓延，连城墙都无法阻挡。敌人的大火吞噬了巨大的空间。看看那些如此闻名的城市，它们的城基已几乎无法辨认：是愤怒摧毁了它们；看看那些荒漠，方圆数百里没有人烟，是愤怒造成了荒芜。[1]

历史学家吉尔德·阿尔托夫（Gerd Althoff）提到过欧洲中世纪背景下的暴君之怒。他写道，法国编年史作者、图尔主教格利高里（Grégoire de Tours）经常将国王的极端行动归结为是由他们的暴怒引起的[2]。关于暴君之怒的其他研究，我们目前还没有见过。

这种普遍的理论框架，使我们后面可以探讨朱元璋的暴怒及其政治后果。

暴怒及其政治后果

在朱元璋的暴怒中，最值得关注的，是针对文人儒士的。吴晗曾经引述过国子监助教金文征的案件。金文征成功地说服了吏部尚书余熂，迫使国子监校长宋讷退休。朱元璋十分赏识这位校长，他获悉后大为震怒，立刻处决了金文征、吏部尚书余熂以及其他与此事相关的教官[3]。他们的案件被收入到《大诰》中。我们还能从中找到左都御史杨靖的案件，他为人忠诚干练，也深得皇帝的赏识。他只是因为乡人代改诉状一事，引起皇帝的愤怒，将他赐死[4]。还有一件案子，说的是左佥都御

---

[1] SÉNÈQUE, *La colère*, in *Entretiens, Lettres à Lucilius*, Paris, Robert Laffont, 1993, p.110.
[2] ALTHOFF, G., " Ira Regis: Prolegomena to a History of Royal Anger", *Anger's Past, the social uses of an emotion in the Middle Ages*, edited by B. H. ROSENWEIN, Londonm Cornell University Press, 1998, p.62.
[3] 《明史》，137.3952。
[4] 同上，137.3970。

史严德珉因病辞职，引起皇帝的疑虑：

> 吴人严德珉，由御史擢左佥都御史，以疾求归。帝怒，黥其面，谪戍南丹。[1]

1376年，空印案发生后不久，皇帝要求公众谏言，批评他对这桩案子的处理，他还宣布说，即使是最直接的批评，他也会接受。儒士叶伯巨的奏折写得最详细，批评得最尖锐。他的上书可以归结为三点：分封太侈，用刑太繁，求治太急。第一点指出亲王的权力过大；第二点说文人的处境艰难；第三点说皇帝对空印案的反应过度。尽管皇帝事先有过承诺，但当他读到这份奏章时，还是勃然大怒[2]。叶伯巨最终逃脱了死刑，但不久饿死在狱中。另一位文人郑士利也响应号召，上书批评朝政。他也触怒了皇帝，被发配去服劳役。

正如我们前面所提及的，文人受到迫害或遭受"廷杖"之辱，通常都是皇帝暴怒的牺牲品。比如，1382年，朱元璋大力推崇佛教的做法，受到首席大法官（大理寺卿）李仕鲁的强烈批评：这表明皇帝舍弃儒家圣学而崇尚佛教异端。后来，他请求皇帝恩准退休，回归故里。皇帝盛怒之下，命令卫兵将李仕鲁当场打死。另一名相同职务的官员陈汶辉，也进行了类似的批评。皇帝并未处置，但他惊慌失措，唯恐帝怒将至，遂投河自尽。儒士茹太素，向来以忠诚和敢于向皇帝纳谏著称。1375年，他递交一份奏折，激怒了皇帝，当廷遭到鞭打。类似的例子还有，侯爵朱亮祖因多次犯法，1380年连同儿子一起被抓到京城，父子俩在朝廷被杖击而死；另外，工部尚书薛祥曾经受到胡惟庸迫害贬职，胡被处死后，薛祥虽然复职，但不久之后，朱元璋因他之前没有揭发胡惟庸，1381年将其廷杖致死[3]。

---

1 《明史》，138.3971。
2 同上，139.3990-3995。
3 同上，139.3986-3997；132.3860；138.3973-3974。

朱元璋统治时期的"文字狱",也与他的暴怒密切相关。比如,据野史记载,明初儒士徐一夔写的奏表里因出现"光"字,激怒了朱元璋,他认为"光"是讽刺他当过和尚,于是把徐一夔杀了[1]。后来,文人们变得惧怕写奏章,要求皇帝规定上奏文书的格式,不同场合采用不同的格式,以确保不会触发帝怒。比如,向皇帝庆贺谢恩的表笺,就制定了规范[2]。其他的文书也会招来杀身之祸:例如,文人张信奉旨写诗,以教导诸位王子。不料激怒了皇帝,并因此丧命。金事陈养吾也因写诗而丧命:"城南有嫠妇,夜夜哭征夫。"朱元璋嫌他写得太伤感,动摇了士气。一怒之下,派人将他扔到水里淹死[3]。

这种滥施暴力,使文人士大夫们惶恐不安。他们甚至可以从皇帝佩戴玉带的方式,来判断皇帝的心情好坏。如果皇帝的玉带位置很高,说明他心情不错。如果他把玉带放到肚皮以下,满朝官员就会吓得浑身颤抖。正如牟复礼所指出的:

> 他突然爆发的雷霆之怒,是极其危险的,导致满朝文武习惯于观察他的举止,以揣度他的心情,据说他稍为提高嗓门或叫出声来,即使还未听到他说什么,官员们就会吓得晕倒在地。[4]

有些文官每天早晨上朝之前,要跟家人做临终告别,因为担心不能活着回来。正如史学家赵翼指出的:

> 时京官每旦入朝,必与妻子诀,及暮无事则相庆,以为又

---

1 徐祯卿,《翦胜野闻》,北京:中华书局,1991年,第28-29页。该著作属于野史,本书作者认为需谨慎参考,有些地方也许夸大。
2 徐祯卿,《翦胜野闻》,第28-29页。
3 刘辰,《国初事迹》,中华书局,1991年,第31页。
4 Frederick MOTE, 1961, p.27.

活一日。[1]

此外，某些重要的决定，似乎是在朱元璋面对某些事件产生暴怒之后做出的。他统治后期的某些杀戮行为，似乎是在发现下属背叛时因一时之怒所引发的，空印案和郭桓案就是这种情况。1376年，当空印案被揭露时，朱元璋将其视为贪腐官员的阴谋。根据史料记载，朱元璋暴怒之下，下令将所有名字出现在空白文书上的官员全部处死[2]。数百名地方官员被处决，他们的副手和下属，有数千人被发配到边疆。

当郭桓案被揭发时，朱元璋变得怒不可遏。他愤怒地下令对违法的官员实施最严厉的惩罚[3]。正如我们前面所看到的，该案牵涉到一些高级官员，其中级别最高的是户部侍郎郭桓。事件所导致的冲击波，波及到越来越多的人，各个层面都有，甚至是普通百姓。这两次大清洗，都是由皇帝的暴怒引发的，造成了严重的政治后果：有很多被杀的人是无辜的，朱元璋后来也承认，镇压行动做得太过了。

总而言之，朱元璋个人性格的政治影响，牟复礼以及范德已做过重要分析。比如，牟复礼指出，朱元璋的专制首先源于他的个人性格[4]。牟复礼则将他描绘成喜怒无常，丧失理性，近乎疯狂的人物：

> 尽管他表现得如同魔鬼附身，失去理智，无法自控，但他仍不失精明。他的猜疑，使他表现出一些残暴的行为，缺乏理性的克制。[5]

1　赵翼，《廿二史札记》，见《明祖晚年去严刑》，第680-681页。
2　《明史》，94.2318-2319；139.3996-3997。
3　《御制大诰·勾取逃军第二十一》；《御制大诰·耆民奏有司善恶第四十五》，见《明朝开国文献》，第23和49页。
4　Frederick MOTE, 1961, p. 25.
5　同上，p. 23.

范德的看法与牟复礼一致，他特别强调明朝专制的个人色彩：

> 在中华帝国的重建过程中，朱元璋是主要实施者。他的局限性，如生性多疑，对批评的敏感，他的残暴倾向，以及他所授意的大量杀戮和恐怖行为，使明朝的专制带有鲜明的个人色彩。[1]

如此强调皇帝性格特征的重要性，是为了凸显其暴怒所产生的政治后果。

牟复礼所强调的"狂怒"一词，事实上，似乎是专制主的一种职业病。这一点与我们前面所分析的非常吻合：专制主的暴怒可以摧毁一切，因为从本质上说，暴怒应当是夸张的，会导致过激的行为，尤其是因为专制主不懂得抗衡势力。对于朱元璋来说，这种夸张是明显的，因为所有的评论者都强调说，即使是微小的过错也会导致极端的惩罚（如廷杖、文字狱等，就是例证）。

但在另一些状况下，朱元璋的暴怒会导致更大的后果。事实上，在暴怒的影响下所做出的某些政治决策，牵扯到的人数非常多（例如大清洗时）。这些决策与皇帝在其他状况下所做出的决定相比，未必更深思熟虑。此外，我们还注意到，情感可以使个体迅速做出决定，但对于权力的运作并不一定适合，因为它需要深思熟虑。愤怒也是经过漫长进化过程的筛选保存下来的，它在艰苦的环境中为个体提供帮助。但这种情感对于专制主来说，并不完全适合：由于专制主的权力没有遇到任何抗衡势力，所以他根本不需要借助这种情感。因此，我们可以说，专制主经常会发怒，但暴怒对专制主来说，并不一定适合。这一点，被公认为是明太祖朱元璋的妻子马皇后的观点，她曾经对丈夫说：

> 帝王不以喜怒加刑赏。当陛下怒时，恐有畸重。[2]

---

1 Edward FARMER, *Zhu Yuanzhang and Early Ming Legislation*, p. 9.
2 《明史》，113.3507。

对文人儒士来说,皇帝的暴怒以及随之而来的惩罚,只会吓跑某些文人,让一大批效忠于朝廷的人才远离官场,放弃为公众服务的机会。为皇帝服务并且让他注意到的人,将会身处险境。有些文人儒士退隐乡野,夺取南京后的儒士田兴,就是一例。有些官员则要求辞官,但这种举动也要承担风险。因为在朱元璋看来,凡是拒绝为他效力的文人儒士,实际上是对其政权合法性的否定,有可能被处以死刑,并且没收财产。例如,有两位儒士自断拇指,以逃避执笔。他们被押往京城,被判处凌迟。1376年,儒士叶伯巨在呈交皇上的奏折中也指出,如今的儒士通常以不奉诏当官为幸,因为他们会被强迫去服苦役,或者换来鞭刑的惩罚,甚至被活活打死[1]。因此,我们可以说,暴怒会让皇帝失去听取文化精英的各种建议并且获得他们帮助的机会。

关于朱元璋的暴怒,还引发另外一些评论。但无论如何,在涉及到公众利益方面,皇帝的暴怒仍有积极的一面。事实上,一个对公众利益漠不关心的皇帝,即使他感觉到遭受嘲弄,也不会发怒。朱元璋的暴怒,至少可以肯定:他可能是真心为民众谋取利益的。这就表明,它很可能是朱元璋真正的个人目标:当这个目标遇到阻碍时,例如官员腐败或有不良企图时,这些官员便会遭到皇帝愤怒的打击。因此,愤怒是皇帝的协助者,使他有可能去实现自己的目标。贺凯曾经提出类似的解释:他注意到,朱元璋喜欢打击的目标,是富人和有权势的人:

> 最令他感到愤怒的,莫过于那些对百姓进行横征暴敛的人。与那些不知民众疾苦的君主不同,他多次申明,最迫切的任务,是确保百姓免受欺辱,不受剥削,其言辞之激烈,流露出真诚。[2]

所以,在这种状况下,朱元璋的暴怒有其积极的一面。诚然,它的

---

1 《明史》,139.3991。
2 HUCKER, Ch., *The Ming Dynasty: its Origins and Evolving Institutions*, p. 67.

消极方面更为重要，尤其是当专制主的暴怒过度时，由于缺乏抗衡势力，可能会造成严重的后果。

朱元璋专制政权的局限性

我们前面提到的几件大案，揭示出皇帝的权力及其残暴手段，尤其是当他发怒的时候。它们有一个共同点：所涉及的都是政权的统治阶层，其中包括官员和贵族。大清洗是朱元璋统治后期的标志性特征，它通常被解释为，一方面朱元璋害怕失去政权，另一方面他要清除势力强大的将军，为皇位的继承铺平道路[1]。实际上，这种解释特别适用于胡惟庸案和蓝玉案，胡惟庸利用职务之便，掌握了过多的权力，对皇权构成了威胁。

在胡惟庸案中，对这位丞相行为的责难，主要是由当时的制度造成的。当时科举考试被取消，国家行政管理所需的官员，其选拔标准具有更多的主观性。主导官员选拔的丞相的个人标准，自然就成为选拔官员的标准，这也促使在丞相周围形成一个小圈子。缺乏明确的选拔标准，就会催生出宗派。同时，丞相的权力过于膨胀，这也是体制造成的。这并不等于说，胡惟庸是无辜的，他的结党营私纯属子虚乌有，而只是说，如果说他有罪，也可能是制度的产物。后来朱元璋对官员选拔方式和政府机构进行了改革。改革之后，这种危险就可以避免了。

至于蓝玉案，对他的谋反指控过于轻率，难以服众。他被铲除，仅仅是因为势力太大。蓝玉被处置后，许多军人贵族以及文官和他们的家人也被处死。通过这次大清洗，也许能够将对皇位的继承构成威胁的势力强大的军人贵族都清除掉。事实上，与此同时朱元璋的儿子们被封

---

1 Chen Xinquan, "A tentative analysis of the slaughter of meritorious officials and veteran generals by Zhu Yuanzhang", *Chinese Studies in History*, Vol. 33, 2000, p.50-67.

为亲王，他们获得了军事指挥权，并且在位于边疆的封地，承担着保卫帝国的职责。朱元璋死后，所有的军事指挥权都在诸位亲王手中，昔日的功臣幸存者寥寥无几。虽然这是朱元璋采取行动的初衷，但后来发生的事却出乎他的预料，因为皇位合法继承人缺乏可以跟亲王抗衡的武将，很快就被他的叔叔推翻。

相反地，我们前面提到的其他案件无法解释为权力斗争。这些由官员集体过失引发的案件，受到非常严厉的惩罚。在空印案中，官员的错误主要源于典章制度的不合理。这些官员的最初动机并不是贪财，他们受到严厉惩罚，主要是为了杀一儆百。至于郭桓案，官员的错误更加严重，因为它涉及到全面的腐败和贪污。这些犯错的官员根本不想扩大权力。相反，我们可以将他们视为对政权的威胁，因为他们会扰乱政府的运转。他们被惩罚的原因是：如果政府不能履行职责，政权的合法性就会受到威胁。

因此，大清洗似乎有两种不同的功能。一方面，它可以清除某些对现行或未来政权构成威胁的人；另一方面，它也可以清除那些影响政府正常运转的官员。大部分清洗之后，朱元璋都会公布他的看法，替自己辩护。他所列举的解释中最基本的一点，是为了寻求民众的利益。我们前面已经说明得很详细，朱元璋所采取的行动，都是为了维护其政权的合法性。在他看来，结党营私、军事谋反、贪污税粮，都是违背民众利益的行为。按照他的逻辑，那些犯罪的贵族和官员，应当被清除，因为他们损害了民众利益。如果涉案的是老百姓，如同郭桓案中出现的那样，我们看到朱元璋的态度十分宽容，只是强迫他们以实物进行赔偿，从而免除了体罚或者死刑。

作为享受国家特权的一部分人，贵族和官员应该树立起榜样。政府官员组成了政权合法性代表群体，它的良好运转，对政权来说是至关重要的。必要的时候，对该群体进行部分清理，可能不会对政权构成威胁。相反，朱元璋不可能下令杀戮民众。如果那样做，他就会失去民心，并且危及到政权的合法性。维护政权合法性的需要，成为对朱元璋专制政权最重要的限制。这种需要终止了一次大清洗：在郭桓案中，即便是百姓受到的刑罚比官员轻，但惩罚的结果仍然在民众中引起不满。当一群御史联名上书，将这种不满上奏皇帝时，大清洗就被终止了。朱元璋甚至想去面对百姓，为自己进行辩解，他在《大诰》中为自己的行动做出了解释。

朱元璋发现民众不满就停止镇压的行为，具有特殊意义。这说明朱元璋的心智很健全，他没有忘记他的政权目标（如果他真是偏执狂，可能会继续杀戮）。这件事还表明，无论发生什么，朱元璋不愿失去民众的支持。虽然他大权在握，可以迁移民众，可以征服新的领地，可以颁布严刑峻法，可以杀死数以万计的人，但他并未掌握一个毫无限制的政权。最大的限制是他强加给自己的，为了能够保住天命。

我们已经强调过，民众的利益对于朱元璋的重要性。无论在他夺取政权过程中还是在他行使帝国权力的时候，这一点都非常明显。涉及到监控社会，滥施酷刑或大肆杀戮等，这可能是他专制的一面，他总是辩解其目的是为民众谋取利益（甚至为此采取极端手段）。

合法性的约束，还要求政府机构的良好运转。为了达到这一目标，官员是不可缺少的。但是，这些官员往往难以驾驭。对官员的控制和纠劾，是朱元璋最头疼的问题；而这对于确保政权的合法性来说是必需的。这是对绝对权力提供的另一种限制，我们下面将对此展开讨论。

魏特夫曾经提出一种实用的限制，使所有专制政权不得不接受。它可以称为行政效果递减法则。根据这种法则，即使是最专制的国家，如果要对公民的生活实行全面监控，所付出的代价太大。达到某种程度后，再增加就会失效，造成得不偿失的局面。朱元璋寻求对社会的全面监控，要真正实施这种控制，需要投入大批的官员。"里甲"制度的建立，把监督的任务交给里长、"老人"，以更低的成本代替了地方官员的职能。

运用魏特夫提出的这种法则，可能有另一种方式，对于实施官员的大清洗加以限制。清除腐败官员，目的是为了"净化"官员队伍，让他们更好地发挥作用。但同时，官员又是政府运转所不可缺少的。"净化"

到一定程度后，如果继续清洗，从政府运转的角度来说，可能会更加不利，不如终止。这种法则为大清洗提供了非常有效的限制，是另一种由政权合法性的约束所提供的限制。

朱元璋在其统治过程中，曾多次下令进行大规模的杀戮。杀戮的对象主要是贵族和官员。某些杀戮可以解释为想要清除权力过大的人，另一些则应该解释为意图清除贪腐官员，不让他们阻碍政府的正常运转。当杀戮发展到将要失去民众支持的时候，朱元璋就会立刻下令终止。这表明了他的权力有很大的局限性。他想要全面监控社会，目的是确保他所认为的民众的利益。为此，他不惜清除所有障碍。对于他的独裁行为，只有两种限制：一种是对其自身的限制，目的是确保民众的支持；另一种是更加实际的限制，因为政权的运转需要官员。

*

作为明朝的开创者，朱元璋赋予自己一种特殊使命。事实上，他曾经指出，夺取政权的行动给他带来一种很重要的经验。这种经验告诉他，天命需要民众的支持。后来，他没有忘记这种经验，无论在任何场合，为了获得民众的支持，他都把民众的利益作为首要目标。与此同时，他自认为为专制君主，不允许任何抗衡势力的存在，感觉自己凌驾于法律之上。他所梦想的社会，是一幅蜂巢蚁穴的图象，按照新儒学的官方意识形态，里面划分成不同类别，人人各司其职。这就是朱元璋理解的社会秩序，每种职业都有预定的行为规范，官方的意识形态不容置疑。

为了维持这种严格的社会秩序，必须对社会实施监控。所采取的手段，一是通过人口普查，编造户簿，二是建立一套地方的监督制度。这种地方的监督，实际上是民众的自我监督机制，是通过惩罚的威胁促成的，还有地方礼仪及道德改造等比较温和的方法。对官员的监控更为重要，也更加艰难。事实上，朱元璋在其统治过程中意识到，几乎不可能对官员进行道德改造。于是，他利用一种近乎于韩非所描述的"帝王术"的方法，通过各种手段操控官员，包括：恫吓、利诱、窥探、奖励、扣押人质、权力垄断，等等。这样做的目的，既可以鼓励官员品行端正，也可以提供一套有效的监督机制，迅速地查处官员的腐败和贪污行为。

朱元璋统治时期的几件大案，无论是真实的还是想象的，都是通过这种方法公之于世的。这些案件引发了多次大清洗和杀戮，导致数以万计的人丧生。这些大清洗，确立了朱元璋对权力的垄断，并且清除了乱党。权力垄断和清除乱党，是朱元璋的两大目标，他认为这样做符合民众的利益，因为它有助于社会稳定。这种寻求对社会进行全面监控，甚至不惜以杀戮为代价，在朱元璋心目中可以解释成为了民众的利益。某些看似非常任性、专横、严苛的决定，就这样执行了，按照朱元璋的逻辑，这是为了民众的利益。他的权力似乎是没有界限的，而他自己确定的界限却非常真实，总是与民众密切相关。

这对社会实施的全面监控，其结果可能出现极端的专制，甚至是极权。但是，朱元璋并没有利用对思想和社会实行全面监控，盲目地去实现意识形态的目标。事实上，在朱元璋的统治后期，他给予民众较大的自主权，通过他们选出的"老人"实施自我监督。另外，道德改造的目标，实际上并未进行下去。朱元璋常常抱怨说，他未能改造民众和官员的灵魂。因此，不能将朱元璋的政权与极权体制相提并论；他既没有相同的目标，也没有在道德改造方面取得同样的效果。

正如原始资料及二手材料所证明的，朱元璋是一位非常易怒的专制主。由于他对天命非常痴迷，所以关注民众的支持，最终关心民众的福祉。这本来可以使他成为皇帝的楷模。然而，这些积极的方面却被他过度残暴的行为所破坏，当他面对官员的"恶行"时，经常因为暴怒而大开杀戒。他可能把这些"恶行"看成是建立绝对完美秩序的障碍。他的暴怒造成了各种后果。一方面，它们往往涉及到社会高层，特别是文人儒士和官员。这让很多有才能的人放弃为朝廷效力的想法：造成人才的缺失。据史料记载，朱元璋的暴怒还造成严重的政治后果，至少两次大清洗是由帝怒引发的。后来成为明朝重要法典之一的《大诰》，也是在皇帝的暴怒之下写成的。

另一方面，朱元璋的暴怒也有积极的因素。它表明皇帝也许是真正为民众谋取福利的。这些暴怒有助于在他认定是为民众谋取利益的道路上克服某些障碍。从这个意义上说，朱元璋的暴怒虽然有明显消极和极端的成分，但同时也有助于为民众谋取利益。

结　语

明君还是暴君？

　　朱元璋是一位个性鲜明的历史人物：要对其统治做出全面总结，就会揭示出明显的矛盾。人们一方面列举出他在统治上的许多才能，使他在中国人的集体记忆中享有令人尊敬的地位。确实，他是一位杰出的英雄，出身于农民家庭，做过游方和尚，最后成为皇帝，这相当于社会等级中最大的晋升。后来，他终结了一个外来民族的王朝——蒙元政权，于1368年以明朝的汉族政权取而代之。同时，他结束了凸显出元朝灭亡的数十年的社会动荡，建立了一个更加稳定的政府，他开创的局面一直延续到现代。总之，无论在朱元璋夺取政权时，还是其统治时期，他始终维护民众的利益。

　　事实上，我们的研究表明，朱元璋是一位拥有绝对权力的帝王，他非常积极地寻求"民众的福祉"。这让我们联想起启蒙时代的"专制主"。这种比较乍一看，似乎风马牛不相及，因为朱元璋生活的时代比欧洲的启蒙时代，早了近四个世纪，而且属于不同的文明。然而，这种比较也许在许多方面可以得到证明。比如，开明专制的概念在启蒙时代引入欧洲以后，通常代表一种没有抗衡势力的绝对权力，但专制主遵守法律，并且通过各种改革，寻求民众的福祉。总体上说，这些特征非常符合朱元璋的政权，唯一的区别是，朱元璋并未遵守法律，而是凌驾于法律之上，因为他认为自己就是"法"。我们可以将朱元璋的统治视为开明专制的一种雏形，早在几个世纪之前，在这种概念在欧洲形成之前，已经在中国付诸实践。我们还注意到，在欧洲重农学派以及伏尔泰的心目中，开明专制的原型就是当时的中国政府。此外，朱元璋的法制精神还受到耶稣会教士利玛窦的赞赏，而利玛窦的《中国札记》影响了启蒙时代哲学家的观点[1]。

尽管如此，朱元璋统治中最血腥的一面，明显超出了开明专制的界限。朱元璋经常被认为是一个有极权倾向的暴君，力求全面地监控社会，他可以实施最残酷的惩罚，对造成数万人丧命的几次大清洗的负有责任。在现代学者当中，谴责这种残暴专制的往往占据上风，而主张关注其"功业"的却微乎其微。在同一个人物身上存在这些不同的特征，令人匪夷所思，任何一种理论都难以解释清楚。对于多数学者来说，唯一的解释就是将其归结为偏执狂、精神变态，甚至是疯子[2]。

然而，通过对朱元璋留下的大量文献的研究，并未暴露出明显的前后矛盾，也没有荒谬的言论。恰恰相反，他所涉及到统治术的问题，其方法是系统而严谨的。他的身边总是有文人儒士，在他的事业上升初期，是为了提高自身的修养，后来，则是为了建立一套优秀的统治学说。朱元璋清楚地认识到掌握优秀统治学说的重要性。他经常向文人和民众解释，他的政权目标是什么，是根据什么原则运转的。他还接受新的思想，在他的统治时期，他一直呼吁文人献计献策，为政府的管理提出建议。这些文人儒士属于新儒学派，由于朱元璋统治期间，经常对儒士表现出冷酷无情，人们不可能认为，他运用的统治学说是纯粹的新儒家

1　Michel CARTIER, "Aux origines de la politique des Lumières; la Chine vue par Matteo Ricci", in *Actes du IIe colloque international de sinologie*, Chantilly, Paris, Les Belles Lettres, 1980, p. 39-50.在这篇文章中，作者认为利玛窦对中国的描述，也许是后来学者将中国视为开明专制典范这一神话的来源。

2　按照Frederick W. MOTE（牟复礼）的说法，朱元璋患有"强迫症，失去理智、无法自控"。可参见：Frederick MOTE, 1961, p.23。

学说。

实际上，明太祖朱元璋是一个双面人物，他既是"明君"，也是"暴君"，这是其专制政权的局限性造成的。

法家和儒家的影响

本书试图为朱元璋建立的政权学说或统治哲学勾勒出一个清晰的轮廓。我们发现有两种基本的影响，源于法家和儒家的政治哲学。为了更好地评估两者之间的互补性和对立性，我们将其放置在一种政权学说的框架下，加以分析。在对朱元璋政权的研究过程中，我们分析了它的基础、运转以及所造成的后果，通过对儒家和法家不同元素进行系统地比较，从而更好地了解其政权在何种程度上吸收了这两种中国重要的政治哲学思想。

首先，儒家思想在朱元璋的统治哲学中占有重要地位。朱元璋很早就募集了一批文人儒士，他们当中大多数人属于新儒学派。在这些文人的影响下，同时由于朱元璋自己出身于平民的个人经验，他很快就意识到民众的支持在夺取政权过程中的重要性。在其势力范围内，他减轻民众的疾苦，特别禁止军队进行杀戮和洗劫。这种仁慈的政策赢得了民众的支持，也获得了合法性，在儒家哲学中，这被称为"天命"。明朝建立以后，朱元璋继续实施以获得民众支持为中心的政策。他分析了元朝失败的原因，清楚地认识到元朝灭亡主要是因为丧失了合法性。他发现天命是可以失去的，因此采取了一些政治和经济措施，其中包括政权改组、重新调整税收分配、监督政府官员、关心百姓温饱，等等，避免出现失去天命的局面。

作为政权的官方意识形态，新儒学派也拥有重要的地位。它被用于政权合法性代表群体成员的筛选，该群体由受过新儒学教育的儒士组成，选拔的标准与这种学说密切相关。政权要提拔有德行的、品学兼优的官员，同时也要求百姓遵循儒家的礼制。

而另一方面，虽未经官方许可，朱元璋的政权为了获得民众的服从，采用了近似于法家政治哲学的方法。首先，政权试图通过制定法律和典章制度，建立一套新的社会秩序。朱元璋在其统治时代，颁布了大量说明其政权目标、组织及运作的公文。它们在思想上非常接近法家关于政权的观点。

后来，官员在品行方面未能达到皇帝的要求，他们的服从是通过建立极其严苛的刑罚制度获得的。儒家认为刑罚只适用于民众当中极少数的坏分子，与儒家学说或者新儒学学说相反，朱元璋的政权有步骤地利用惩罚的威胁，以获得官员的服从。最终，它形成一套近似于韩非的法家"帝王术"的监督与控制方法。它通过秘密警察组织进行监视，并且实行互相监督。控制的手段包括：威吓、奖赏、扣押人质，等等。权力的垄断是严禁官员有任何权势，一旦出现就被视为威胁皇权的乱党，立即清除。

因此，朱元璋的统治哲学也许是混合物，其中有很多元素，既有儒家的，也有法家的。儒家思想主要利用政权与民众之间的关系，从而建立一种合法性。法家的影响则明确体现在政权的组织以及皇帝与官员的关系上。朱元璋之所以要兼顾各种元素，是因为两种学说都有缺失：法家忽视了政权的合法性，除了跟政权良好运转有关的实用原则之外，没有提出任何获得民众支持的概念。与法家相反，儒家学说要求官员有德行，希望良好的教育可以引导他们的品行。儒家提出一套朴素的惩罚手段，用来对付那些顽固分子，从系统性来说，远不及法家的主张。

这种综合概括，使朱元璋的行为明显具有兼容性。但是，仍然无法解释所有的问题。比如，朱元璋在政权中赋予自己的定位，并不符合两种学说中的任何一种。对于儒家学说以及它的变体新儒家来说，皇帝应该在道德和仁慈方面成为官员的榜样。而朱元璋对文人实施的廷杖和其他酷刑，已经远远偏离了仁慈。的确，皇帝对工作表现出苦行僧般的精神和热情，但他发出的盛怒令他无法成为官员的榜样。相反，根据法家的主张，皇帝应该在政权体系中保持其核心地位，并且始终如一，只需稍加处理,便可达到"无为而无不为"的境界。朱元璋赋予自己最高等级的核心地位,为此他不得不事事亲为、日理万机,担心官僚体系会陷入瘫痪。所以,这种做法并不符合法家的主张。

大清洗及绝对权力的局限性

朱元璋的行为并不符合他自己制定的法律。他使用过并且在《大诰》中详细描述的用来惩罚官员的"法外用刑",比《大明律》中规定的更加严酷。国君凌驾于法律之上的现象,是专制政权的特征之一,但这种不确定性和随意性,对于官员们来说是个问题,因为他们不知道应当遭受的刑罚有多重。朱元璋意识到这一点,所以禁止后继者使用"法外用刑"。相反,他自己却可以使用,因为他是开国皇帝,拥有威望和经验,这是其后继者所无法得到的。他们不具备他的洞察力,如果他们要维持政权,必须严格地遵守法律和旧制。我们通过这些训诫发现,他认识到蛮横的专制是危险的:凌驾于法律之上,需要经验和谨慎。

皇帝蛮横的专制和无可争辩的导致数万人丧生的杀戮,使朱元璋成为一个强势而又残忍的暴君。即便如此,他的权力也并非毫无限制。首先,由魏特夫提出的行政效果递减法则,是所有政权必须受到的限制。帝国的政权需要官员发挥作用,不加限制地杀戮官员,势必危及到政权的存亡。遗憾的是,对于官员们来说,这种界限并未明确地勾勒出来,一个暴君可能超过界限,但并未立刻发现。比如,在朱元璋统治末期,他采取了一系列针对贵族和官员的措施,造成了社会领导阶层的大量死亡,使他的政权陷入危机,运转失灵。他的后继者所继承的,是一个衰弱的政权,缺乏有能力的官员,政权不可能维持长久。

朱元璋更明确地意识到,另一种对绝对权力的限制:必须确保民众的支持。他从未将冷酷无情的惩罚指向民众,而总是针对贵族和官员。相反,他经常为了杀戮和对官员的严苛进行辩解,说这是为了保护百姓必须要做的。因此，其专制最残酷的一面，对待官员的残忍，都可以用维护政权合法性来解释。正是出于这种需要，1385年，当一些御史告诉他，因郭桓案导致的镇压开始引发民怨时，他立刻下令停止杀戮，并颁布一篇文告向百姓做出解释。民众的利益成为最残酷惩罚的借口，而民众的反叛，则成为制止这种镇压最有力的理由。

朱元璋的政权是否像学术界经常援引的那样，与一种极权政体类似呢？他确实试图强加一种意识形态的独裁，建立起社会等级制度，并强行规范不同社会等级的行为。制定惩罚措施是为了引导这些行为，目的是建立绝对的社会秩序，让每个人都按照等级行事，就像在蜂巢蚁穴中一样。不过，必须缓和这种等级对比。首先，给民众留下一些自由，比如，通过实行里甲制度，让百姓自己选出的"老人"、里长实行自治。其次，对社会进行全面的监控，只是一种理论上可以实现的目标。在现实当中，朱元璋经常抱怨官员和民众的道德改造未见成效。实行这种道德改造的唯一方法，就是通过教育进行训诫，但其受众面有限；通过像"乡饮酒礼"这样的仪式，其收效甚微。因此，朱元璋的道德改造缺乏能够纠正人们行为的方法。由于缺乏成效，政权无法全面地控制社会，更谈不上控制人的思想。

*

最终，朱元璋给民众带来一个和平、统一、稳定、经济繁荣的社会。为此，他不惜对官员使用残忍的手段。为了实现这种积极的目标，也许对贵族实施的"法外之刑"、大肆杀戮、大清洗，并非必要的手段。当朱元璋以民众的利益为由，去解释他对官员、其家人及亲属实施的杀戮时，也许他是真诚的。但这并不妨碍我们回顾历史时提出质疑：这些措施是必要的么。

这些残暴的行为，有可能是抗衡势力的缺乏造成的。丞相职位被废除之后，朱元璋绝不容忍任何权力的竞争。这种绝不妥协的立场，使他犯了许多错误，所造成的后果波及到以后的统治。首先，废除了丞相职位，赋予皇帝太多责任。后来，这个职位再也没有恢复，一些无能的皇帝把大权交给宦官，由他们暗中掌权。其次，朱元璋清除了太多有才能的文臣武将，他的官僚体系由于大清洗而受到削弱，以至于1398年他的孙子继承皇位后，虽然很有抱负，但缺少贤臣辅佐，以巩固其政权。最后，在朱元璋统治末期，他给予儿子过多的权力和独立性，将他们封为亲王，分封到边疆的不同地区。不难预见，这些亲王将会给皇位继承者带来麻烦。总之，虽然朱元璋的大明王朝延续了三个世纪，但他想要建立几百年的统治秩序，仅仅维持了四年，因为他的儿子朱棣推翻了他的合法继承人、长孙朱允炆。可以说，朱元璋梦想中的千年政权非常短命，虽然夺权者延续了朱家的天下，但是，这并非朱元璋通过大规模的杀戮所期许的结果。

本书的结论，朱元璋的专制政权是具有合法性的。任何政权，无论它是否专制，原理上都必须具有一定的合法性，无论它维持多久，这是政权存在的基础。有些专制政权是短命的，原因是专制政权运转失灵。很显然，一个专制政权，由于本身缺乏抗衡势力，所有防止其失控的力量都不允许存在。所以，权力失控是专制政权的致命弱点，也是导致政权灭亡的根本原因。

参考文献

中文著作：

Chen Jialin 陈家麟,《朱元璋的忧患意识》, 载《明清史》, 9, 1989, p. 19-20.

Chen Mingzhong 陈鸣钟,《略论洪武年间的中央集权政策》, 载《史学月刊》, 9, 1957, p. 3-6.

Chen Xuelin 陈学霖,《徐一夔刑死辨诬兼论明初文字狱史料》, 载《东方文化》, 15, 1977, p. 77-84.

————《明太祖文字狱案考疑》载《明史研究论丛》, 中国社会科学院历史研究所明史研究室编, 江苏古籍出版社, Vol. 5, 1991, p. 418-450.

Da Mingling《大明令》, 收入《皇明制书》, 张卤 编, 据明万历刻本影印, 台北, 成文出版社, 1969, Vol. 1, p. 7-117.

Da Minglu《大明律》, 收入《皇明制书》, 张卤 编, 据明万历刻本影印, 台北, 成文出版社, 1969, Vol. 4, p. 1605-2206.

Dai Zhen 戴震,《戴震集》, 上海古籍出版社, 1980, 494pp.

Deng Siyu 邓嗣禹,《明大诰与明初之政治社会》, 载《燕京学报》, 20, 1936, p. 455-483.

Ding Yi 丁易,《明代特务政治》, 北京, 群众出版社, 1983, 563pp.

Dong Zhongshu 董仲舒,《春秋繁露》, 北京, 中华书局, 1975, 3 Vols., 17 Fasc.

Fang Juehui 方觉慧,《明太祖革命武功记》, 台北, 国学书局, 1940, 18 Fasc., 371pp.

Feng Youlan 冯友兰,《中国哲学史新编》, 北京, 人民出版社, 1964, Vol. 1, p. 607.

Fu Weilin 傅维鳞,《明书》, 上海, 商务印书馆, 1936, 30 Vols., 3393pp.

Gongsun Yang 公孙鞅（商鞅）,《商君书》, 收入《诸子集成》, 国学整理社, 上海, 世界书局, 1935, Vol. 5, 43pp.

Gu Jiegang 顾颉刚,《明代文字狱祸考略》, 载《东方杂志》, 32, 1935, p. 21-34.

Gu Yingtai 谷应泰,《明史纪事本末》, 收入《文渊阁四库全书》, 史部, 纪事本末类, 台北, 商务印书馆, 1986, Vol. 364, p. 117-1044.

Guan Wenfa 关文发、Yan Guangwen 颜广文,《明代政治制度研究》, 北京, 中国社会科学出版社, 1995, 343pp.

Guan Zhong 管仲,《管子》, 收入《诸子荟要》, 台北, 广文书局, 1965, 24 Fasc., 508pp.

Han Zhongwen 韩钟文,《朱熹教育思想研究》, 南昌, 江西教育出版社, 1989, 567pp.

Hanfeizi jiaozhu《韩非子校注》, 汤敬昭、李仕安 编, 江苏人民出版社, 1982, 780pp.

Hong Jiaren 洪嘉仁,《韩非的政治哲学》, 正中书局, 第二版, 1947, 64pp.

Huang Miantang 黄冕堂,《论朱元璋的起兵及渡江初的南京政权》, 收入《明史管见》, 济南, 齐鲁书社, 1985, p. 1-58.

————《论元末农民起义与朱元璋成功地建立明王朝》, 收入《明史管见》, 济南, 齐鲁书社, 1985, p. 59-99.

————《论明初的制度和政策》,《明史管见》, 济南, 齐鲁书社, 1985, p. 100-157.

Huang Ming jingshi shiyong bian《皇明经世实用编》, 冯应京 编, 据明万历版本影印, 台北, 成文出版社, 1967, 5 Vols.

Huang Ming zhaoling《皇明诏令》, 收入《中国珍稀法律典籍集成》, 刘海年、杨一凡主编, 北京, 科学出版社, 1994, Vol. 3, 727pp.

Huang Ming zhishu《皇明制书》, 张卤 编, 据明万历刻本影印, 台北, 成文出版社, 1969, 6 Vols.

Huang Zhangjian 黄彰健,《大明律诰考》,载《历史语言研究所集刊》, 24, 1953, p. 77-101.

————《论明史所记四辅官事》,载《历史语言研究所集刊》, 30, 1959, p. 557-572.

Huang Zongxi 黄宗羲,《明夷待访录》,台北,世界书局, 1961, 46pp.

Huang Zuo 黄佐,《南雍志》,台北,伟文图书出版社, 1976, 4 Vols., 24 Fasc., 1748pp.

Jiaomin bangwen《教民榜文》,收入《皇明制书》,张卤 编,据明万历刻本影印,台北,成文出版社, 1969, Vol. 3, p. 1405-1443.

Liu Chen 刘辰,《国初事迹》,北京,中华书局, 1991, p. 32.

Lu Jinglin 吕景琳,《洪武皇帝大传》,沈阳,辽宁教育出版社, 1994, p. 519.

Lun yu《论语》,载《诸子集成》,国学整理社编,上海,世界书局, Vol. 1, 1935, 435pp.

Luo Huiying 罗辉映,《明代都察院和监察制度》,载《明清史》, 2, 1988, p. 31-43.

Meng Sen 孟森,《明代史》,台北,中华丛书, 1957, 392pp.

————《明开国以后之制度》,收入《明代政治》,钱穆 等编,学生书局,台北, 1968, p. 91-118.

Mengzi shisijuan《孟子十四卷》,王云五 编,上海,商务印书馆, 1936, 124pp.

Mingdai zhengzhi《明代政治》,钱穆 等编,台北,学生书局, 1968, 278pp.

Mingjian《明鉴》,李介人、印鸾章 编,北京,中国书店, 1985, 587pp.

Ming Qing shi ziliao《明清史资料》,郑天挺 编,天津人民出版社, 1980, Vol. 1, 551pp.

Mingshi《明史》,张廷玉 等编,北京,中华书局, 1974, 28 Vols, 332 Fasc., 8642pp.

Mingshilu《明实录》,黄彰健 编,台北,中央研究院历史语言研究所, 1962, 50 Vols., 17753pp.

Mingshilu, fujiaokanji ji fulu《明实录附校勘记及附录》,黄彰健 编,台北,

中央研究院历史语言研究所, 1984, 20 Vols.（édition réduite）, 19951pp.

Ming Taizu shilu 《明太祖实录》, 收入《明实录》, 1984, Vol. 1, 257 Fasc.

Ming wenheng (yi) 《明文衡》（一）, 收入《文渊阁四库全书》, 集部, 总集类, 程敏政 编, 台北, 商务印书馆, 1986, Vol. 1373, p. 483-825.

Qian Mu 钱穆,《中国思想史》, 台北, 中华文化出版事业委员会, 1954, 第二版, 222pp.

————《从朱子论语注论程朱孔孟思想歧异》, 载《清华学报》, 2, 1964, p. 50-73.

Qian Qianyi 钱谦益,《国初群雄事略》, 北京, 中华书局, 1982, 307pp.

Quan Heng 权衡,《庚申外史》, 台北, 广文书局, 1968, 59pp.

Quanmingwen《全明文》, 钱伯城、魏同贤 等编, 上海, 上海古籍出版社, 1992, Vols 1 et 2.

Rong Zhaozu 容肇祖,《容肇祖集》, 济南, 齐鲁书社, 1989, 716pp.

————《明太祖的孟子节文》, 收入《容肇祖集》, 济南, 齐鲁书社, 1989, p. 170-183.

Shang Zhuan 商传,《试谈明代民屯的几个问题》, 收入《明史研究论丛》, 中国社会科学院历史研究所明史研究室 编, 南京, 江苏古籍出版社, Vol. 4, 1991, p. 263-285.

Shangzi yizhu《商子译注》, 山东大学《商子译注》编写组, 济南, 齐鲁书社, 1982.

Shen Dao 慎到,《慎子》, 收入《文渊阁四库全书》, 杂家类, 子部, 台北, 商务印书馆, 1986, Vol. 848, p. 193-197.

Shen Renyuan 沈任远,《历代政治制度要略》, 台北, 洪范书店, 1988, 348pp.

Shen Shixing 申时行、Zhao Yongxian 赵用贤,《大明会典》, 司礼监刊本, 1587, 39 Vols, 228 Fasc.

Shi sanjing Zhushu Shangshu Zhengyi《十三经注疏·尚书正义》, 李学勤主编, 北京大学出版社, 1999年, 572页.

Song Lian 宋濂,《宋文宪公全集》, 收入《四部备要》, 上海, 中华书局, 据严荣校刻足本校刊, s.d., 18 Vols.

————《洪武圣政记》, 收入《洪武圣政记（及其他四种）》, 收入"丛书集成初编", 北京, 中华书局, 1991, 13pp.

Su Tianjue 苏天爵,《滋溪文稿》, 北京, 中华书局, 1997, 597pp.

Tan Qian 谈迁,《国榷》, 台北, 中华书局, 第二版, 1988, 6 Vols.

Tang Wenji 唐文基,《试论明代里甲制度》, 载《明清史》, 1, 1988, p. 4-12.

Tao Zongyi 陶宗仪,《南村辍耕录》, 北京, 中华书局, 1997, 第三版, 385pp.

Toshiaki, Shigematsu 重松俊章, "To-So jidai no Miroku kyohi"(《唐宋时代之弥勒教匪》),《史渊》第3期, 1931, p. 98.

Wada Sei 和田清, "Min no Taiso to kōkin no zoku"(《明太祖和红巾贼》),《东洋学报》, 13, 1922.

Wan Ming 万明,《论传统政治文化与明初政治》, 载《中国古代史》（二）, 5, 1995, p. 50-58.

Wang Chongwu 王崇武,《论明太祖起兵及其政策之转变》, 载《历史语言研究所集刊》, 10, 1948, p. 57-71.

————《明本纪校注》, 载《中央研究院历史语言研究所专刊》, 27, 上海, 商务印书馆, 1948, 135pp.

————《论元末农民起义的社会背景》, 载《历史研究》, 1, 1954a, p. 53-71.

————《论元末农民起义的发展蜕变及其在历史上所起的进步作用》, 载《历史研究》, 4, 1954b, p. 87-114.

Wang Jian 王健,《中国明代思想史》, 北京, 人民出版社, 1995, 200pp.

Wang Qiju 王其矩,《明代内阁制度史》, 北京, 中华书局, 1989, 459pp.

Wang Tianyou 王天有,《明代国家机构研究》, 北京, 北京大学出版社, 1992, 280pp.

Wang Wei 王玮,《王忠文公集》, 收入《金华丛书》, 浙江图书馆, 1925, 20 Fasc.

Wang Yunwu 王云五,《明代政治思想》, 台北, 商务印书馆, 1970, 第三版, 266pp.

Wang Yuquan 王毓铨,《明代的军户》, 载《历史研究》, 8, 1959, p. 21-34.

Wei Qingyuan 韦庆远,《明代黄册制度》, 北京, 中华书局, 1961, 253pp.

Wu Han 吴晗,《胡惟庸党案考》, 载《燕京学报》, 15, 1934, p. 163-205.

————《明初社会生产力的发展》, 载《历史研究》, 3, 1955, p. 53-83.

————《记明实录》, 收入《读史札记》, 北京, 三联书店, 1961, p. 156-234.

————《读史札记》, 北京, 三联书店, 1961, 358pp.

————《吴晗史学论著选集》, 北京, 人民出版社, 1986, Vol. 2, 678pp.

————《元帝国之崩溃与明之建国》, 收入《吴晗史学论著选集》, 北京, 民众出版社, Vol. 2, 1986, p. 81-138.

———— 《明初的恐怖政治》, 收入《吴晗史学论著选集》, 北京, 人民出版社, Vol. 2, 1986, p. 665-678.

Wu Han wenji《吴晗文集》, 李华、杨钊等 编, 北京, 北京出版社, 1988, 2 Vols.

Wu Jihua 吴缉华,《论明代废相与相权之转移》, 载《大陆杂志》, 34, 1967, p. 5-8.

————《论明代封藩与军事职权之转移》, 第1、2部分, 载《大陆杂志》, 34, 1967, pp. 200-204 et p. 249-252.

————《明代制度史论丛》, 台北, 学生书局, 1970, Vol. 2, 477pp.

Wu Naigong 吴乃恭,《儒家思想研究》, 长春, 东北师范大学出版社, 1988, 504pp.

Xiao Gongzhuan 萧公权,《中国政治思想史》, 台北, 中华文化出版社, 1955, Vol. 4.

Xia Xie 夏燮,《明通鉴》, 中华书局, 1959, 4 Vols., 3799pp.

Xie Guian 谢贵安,《明实录研究》, 台北, 文津出版社, 1995, 430pp.

Xin Yuanshi《新元史》, 柯劭忞 等编, 台北, 艺文印书馆, 据退耕堂刊本影印, 1956, s.d., 3 Vols., 2350pp.

Xu Daolin 徐道邻,《宋濂与徐达之死》, 载《东方杂志》, 1, 1967, p. 56-58.

————《明太祖与中国专制政权》, 载《清华学报》, 8, 1970, p. 350-370.

Xun Kuang 荀况,《荀子》, 收入《百子全书》, 儒家类, 据湖北崇文书局本校勘, 长沙, 岳麓书社, 1994, 第二版, Vol. 1, p. 124-237.

Xu Zhenqing 徐祯卿,《翦胜野闻》, 北京, 中华书局, 1991, p. 28-29.

Yang Shufan 杨树藩,《明代中央政治制度》, 台北, 商务印书馆, 1982, 第二版, 246pp.

Ye Ziqi 叶子奇,《草木子》, 北京, 中华书局, 1983, 100pp.

Yuanshi《元史》, 宋濂等撰, 北京, 中华书局, 1997年第6版, 全15册, 4678页。

Zhang Dexin 张德信,《论朱元璋对传统文化的认识与理解》, 收入《中国古代史》(二), 11, 1995, p. 55-64.

Zhang Xianqing 张显清,《从大明律和大诰看朱元璋的锄强扶弱政策》, 载《明史研究论丛》, 中国社会科学院历史研究所明史研究室编, 江苏古籍出版社, Vol. 2, p. 56-89.

Zhang Yanghao 张养浩,《归田类稿》, 收入《文渊阁四库全书》, 集部, 别集类, 台北, 商务印书馆, Vol. 1192, 1986, p. 471-661.

Zhao Yi 赵翼,《廿二史札记》, 北京, 中华书局, 1963, 2 Vols., 403pp.

Zhu Xi 朱熹,《朱子语类》(三), 收入《景印文渊阁四库全书》, 子部, 儒家类, 黎靖德 编, 台北, 商务印书馆, 1986, Vol. 702, 821pp.

Zhu Yuanzhang 朱元璋,《明朝开国文献》, 台北, 学生书局, 1966, Vol. 1, 650pp.

————《御制大诰》, 收入《明朝开国文献》, 台北, 学生书局, 1966, Vol. 1, p. 1-85.

————《御制大诰续编》, 收入《明朝开国文献》, 台北, 学生书局, 1966, Vol. 1, p. 87-242.

————《御制大诰三编》, 收入《明朝开国文献》, 台北, 学生书局, 1966, Vol. 1, p. 243-413.

————《大诰武臣》, 收入《明朝开国文献》, 台北, 学生书局, 1966, Vol. 1, Annexe, p. 1-44.

————《明太祖御制文集》, 台北, 学生书局, 1965, 594pp.

————《皇明祖训》, 收入《皇明经世实用编》, 冯应京 编, 据明万历版本影印, 台北, 成文出版社, 1967, Vol 1, p. 69-153.

Zhuzi jicheng《诸子集成》, 国学整理社 编, 上海, 世界书局, 1935, 8 Vols.

外文著作：

A Dictionary of Ming Biography (1368-1644), 2 Vols., edited by L. C. Goodrich, and Fang Chaoying, New York, Columbia University Press, 1976, 1751pp.

Althoff, G., " Ira Regis: Prolegomena to a History of Royal Anger ", in *Anger's Past, the social uses of an emotion in the Middle Ages*, edited by B. H. Rosenwein, London, Cornell University Press, 1998, p. 62

Andrew, Anita, " The local community in early Ming social législation: Ming Taizu's approach to transformation and control in the 'Great Warning' ", *Ming Studies*, 1985, 20, p. 57-68.

Andrew, Anita et John Rapp, *Autocracy and China's Rebel Founding Emperors: comparing chaiman Mao and Ming Taizu*, Lanham, Rowman & Littlefield, 2000, 360pp.

Andrews, Stuart, *Enlightened Despotism*, Londres, Longmans, 1967.

Arendt, Hannah, *Le système totalitaire, les origines du totalitarisme*, traduction J.-L. Bourget, R. Davreu et P. Lévy, Paris, Seuil, 1951, 313pp.

Aron, Raymond, « L'essence du totalitarisme », *Critique*, 80, 1954, p. 51-70 (réed. in *Machiavel et les tyrannies modernes*, Editions de Fallois, p. 219).

―――――, *Démocratie et totalitarisme*, Paris, Gallimard, 1965, 372pp.

―――――, *Machiavel et les tyrannies modernes*, Paris, Editions de Fallois, 1993, 438pp.

Aristote, *Politique*, traduction Jean Aubonnet, Paris, Gallimard, 1993, 376pp.

Aubin, F., " The Rebirth of Chinese Rule in Times of Trouble: North China in the Early Thirteenth Century ", in *Foundations and limits of state power in China*, edited by S. R. Schram, London, School of Oriental and African Studies, University of London, 1987, p. 113-146.

Bachrach, Peter et Morton Baratz, " Decisions and Nondecisions: an analytical Framework ", in *Political Power: A Reader in Theory and Research*, traduction S. Marnat, edited by R. Bell, New York, The Free Press, 1969.

Basic annals of Ming Taizu, traduction Romeyn Taylor, San Francisco, Chinese Materials Center, 1975, 212pp.

Berger, P., *La religion dans la conscience moderne. Essai d'analyse culturelle*, traduction M. J. Feisthaver, Paris, Le Centurion, 1971.

De la Boétie, Etienne, *Discours de la servitude volontaire*, Paris, Flammarion, 1983, 220pp.

Bourgon, Jérôme, « De quelques tendances récentes de la sinologie juridique américaine », *T'oung Pao*, LXXXIV, 1998, p. 380-414.

Bourricaud, François, *Esquisse d'une théorie de l'autorité*, 2ᵉ édition Paris, Plon, 1969, 470pp.

Burdeau, Georges, *Traité de Science politique*, Vol. IV, *Le Statut du pouvoir dans l'Etat*, Paris, Librairie Générale de Droit et de Jurisprudence, 1983, 648pp.

———, *Traité de Science politique*, Vol. V, *Les régimes politiques*, Paris, Librairie Générale de Droit et de Jurisprudence, 1985, 608pp.

Cambridge History of China, Vol. 7, *The Ming Dynasty*, 1368-1644, Part I, edited by F. W. Mote et D. Twitchett, Cambridge, Cambridge University Press, 1988.

Cartier, Michel, « Aux origines de la politique des Lumières: la Chine vue par Matteo Ricci », in Actes du IIᵉ colloque international de sinologie, Chantilly, Paris, Les Belles Lettres, 1980, p. 39-50.

Chan, Albert, *The Glory and Fall of the Ming Dynasty*, University of Oklahoma Press, 1982, 428pp.

Chan, Hok-lam, " Liu Chi (1311-75) in the Ying-Lieh Chuan : the Fictionalization of a Scholar-Hero ", *Journal of the Oriental Society of Australia*, 1967, 5, p. 26-42.

———, " Liu Chi (1311-75) and his models : The Image-Building of a Chinese Imperial Adviser ", *Oriens Extremus*, 1968, 15, p. 34-55.

———, " The rise of Ming T'ai-Tsu (1368-98) : facts and fictions in early Ming official historiography ", *Journal of the American Oriental Society*, 1975, 95, p. 679-715.

———, " Liu Chi ", in *Dictionary of Ming Biography*, 1976, p. 932-938.

Chang George Jer-lang, " The village elder system of the early Ming dynasty ", *Ming Studies*, 1978, 7, p. 53-62.

Chen Gaohua, " Autocracy of the Early Ming depicted in the Great Warnings (*Da Gao*) ", traduction Xie Lihong, *Chinese Studies in History*, 33, 2000, p. 28-49.

Chen Xinquan, " A tentative analysis of the slaughter of meritorious officials and veteran generals by Zhu Yuanzhang ", *Chinese Studies in History*, 33, 2000, p. 50-67.

Cheng, Anne, *Histoire de la pensée chinoise*, Paris, Seuil, 1997, 650pp.

China under Mongol Rule, edited by John D. Langlois, Princeton, Princeton University Press, 1981, 220pp.

Chinese Governement in Ming Times: Seven Studies, edited by C. Hucker, New York, Columbia University Press, 1969, 285pp.

Chü T'ung-tsu (Qu Tongzu), *Law and Society in Traditional China*, The Hague, Mouton and Co., 1965, 325pp.

Coicaud, Jean-Marc, *Légitimité et politique*, Paris, P.U.F., 1997, 327pp.

Confucius, Entretiens avec ses disciples, traduction A. Lévy, Paris, Flammarion, 1994, 256pp.

Cosmides, L. et J. Tooby, " Evolutionary psychology and the emotions", in *Handbook of emotions*, 2000, p. 91-115.

Couvreur, Séraphin, *Les quatre livres*, Série culturelle des hautes études de Tien-Tsin, 3 Vols., Paris, Cathasia, 1949.

Creel, H. G., *La pensée chinoise, de Confucius à Mao Tseu-tong*, traduction Jean-François Leclerc, Paris, Payot, 1955, 281pp.

Dangers du discours, traduction et commentaires Jean Levi, Aix-en-Provence, Alinéa, 1985, 190pp.

Dardess, John, " The Transformation of a Messianic Revolt and the Founding of the Ming Dynasty ", *Journal of Asian Studies*, 29, 1970, p. 539-558.

──────, *Conquerors and Confucians: aspects of political change in late Yuan China*, New York, Columbia University Press, 1973, 245pp.

──────, " Ming T'ai-Tsu on the Yuan: an Autocrat's Assessment of the Mongol Dynasty ", *The Bulletin of Sung and Yuan Studies*, 14, 1978, p. 6-11.

──────, *Confucianism and Autocracy: Professional Elites in the Founding of the Ming Dynasty*, Los Angeles, University of California Press, 1983, 351pp.

Darwin, C., *L'expression des émotions chez l'homme et les animaux*, traduction D. Ferault, Paris, Editions Payot et Rivages, 2001.

Delacampagne, Christian, *Le philosophe et le tyran*, Paris, PUF, 2000.

Dictionary of Ming Biography, edited by L. C. Goodrich et Fang Chao-ying, New York, Columbia University Press, 1976.

Ding, Wangdao, *Understanding Confucius*, Pékin, Panda Books, 1997, 251pp.

Dreyer, Edward L., *Early Ming China, a political history (1355-1435)*, Stanford, Stanford University Press, 1982, 315pp.

──────, " Military origins of Ming China ", in *Cambridge History of China*, Vol. 7, *The Ming Dynasty*, 1368-1644, Part I, 1988, p. 58-106.

Driencourt, Jacques, *La propagande, nouvelle force politique*, Paris, Armand Colin, 1950, 285pp.

Eisenstadt, S.N., " The Study of Oriental Despotisms as Systems of Total Power ", *Journal of Asian Studies*, 17, 1958, p. 435-446.

Eishi, Yamamoto, " Historical Studies in Japan, 1976 : Ming-Qing ", traduction John Dardess, *Ming Studies*, 9, 1979, p. 16-23.

Entretiens de Confucius, traduction A. Cheng, Paris, Seuil, 1981, 153pp.

Etiemble, *L'Europe Chinoise*, vol. II, Paris, Gallimard, 1989.

Farmer, Edward, *Early Ming Government: the Evolution of Dual Capitals*, Harvard East Asian Monograph, No.66, Cambridge, Mass., Harvard University Press, 1976, 271pp.

————, "The Prescriptive State: Social Legislation in the Early Ming Dynasty", in *Proceedings of 2nd International Conference on Sinology*, 1988, p. 161-187.

————, " Social Regulations of the First Ming Emperor, orthodowy as a function of authority ", in *Orthodoxy in Late Imperial China*, edited by Kwang-ching Lin, Berkeley, University of California Press, 1990, p. 103-125.

————, " The Great Ming Commandment (Ta Ming Ling): An Inquiry into Early-Ming Social Legislation ", *Asia Major*, VI, 1993, p. 181-199.

————, *Zhu Yuanzhang and Early Ming Legislation: The Reordering of Chinese Society Following the Era of Mongol Rule,* Leiden, E.J. Brill, 1995, 259pp.

Ferrero, Guglielmo, *Pouvoir, les génies invisibles de la cité*, Paris, Librairie Générale Française, 1988, 316pp.

Franke, Wolfgang, *An Introduction to the Sources of Ming history*, Kuala Lumpur, University of Malaya Press, Singapore, 1968, 347pp.

————, " Historical Writing During the Ming ", in *Cambridge History of China*, Vol. 7, *The Ming Dynasty*, 1368-1644, Part I, 1988, p. 746-752.

Friedrich, Carl et Zbigniew Brzezinski, *Totalitarian Dictatorship and Autocracy,* 4e édition, London, Praeger Publishers, 1969, 469pp.

Fu Zhengyuan, *China's legalists, The Earliest Totalitarians and Their Art of Ruling*, Armonk, M. E. Sharpe, 1996, 177pp.

Fung, Yu-Lan (Feng Youlan), *A History of Chinese Philosophy*, traduction D. Bodde, Vol. 2, Princeton, Princeton University Press, 1952-53, 765pp.

Gernet, J., *Le monde chinois*, Paris, Armand Colin, 3e édition, 1990, 699pp.

Granet, Marcel, *La pensée chinoise*, nouvelle edition, Paris, Albin Michel, 1988, 563pp.

Guo Houan, " On Zhu Yuanzhang's philosophy of ruling the nation ", *Chinese Studies in History*, 33, 2000, 80-104.
Handbook of emotions, edited by Lewis, M. and J. M. Haviland-Jones, The Guilford Press, New York, 2000, 720pp.
Han-Fei-tse ou le Tao du Prince, traduction Jean Levi, Paris, Seuil, 1999.
Hanfeizi, traduction Tchang Fou-Jouei, Paris, Librairie You-Feng, 1987, 257pp.
Ho, Ping-ti et Tang Tsou, *China in crisis*, vol.1, *China's heritage and the Communist Political System*, Chicago, University of Chicago Press, 1968.
Ho Yun-yi, " Ideological implications of major sacrifices in early Ming ", *Ming Studies*, 6, 1978, p. 55-73.
Hobbes, Thomas, *Léviathan*, traduction François Tricaud, Paris, Sirey, 1651.
—————, *Le Citoyen, ou les fondements de la politique,* Paris, Flammarion, 1982.
Hsiao, Kung-chuan, " Legalism and autocracy in traditional China ", *The Tsing Hua Journal of chinese Studies*, 1964, p. 108-120.
—————, *A History of Chinese Political Thought*, traduction F. W. Mote, Vol. I, Princeton, Princeton University Press, 1979, 778pp.
Hucker, Charles O., " Government Organization of the Ming Dynasty ", *Harvard Journal of Asian Studies*, 21, 1958.
—————, *The traditional Chinese State in Ming Times* (1368-1644), Tucson, The University of Arizona Press, 1961, 85pp.
—————, *The Censorial System of Ming China*, Stanford, Stanford University Press, 1966, 406pp.
—————, " Confucianism and the Chinese Censorial System ", in *Confucianism and Chinese Civilization*, edited by A. F. Wright, Stanford, Stanford University Press, 1975 (2nd. edition), p. 50-76.
—————, *The Ming Dynasty: its Origins and Evolving Institutions*, Ann Arbor, Center for Chinese Studies,University of Michigan, 1978, 105pp.
Izard, C., *Human emotions*, Plenum Press, New York, 1977.
de Jouvenel, Bertrand, *Du Pouvoir, Histoire naturelle de sa croissance*, Genève, Les Editions du Cheval Ailé, 1947, 569pp.
Jullien, François, *Traité de l'efficacité*, Paris, Grasset, 1996.
—————, *La Propension des choses. Pour une histoire de l'efficacité en Chine*, Paris, Seuil, 1992.
Kant, Emmanuel, *Qu'est-ce que les Lumières ?*, in *Philosophie de l'histoire*,

Paris, Aubier-Montaigne, 1947, 233pp.

Kao, Jean-Baptiste, *La philosophie sociale et politique du confucianisme*, Paris, Editions Franciscaines, 1938, 187pp.

Kojève, Alexandre, *Tyrannie et sagesse*, traduction André Enegren, in Léo Strauss, *De la tyrannie*, suivi de *Correspondance avec Alexandre Kojève*, nouvelle édition, Paris, Gallimard, 1997.

Ku Chieh-kang, " A Study of Literary Persecution During the Ming ", traduction L. C. Goodrich, *Harvard Journal of Asian Studies*, 3, 1938, p. 254-311.

Lagroye, Jacques, " La légitimation ", in *Traité de science politique*, Vol. I, édité par J. Leca et M. Crawitz, Paris, PUF, 1985.

————, *Sociologie politique*, Paris, Dalloz, 1991, 479pp.

Langlois, J. D. Jr., " The Hung-wu reign, 1368-1398 ", in *Cambridge History of China*, Vol.7, *The Ming Dynasty*, 1368-1644, Part I, 1988, p. 107-181.

————, " The Code and ad hoc Legislation in Ming Law ", *Asia Major*, VI, 1993, p. 85-112.

Langlois, John D. Jr et Kokuan, Sun, " Three teachings syncretism and the thought of Ming Taizu ", *Journal of Asiatic Studies*, 43, 1983, p. 97-139.

Lee, Cheuk Yin, " Trends of Neo-Confucian Thought in the Early and Mid Ming Periods ", *Xuecong, Journal of Department of Chinese*, II, 1990, p. 325-348.

Le livre du prince Shang, traduction et commentaires Jean Levi, Paris, Flammarion, 1981, 213pp.

Les Entretiens de Confucius, traduction Pierre Ryckmans, Paris, Gallimard, 1987, 169pp.

Levi, Jean, " Théories de la manipulation en Chine ancienne " , *Le genre humain*, 6, 1983, p. 9-25.

————, *Les fonctionnaires divins, politique, despotisme et mystique en Chine ancienne*, Paris, Seuil, 1989, 307pp.

Lin, Tai-yung, "The System of Direct Petition to the Throne in the Time of Ming Taizu", *Ming Studies*, 9, 1979, p. 52-66.

————, *Chu Yuan-chang and his administration of justice*, University of Minnesota, Ph.D thesis, 1979, 334pp.

Liu, James T., "How did a Neo-Confucian School become the State Orthodoxy ? ", *Philosophy East and West*, 23, 1973, p. 483-505.

Ma Li, " Zhu Yuanzhang and the Legalist 'art of ruling' ", *Ming Qing Yanjiu*, 1999, p. 101-130.

————, " A comparison of the legitimacy of power between Confucianist and Legalist philosophies ", *Asian Philosophy*, 10, 2000, p. 49-59

————, « La restauration de l'empire chinois au XIVe siècle, modèle des institutions et règlements de l'Etat viêt moderne», in *Histoire de la codification juridique au Vietnam*, édité par B. Durand, P. Langlet, C. T. Nguyen, Faculté de Droit, Université de Montpellier 1, France, 2001, p. 59-71.

de Marsy, François Marie, *Histoire moderne des Chinois, des Japonais, des Indiens, des Perses, des Turcs, des Russiens, etc.*, Paris, Saillant et Nyon., 1755, p. 196-210.

McMorran, Ian, *The passionate realist, an introduction to the life and political thought of Wang Fuzhi* (1619-1692), Hong Kong, Sunshine Book Company, 1992, 238pp.

Mencius, in *Les quatre livres*, traduction Séraphin Couvreur, Imprimerie de la mission catholique, 1910.

Ming History: an introductory guide to research, edited by E. Farmer, R. Taylor et A. Waltner, Minneapolis, Ming Studies Research Series N° 3, 1994, 299pp.

Montesquieu, Charles de Secondat de, *Considérations sur les causes de la grandeur des Romains et leur décadence*, Paris, réed. Garnier-Flammarion, 1990.

Mote, Frederick W., " The Growth of Chinese despotism, a critique of Wittfogel's theory of oriental Despotism as applied to China ", *Oriens Extremus*, 8, 1961, p. 1-41.

————, *The poet Kao Ch'i*, Princeton, Princeton University Press, 1962, 261pp.

————, " The Rise of the Ming dynasty, 1330-1367 ", in *Cambridge History of China*, Vol. 7, *The Ming Dynasty*, 1368-1644, Part I, 1988, p. 11-57.

Munzel, Frank, " Some Remarks on Ming T'ai-tsu ", *Archiv Orientalni*, 37, 1969, p. 377-403.

Nesse, R., " Evolutionary explanations of emotions ", *Human Nature*, 1, 1990, p. 261-289.

Nietzsche, Frederick, *Par-delà le bien et le mal,* traduction G. Bianquis, Paris, Obier, 1963.

Platon, *La République*, Paris, Flammarion, 1966, 510pp.

Quesnay, François, *Despotisme de la Chine*, Paris, 1767; rep. in François

Quesnay, *Œuvres philosophiques*, Francfort, Scientia Verlag Aalen, 1965, p. 563-669.

Rousseau, Jean-Jacques, *Le contrat social*, Paris, Gallimard, 1964, 533pp.

Russ, Jacqueline, *Les théories du pouvoir*, Paris, Librairie Générale Française, 1994, 349pp.

Sénèque, *La colère*, in *Entretiens, Lettres à Lucilius*, Paris, Robert Laffont, 1993

Serruys, Henry, " (Sino-Mongol relations during the Ming I) The Mongols in China during the Hung-wu period (1368-1398) ", in *Mélanges chinois et bouddhiques*, Vol. 11, Bruxelles, Institut Belge des Hautes Etudes Chinoises, 1956-1959.

Shih Vincent Y. C., " Some Chinese Rebel Ideologies ", *T'oung Pao*, 44, 1956, p. 150-226.

Strauss, Léo et Alexandre Kojève, *De la tyrannie*, suivi de *Correspondance avec Alexandre Kojève*, nouvelle édition, Paris, Gallimard, 1997, 430pp.

Taylor, Romeyn, " Social Origins of the Ming Dynasty (1351-1360) ", *Monumenta Serica*, 12, 1963, p. 1-78.

―――, " Yuan origins of the Wei-so system ", in *Chinese Government in Ming Times : seven studies*, edited by Ch. Hucker, Columbia University Press, New York, 1969, p. 23-40.

―――, " Li Shan-ch'hang ", in *Dictionary of Ming Biography*, 1976a, p. 850-854.

―――, " Ming Taizu's story of a dream ", *Monumenta Serica*, 32, 1976b, p. 1-20.

―――, " Ming T'ai-tsu and the Nobility of Merit ", *Ming Studies*, 2, 1976c, p. 57-69.

―――, " Ming Taizu and the gods of the walls and moats ", *Ming Studies*, 3, 1977, p. 31-49.

―――, " An imperial endorsement of syncretism, Ming Taizu's essay on the three teachings : translation and commentary ", *Ming Studies*, 16, 1983, p. 31-38.

Teng, Ssu-yu, " Chu Yuan-chang ", in *Dictionary of Ming Biography*, 1976, p. 381-392.

―――, " Ming T'ai-tsu's destructive and constructive work ", in *Chinese History*, Vol. II, Taiwan, Chinese Culture Series, China Academy, 1978, p. 297-321.

The adapted mind: evolutionary psychology and the generation of culture, edited by J. Barkow, L. Cosmides et J. Tooby, New York, Oxford University Press, 1992.

The scope of state power in China, edited by S. R. Schram, London, School of Oriental and African Studies, University of London, 1985, 370pp.

Vandermeersch, Léon, *La formation du légisme*, Paris, Publ. EFEO, 1965, 299pp.

Vincent, J. D., *Biologie des passions*, Paris, Editions Odile Jacob, 1999.

Voltaire, *Essai sur les mœurs*, Paris, Editions Sociales, 1975, 304pp.

Waley, Arthur, *Trois courants de la pensée chinoise antique*, traduction G. Deniker, Paris, Payot, 1949, 196pp.

Weber, Max, *Le savant et le politique*, traduction Julien Freund, nouvelle édition, Paris, Plon, 1959.

Weil, Eric, *Philosophie politique*, Paris, Vrin, 1984.

Weulersse, G., *Les physiocrates*, Paris, Editions Gaston Doin, 1931.

Wittfogel, Karl, *Oriental Despotism, a Comparative Study of total Power*, Yale University Press, 1957.

—————, " Chinese Society: An Historical Survey ", *The Journal of Asian Studies*, XVI, 1957, p. 343-364.

—————, *Le despotisme Oriental,* traduction Micheline Pouteau, Paris, Les Editions de Minuit, 1964-1977, 654pp.

Wu Han, *L'empereur des Ming*, traduction et adaptation Nadine Perront, Paris, Picqier, 1996.

Xu, Zhen Zhou, *L'art de la politique chez les légistes chinois*, Paris, Economica, 1995, 320pp.

Xun Zi, traduction Ivan Kamenarovic, Paris, Les Editions du Cerf, 1987.

Zhang Dexin, " A brief discussion of Zhu Yuanzhang's relations with the Yuan dynasty ", *Chinese Studies in History*, 33, 2000, p. 69-79.

图书在版编目（CIP）数据

朱元璋的政权及统治哲学 /（法）马骊著；莫旭强
译 .— 长春：吉林出版集团股份有限公司 , 2017.8
（中法文化之旅丛书）
ISBN 978-7-5581-3066-3

Ⅰ . ①朱… Ⅱ . ①马… ②莫… Ⅲ . ①朱元璋（1328 —
1398）—政权—研究 ②朱元璋（1328 — 1398）—哲学思想—思
想评论 Ⅳ . ① D691.2 ② B248.99

中国版本图书馆 CIP 数据核字 (2017) 第 201324 号

Pouvoir et Philosophie chez Zhu Yuanzhang
par MA Li © Edition You-Feng, 2002
吉林省版权局著作权合同登记　　图字 07-2017-006557

Copyright © 2018 POST WAVE PUBLISHING CONSULTING (Beijing) Co., Ltd.
本书中文简体版权归属于后浪出版咨询（北京）有限责任公司。

朱元璋的政权及统治哲学：专制与合法性

著　　者：[法] 马骊
译　　者：莫旭强

选题策划：后浪出版公司
出版统筹：吴兴元
策划编辑：胥　弋
特约编辑：张文斌
责任编辑：王昌凤
营销推广：ONEBOOK
装帧制造：墨白空间・曾艺豪

吉林出版集团股份有限公司
（北京市西城区椿树园 15-18 号底商 A222　100052）
北京京都六环印刷厂印刷　新华书店经销
字数 234 千字　655 毫米 ×1194 毫米　1/16　17.5 印张
2018 年 8 月第 1 版　2018 年 8 月第 1 次印刷
ISBN 978-7-5581-3066-3
定价：55.00 元

后浪出版咨询（北京）有限责任公司常年法律顾问：北京大成律师事务所　周天晖 copyright@hinabook.com
未经许可，不得以任何方式复制或抄袭本书部分或全部内容
版权所有，侵权必究
本书若有质量问题，请与本公司图书销售中心联系调换。电话：010-64010019